国家出版基金项目
NATIONAL PUBLICATION FOUNDATION

"十三五"国家重点图书出版规划项目

国家社科基金重大项目"海外藏珍稀中国民俗文献
与文物资料整理、研究暨数据库建设"（项目编号：
16ZDA163）阶段性成果

海外藏中国民俗文化珍稀文献

编委会

主　编

王霄冰

编　委（以姓氏笔画为序）

刁统菊　　王　京　　王加华

白瑞斯（德，Berthold Riese）　　刘宗迪

李　扬　　肖海明　　张　勃　　张士闪

张举文（美，Juwen Zhang）

松尾恒一（日，Matsuo Koichi）

周　星　　周　越（英，Adam Y. Chau）

赵彦民　　施爱东　　黄仕忠　　黄景春

梅谦立（法，Thierry Meynard）

国家出版基金项目
NATIONAL PUBLICATION FOUNDATION

"十三五"
国家重点图书
出版规划项目

海外藏
中国民俗文化
珍稀文献

王霄冰　主编

王玉冰　编

Objects from Fujian Folklife in the Ethnographic Museum in Leiden

荷兰莱顿民族学博物馆藏福建民俗文物

陕西师范大学出版总社

图书代号　　SK23N1888

图书在版编目（CIP）数据

荷兰莱顿民族学博物馆藏福建民俗文物 / 王玉冰编 . —
西安 : 陕西师范大学出版总社有限公司，2023.12
（海外藏中国民俗文化珍稀文献 / 王霄冰主编）
"十三五"国家重点图书出版规划项目　国家出版
基金项目
ISBN 978-7-5695-3509-9

Ⅰ . ①荷… 　Ⅱ . ①王… 　Ⅲ . ①风俗习惯—介绍—福建
②文物—介绍—福建　Ⅳ . ① K892.457 ② K872.57

中国国家版本馆 CIP 数据核字（2023）第 013255 号

荷兰莱顿民族学博物馆藏福建民俗文物
HELAN LAIDUN MINZUXUE BOWUGUAN CANG FUJIAN MINSU WENWU
王玉冰　编

出 版 人	刘东风	
责任编辑	谢勇蝶	
责任校对	张　姣	
出版发行	陕西师范大学出版总社	
	（西安市长安南路199号　邮编　710062）	
网　　址	http://www.snupg.com	
印　　刷	陕西龙山海天艺术印务有限公司	
开　　本	787 mm×1092 mm　1/16	
印　　张	40.25	
插　　页	4	
字　　数	365 千	
图　　幅	765	
版　　次	2023 年 12 月第 1 版	
印　　次	2023 年 12 月第 1 次印刷	
书　　号	ISBN 978-7-5695-3509-9	
定　　价	238.00 元	

海外藏中国民俗文化珍稀文献

总序

◎ 王霄冰

民俗学、人类学是在西方学术背景下建立起来的现代学科，其后影响东亚，在建设文化强国的大战略之下，成为当前受到国家和社会各界广泛重视的学科。16世纪，传教士进入中国，开始关注中国的民俗文化；19世纪之后，西方的旅行家、外交官、商人、汉学家和人类学家在中国各地搜集大批民俗文物和民俗文献带回自己的国家，并以文字、图像、影音等形式对中国各地的民俗进行记录。而今，这些实物和文献资料经过岁月的沉淀，很多已成为博物馆和图书馆等公共机构的收藏品。其中，不少资料在中国本土已经散佚无存。

这些民俗文献和文物分散在全球各地，数量巨大并带有通俗性和草根性特征，其价值难以评估，且不易整理和研究，所以大部分资料迄今未能得到披露和介绍，学者难以利用。本人负责的2016年度国家社科基金重大项目"海外藏珍稀中国民俗文献与文物资料整理、研究暨数据库建设"（项目编号：16ZDA163）即旨在对海外所存的各类民俗资料进行摸底调查，建立数据库并开展相关的专题研究。目的是抢救并继承这笔流落海外的文化遗产，同时也将这部分研究资料纳入中国民俗学和人类学的学术视野。

所谓民俗文献，首先是指自身承载着民俗功能的民间文本或图像，如家谱、宝卷、善书、契约文书、账本、神明或祖公图像、民间医书、宗教文书等；其次是指记录一定区域内人们的衣食住行、生产劳动、信仰禁忌、节日和人生礼仪、口头传统等的文本、图片或影像作品，如旅行日记、风俗纪闻、老照片、风俗画、民俗志、民族志等。民俗文物则是指反映民众日常生活文化和风俗习惯的代表性实物，如生产工具、生活器具、建筑装饰、服饰、玩具、戏曲文物、神灵雕像等。

本丛书所收录的资料，主要包括三大类：

第一类是直接来源于中国的民俗文物与文献（个别属海外对中国原始文献的翻刻本）。如元明清三代的耕织图，明清至民国时期的民间契约文书，清代不同版本的"苗图"、外销画、皮影戏唱本，以及其他民俗文物。

第二类是 17—20 世纪来华西方人所做的有关中国人日常生活的记录和研究，包括他们对中国古代典籍与官方文献中民俗相关内容的摘要和梳理。需要说明的是，由于原书出自西方人之手，他们对中国与中国文化的认识和理解难免带有自身文化特色，但这并不影响其著作作为历史资料的价值。其中包含的文化误读成分，或许正有助于我们理解中西文化早期接触中所发生的碰撞，能为中西文化交流史的研究提供鲜活的素材。

第三类是对海外藏或出自外国人之手的民俗相关文献的整理和研究。如对日本东亚同文书院中国调查手稿目录的整理和翻译。

我们之所以称这套丛书为"海外藏中国民俗文化珍稀文献"，主要是从学术价值的角度而言。无论是来自中国的民俗文献与文物，还是出自西方人之手的民俗记录，在今天均已成为难得的第一手资料。与传世文献和出土文物有所不同的是，民俗文献和文物的产生语境与流通情况相对比较清晰，藏品规模较大且较有系统性，因此能够反映特定历史时期和特定区域中人们的日常生活状况。同时，我们也可借助这些文献与文物资料，研究西方人的收藏兴趣与学术观念，探讨中国文化走向世界的方式与路径。

是为序。

2020 年 12 月 20 日于广州

高 延

（J. J. M. de Groot，1854—1921）

　　荷兰汉学家，历任荷兰莱顿大学、德国柏林大学汉学教授，曾在 1877—1878 年和 1886—1890 年两次来华，调查中国人的社会生活与风俗习惯，并系统地收集了一批中国民俗文献与民俗文物。高延能用荷兰语、德语、英语和法语写作，其代表性著作有《厦门岁时记》（*Jaarlijksche Feesten en Gebruiken van de Emoy-Chineezen*，1882）、《婆罗洲华人公司制度》（*Het Kongsiwezen van Borneo*，1885）、《中国大乘佛教律典》（*Le code du Mahaâyaâna en Chine*，1893）、《中国的宗教系统》（*The Religious System of China*，1892—1910）等。因为对中国社会与文化的杰出研究，高延曾三次获得儒莲奖（汉学界最重要的奖项之一，被誉为"汉学界的诺贝尔奖"）。

鸣谢

衷心感谢荷兰国立世界文化博物馆（NMVW）及其下属的荷兰莱顿民族学博物馆（RMV）为本书提供大量的文物图片及相关信息并允许出版！

现在的莱顿民族学博物馆

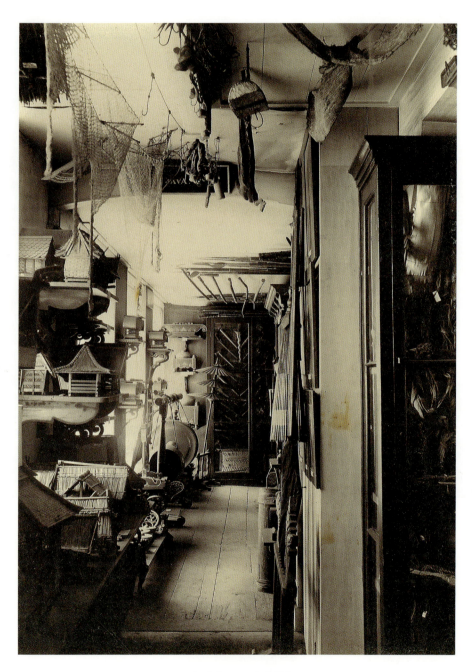

1899 年的莱顿民族学博物馆

序

◎ 王霄冰

2016 年，我们的研究团队有幸获得国家社科基金重大项目"海外藏珍稀中国民俗文献与文物资料整理、研究暨数据库建设"，对欧美和日本等十二国的公共博物馆、图书馆所收藏的中国民俗文献和民俗文物展开研究。由于相关藏品数量巨大，国内外这方面的先行研究不足，要对这些散落各地的中国民俗资料进行摸底调查，并尽可能地采集相关数据，任务十分艰巨。

我们的研究对象包括民俗文献和民俗文物两大部分。但在实际生活当中，有些东西介于二者之间，很难说是文物还是文献。比如图像，既可以算作文物，也可以归入文献，因为图像大多是纸质的、平面的，且常常带有文字的内容。正是考虑到图像资料的这种双重性和特殊性，我们在建设"海外藏中国民俗资源数据库"时，特意将图像资料单列为一类，与文本类、实物类、音像类和研究资料类共同构成五大类民俗资料。

在以往的研究当中，学界对于文本类和研究资料类民俗文献的关注程度远大于民俗文物和影音资料。大多数的民俗学者都热衷于搜集民间文艺作品，或以文字的形式记录地方民俗，这当然与民俗学这门学问最初的研究旨趣有关。无论是德国的、英国的还是日本的古典民俗学，都更加注重非物质形式的民间文化，而中国现代民俗学的历史，也是以歌谣运动为起点。从学科定位来看，民俗学长期立足于文学或社会学一级学科之下，学者所受的学术训练也使得他们更擅长于使用文本去记录文化事象、利用文献进行研究，对实物、图像、影音资料的存在往往视而不见。

近年来，随着整个人文学科的"图像转向"，图像类的资料逐渐进入了民俗学者的视野，涌现出一批高水平的论著，例如肖海明对妈祖图像的收集与研究^①，王加华对古代《耕织图》的论述^②，李明洁对海外藏中国年画之"历史物质性"的探讨^③，等等。同时，摄影、录像和录音设备的普及也为田野中采集影音资料提供了极大的方便，尤其在影视人类学的理论与方法的影响下，以影像方式记录民俗业已成为潮流。但在实物类民俗文物的研究方面积累仍然比较薄弱，迄今为止鲜少看到新奇有趣的作品问世。

民俗文物研究之所以滞后，与这类研究本身的难度较高有关。很显然，这是一种跨学科的研究，需要研究者兼具文物学、文献学、民俗学和人类学等多方面的知识与技能。民俗文物同一般文物相比历史相对来说不会太长，大多在两三百年之内，少数可延伸至三五百年，极少会在千年以上，这是因为民俗文物的鉴定需要具备相对明确的生产时空和使用背景，能够确定相关的民俗主体，专业上我们把这些社会和文化的因素统称为"语境"。因此，对于民俗文物的价值判断，不在其物质性载体的品质，也不在其艺术性的高低，而在于征集者的学术素养及其在征集过程中是否对相关语境进行了详尽的记录。用通俗的话说，就是这些文物最好都是有来历、有出处的。即便是那些年代略为久远、搜集背景不详的民俗文物，我们也会将揭示其原生语境作为研究之首要任务。

也许有人会说，研究文物是历史学的老本行，和你们民俗学有什么相干？我们的课题立项之初，就有专家这样质疑过。这也促使我们去思考，民俗学介入文物研究到底有何优势，我们能给其他学科带来哪些新鲜的东西或方法论上的启示。这当然是我们的最终目标，希望将来能够一一实现。就目前来讲，我们只能对历史学家们说：这些文物在你们历史学界长期以来受到重视了吗？没有。因为民俗文物在文物学界根本排不上号。在"新史学"和历史人类学出现之前，历史习惯于自上而下地看问题，文物学则习惯于从历史性和艺术性的角度判断藏品价值。于是我们所看重的这些民俗文献和民俗文物，在多数历史学家和文物学家眼里，几乎就是一堆垃圾。那么，既然民俗文物在历史学界不受重视，为什么民俗学就不能涉足呢？我们要用民俗学独特的向下的眼光，用我们的独有的思维方式，来挖掘这些遭到冷落的文物资料，让它们价值尽显，让它们登上科学的殿堂，让它们作为文化遗产得到全社会的认可、爱护和传承。这是民俗学义不容辞的责任。

---

① 参见肖海明：《妈祖图像研究》，文物出版社，2017 年。
② 参见王加华、郑裕宝编：《海外藏元明清三代耕织图》，陕西师范大学出版总社，2022 年。
③ 参见李明洁：《从民国〈神祠存废标准〉看哥伦比亚大学"纸神专藏"——兼议年画的历史物质性》，载《华东师范大学学报》（哲学社会科学版）2020 年第 2 期。

事实上，中国民俗学自创建之初，就已怀抱征集和展示全国各地乃至世界各国风俗物品的远大理想。据施爱东考证，"北京大学风俗调查会于 1923 年 5 月成立以后，就曾决定从北京开始铺开调查，并征集风俗物品，筹设风俗博物馆。经过近一年的搜集，加上校外人士捐赠，成绩颇有可观之处"[1]。1927 年，民俗学的学术中心由北京转移至广州，顾颉刚、容肇祖、钟敬文等人成立中山大学民俗学会，下设风俗物品陈列室，并提出了"收买足以表现风俗、习惯、迷信等之器物、文字、雕刻等"，以扩充陈列室为"历史博物馆民俗部"的设想，"其目的是为文化界打造一个'风俗模型'：我们制造模型，先从中国起，再推之于各国。使人们一踏进我们这个陈列所，就可见到各地风俗实况之缩影，使人得到一个具体的观念"[2]。截至 1935 年，该陈列室所收藏的民俗文物已有 1300 多件，被登记为 13 大类，包括首饰、衣服鞋帽、音乐、应用器物、工用器具、小孩玩具、赌具、神的用具、死人的用具、科举的遗物、官绅的遗物、迷信的品物、民间的文艺。可惜其中大部分文物在抗战时期因中山大学校舍迁址而遗失，少部分存留的物品今保存于中山大学人类学博物馆（目前未对外开放），并将在不久的将来并入刚刚建成的中山大学博物馆。

1949 年之后，由于民俗学的学术中心再次转移回到北京，研究重点也从广义的民俗文化缩减到民间文学这一领域，民俗文物的搜集和研究长期处于沉寂状态。直至 20 世纪 80 年代，民族考古学家宋兆麟提出了"民俗文物"的概念，并于 1994 年在中国民俗学会内部建立了民俗博物馆专业委员会，次年创办《民俗博物馆学刊》。但这个刊物只坚持了三年便消失了。南京大学徐艺乙教授是另一位关注民俗文物的学者。在他看来，民俗文物就代表着民间的物质文化，这方面的研究长期以来没有受到应有的重视，从而也"弱化了社会对民俗文物的意识"，由此带来的损失不可估量[3]。当然，学界还有一些同人一直在默默地从事着民俗文物的搜集和保护工作，包括许多活跃在基层一线的文化工作者，以及全国大大小小民俗博物馆的经营者、管理者等。

2019 年，广东省博物馆（广州鲁迅纪念馆）和广东省民俗文化研究会联合创办了《艺术与民俗》杂志，下设《民俗文物》专栏，对于这一领域的发展具有

---

① 施爱东：《倡立一门新学科——中国现代民俗学的鼓吹、经营与中落》，中国社会科学出版社，2011 年，第 358 页。

② 施爱东：《倡立一门新学科——中国现代民俗学的鼓吹、经营与中落》，中国社会科学出版社，2011 年，第 359—360 页。

③ 徐艺乙：《民俗文物刍议》，载《民俗研究》2002 年第 4 期。

里程碑式的意义。纵览该栏目近年来所发的论文，我们会发现，民俗图像的研究仍占绝对多数，且是所有成果中成就最高的。实物研究相对较少，且着力于一般文物研究所强调的"料、工、形、纹"及器物的艺术风格，关注点仍主要源自历史学、文博学和艺术学的学术兴趣。正如华东师范大学田兆元教授于 2012 年撰文所批评的那样，迄今为止的研究还没有完全摆脱文博学界的思维和视角，"对于非物质类的精神属性的东西不够重视"[①]。由于过多重视有形的物质文化遗产，而忽视了将有形的与无形的、物质的与非物质的、无文字的与有文字的文化遗产结合起来进行研究。

这就回答了笔者在前文中提出的问题：民俗学研究这些文物能够带来什么新的理念和方法？答案是：除文物学通常所强调的历史的、科学的和艺术的视角之外，民俗学可以在文物研究中带入一个社会生活的视角，包括文物在特定历史时期与特定区域民众日常生活中的功能、用途与意义，映射在物品当中的社会文化机制和民众的精神世界，以及民俗主体与这些物品之间的情感联系等。[②]要想解决这些问题，就必须将文物放置到它的原生语境当中进行考察。

任何一件文物被从民间收集，进入博物馆，都要经历一个"去语境化"的过程，即被人从原来的语境中剥离出来，摆到艺术的殿堂上供奉。生活当中的器具、用具和玩具等等，经过"去语境化"，被搬入殿堂式的博物馆的展柜当中，在灯光照射下，配上解说词，成为可供人们欣赏的物品。这就是博物馆的原理。但对于民俗文物而言，我们并不能止步于此——在"去语境化"之后，我们又要设法还原其原来的社会与文化语境。笔者将这种研究方法称为"再语境化"。

民俗文物的草根性特征决定了它们在"去语境化"后不可能得到和其他文物同等的重视，因为它们来自民间，历史较短，数量众多，在材质上没有地下出土的金银铜器和玉器那样珍贵。即便是民间艺术作品，其审美价值和那些为了视觉或听觉的美感而专门打造的艺术品也无法同日而语。这也是为什么很多民俗文物在被"去语境化"之后，就堆积在博物馆库房当中，长期无缘得见天日。笔者在过去几年中去过很多海外的博物馆，发现绝大部分馆藏的中国民俗文物都未被展出过，有的甚至未经整理和编目。如何对这些流落海外的馆藏民俗文物进行整理和研究，是我们需要解决的问题。

---

① 田兆元：《民俗文物与民俗文献的价值研究》，载《中国文物科学研究》2012 年第 2 期，第 19 页。

② 王霄冰：《民俗关系：定义民俗与民俗学的新路径》，载《民间文化论坛》2018 年第 6 期。

王玉冰博士编写的这本《荷兰莱顿民族学博物馆藏福建民俗文物》，在这方面做出了许多有益的尝试。本书是为莱顿民族学博物馆收藏的 695 件（套）中国民俗文物所做的图录，它们均由荷兰汉学家高延（Jan Jakob Maria de Groot，1854—1921）于 19 世纪末采集自福建沿海地区。玉冰博士根据馆方提供的实物相关数据和照片，结合文献研究和田野调查，试图追溯每件物品在一百多年前闽南人民生活中的功能和意义。她按照民俗文物的物质形态与主题内容，把高延藏品分为实物、图像、文本三大类，在实物类藏品之下又按照其使用语境分为木雕神像、木偶戏道具、传统乐器、服饰、仪式用具、玩具、生活用具七类。在为每件物品撰写说明文字时，她参考了有关福建民俗文化研究的各种文献，包括高延本人所著的六卷本《中国的宗教系统》和《厦门岁时记》等，她本人也曾数次前往厦门进行实地考察，以期尽可能地将物品原有的形态、用途和文化意义完整地呈现在读者面前。这是一项需要耐心和毅力的工作。玉冰在读博之余，能够完成这样一部高质量的著作，实属不易！

　　就笔者目力所及，本书是国内首部对海外馆藏的同一批民俗文物进行全面整理和研究的学术著作，与此前出版的同类书籍相比，玉冰博士在对海外藏中国民俗文物进行溯源研究和“再语境化”方面，迈出了具有创新意义的一大步。透过书中一件件民俗文物和玉冰的解说，晚清时期福建沿海民众的神灵信仰、人生仪礼以及各种民间娱乐形式等得以栩栩如生地呈现。我们仿佛可以从这些普普通通的物品中，看到他们的悲欢离合、喜怒哀乐，读出他们内心深处对于自然和历史的崇敬、对于亲人的爱意和对于幸福生活的热切向往。

　　诚然，民俗学对于民俗文物的研究才刚刚起步，一切尚在摸索之中。在玉冰的书中，我们也可以看到这种摸索的痕迹，尤其是在方法论上尚未形成自觉。希望玉冰今后继续努力，也期冀更多的民俗学同行能加入进来，共同推动民俗文物的挖掘、研究和保护利用，让隐匿海外的中国民俗文物宝藏一一现身江湖，回归到国人的视野之中！

2023 年秋于广州

I

导论：荷兰汉学家高延带往欧洲的福建民俗文物①

　　民俗文物是历史遗留的反映民间风俗习惯等文化现象的代表性器物，它们曾经广泛存在于日常生活中，包括衣食住行用具、娱乐用具、祭祀用器等民俗物品。②民俗文物除与特定的民俗习惯相关之外，区别于一般民俗器物的显著特征在于，它们从被采集、收藏的那一刻起，就被赋予了收藏价值，其由收藏机构保存和展出的流动史由此开始，作为日常生活物品的使用属性便隐匿、丧失了。民俗文物的流动史可分为两部分：第一部分是民俗物品在原生国家被民众制造，然后被应用在民俗中的过程；第二部分是民俗文物被收集、运输至海外，被收藏、被展出、流转、被数字化保存等过程。

　　19 世纪尤其是 19 世纪中叶以后，随着全球化的推进，欧洲各国会纷纷设立以收藏和展示海外民族文物为目的的民族学博物馆，并举办一些国际性的展览会，很多大学的研究机构也派人到异国开展科学调查，这使得民俗文物的收集成为一种趋势。胡家瑜的研究显示，中国民俗文物以及民俗文献的跨国流动，与帝国主义和殖民主义密切关联。③例如，美国商人内森·邓恩（Nathan Dunn，1782—1844）离开中国的时候，带走了一整船近万件中国物品，包括雕塑、服饰、瓷器和自然标本等。1838—1846 年，邓恩的中国藏品先后在美国费城和英国伦敦公开展出，有关这些藏品的说明文字与图片被编成英文图书出版，以便西方人了解

---

① 本文主要内容曾以《民俗文物的跨国流动史——以高延藏品为例》为题，发表在《艺术与民俗》2020 年第 3 期上，经修改作为本书导论。

② 王霄冰：《海外藏珍稀民俗文献与文物资料研究的构想与思路》，载《学术研究》2018 年第 7 期；徐艺乙教授也对民俗文物的分类问题进行了探索，见徐艺乙：《中国民俗文物概论——民间物质文化的研究》，江苏凤凰美术出版社，2021 年，第 128 页。

③ 胡家瑜：《离散的收藏与拼接的记忆》，载《博物馆与文化》2012 年第 3 期。

中国社会。①

　　然而，也有学者认为近代西方人收集中国民俗文物是为了科学研究。牛海洋认为德裔美籍汉学家巴托尔德·劳费尔（Berthold Laufer，1874—1934）② 为美国博物馆收购的民俗文物是其在中国进行科学考察的成果，并指出资助方鼓励收集中国民俗文物是出于商业追求，而劳费尔主要依据个人的学术兴趣购买文物。③

　　其实，在有关中国民俗文物的采集方式方面，西方收藏机构不再限于只购买欧洲古玩店里的东方藏品，而是委托在华西方人直接从当地民众手中收集文物。一些来华西方人在观察、书写中国社会风俗的过程中，也主动收集民俗文物。例如德国汉学家福兰阁（Otto Franke，1863—1946）居留上海时，为柏林民族学博物馆购买了近 400 件与民间信仰有关的物品（世界大战期间遗失了约 280 件）。④ 法国传教士禄是遒（Henri Doré，1859—1931）在江南地区传教时，收集了大量来自民间的年画、符咒等物件。⑤ 俄罗斯汉学家阿理克（Vasily Mikhailovich Alexeyev，1881—1951）20 世纪初四次来华，收集了数以千计的中国民俗物品，

　　① 费城的展览有相关的展览图册：Nathan Dunn, *Ten Thousand Chinese Things: A Descriptive Catalogue of the Chinese Collection in Philadelphia*, Printed for the Proprietor, 1839. 伦敦的展览也有相关的展览图册，一为简本，一为繁本，简本 163 页，繁本 273 页：William B. Langdon, *Ten Thousand Chinese Things: A Descriptive Catalogue of the Chinese Collection Now Exhibiting at St. George's Place, Hyde Park Corner*, Printed for the Proprietor, 1842; William B. Langdon, *Ten Thousand Chinese Things Relating to China and the Chinese*, Printed for the Proprietor, 1842.

　　② Laufer China Expedition（1901—1904），"中国探险"数据库：https://anthro.amnh.org/laufer_collection，查看日期：2019 年 10 月 10 日。

　　③ 牛海洋：《美国汉学家巴托尔德·劳费尔的首次中国考察》，载《国际汉学》2020 年第 1 期。

　　④ 茨维·韦伯洛夫斯基（Zwi Werblowsky）提及福兰阁在中国收集的馆藏编号为 ID13880 至 ID14275，参见 R. J. Zwi Werblowsky, *The Beaten Track of Science: The Life and Work of J. J. M. de Groot*, Harrassowitz Verlag, 2002, p. 68. 部分藏品的图片，参见柏林民族学博物馆：http://www.smb-digital.de/eMuseumPlus?service=ExternalInterface&module=collection&objectId=138377&viewType=detailView，查看日期：2022 年 3 月 16 日。

　　⑤ ［法］禄是遒：《中国民间崇拜》第 2 卷《咒术概观》，程群译，李天纲审校，上海科学技术文献出版社，2014 年，第 148 页。

而且聘请多位中国乡绅给年画写说明笔记。① 美国富平安（Anne S. Goodrich，1895—2005）20 世纪初在北京街头的人和纸店购买了 231 幅门神画像。② 美国北长老会传教士队克勋（Clarence B. Day，1874—1935）在 1919—1936 年间，为之江大学博物馆收集了 2000 多张中国各地农民使用的年画。③ 与此同时，清朝政府也曾多次委派海关税务司以及驻外使臣搜集中国民俗物品以参加国际性的展览会。例如 1884 年在伦敦举办的国际卫生博览会设置有中国展厅，展出了数百件物品，包括衣食住行方面的日常生活用品、婚礼丧礼等人生礼仪中的仪式用品、儿童玩具、书籍、乐器，以及一些来自北京、九江、杭州、宁波、福州等地的民间工艺品。④

具体到荷兰的中国文物收藏历史，荷兰格罗宁根大学教授莫欧礼（Oliver Moore）指出，在约翰·纽霍夫（Johan Nieuhof，1618—1672）等人代表荷兰东印度公司访问中国的时候，荷兰人就偶尔可以接触到中国的物质文化了。至 1778 年，荷兰人就在东南亚的殖民地建立了巴达维亚艺术与科学协会（Batavian Society of Arts and Sciences），以收集居住在印度尼西亚等地人民的民族志藏品，东南亚华人的民俗文物也是他们的收集目标。该协会中的海牙律师让·西奥多·罗也（Jean Theodore Royer，1737—1807）是一位有名的收藏家，他收集的东方藏品曾引起荷兰民众的广泛关注。这些民族志藏品大约在 1883 年被收入位于莱顿的民族学博物馆（Rijksmuseum voor Volkenkunde）⑤ 以及位于阿姆斯特丹

---

① 阿理克在 1906—1909 年收集了长江以北各省的数千幅年画、符咒、疏文等中国民俗文物，现在主要收藏在圣彼得堡的国立埃尔米塔日博物馆、国立宗教历史博物馆及珍宝馆；而 1912 年则主要是在沿海城市收集了 1083 件文物，然后提供给彼得大帝俄罗斯科学院人类学与民族学博物馆。参见杨玉君：《俄罗斯汉学家阿理克的不惺斋笔记：年画研究的宝库》，见冯骥才主编：《年画研究》，文化艺术出版社，2020 年；叶可佳、波莉娜：《俄罗斯汉学家阿理克 1912 年赴华收集的民间宗教文书及图象》，载《民俗曲艺》2020 年第 1 期，第 255—299 页。

② 美国哥伦比亚大学史带东亚图书馆编：《美国哥伦比亚大学史带东亚图书馆藏门神纸马图录》，中华书局，2018 年，第 2—3 页；李明洁：《中国民间信仰与中美文明互鉴：美国传教士富平安的中国民间信仰情结》，载《世界宗教文化》2022 年第 6 期，第 94—102 页。

③ Clarence Burton Day, *Chinese Peasant Cults: Being a Study of Chinese Paper Gods*, Kelly and Walsh, Limited, 1940, p. ix.

④ Anonymous, *Illustrated Catalogue of the Chinese Collection of Exhibits for the International Health Exhibition*, William Clowes, 1884；吴松弟：《走向世界：中国参加早期世界博览会的历史研究——以中国旧海关出版物为中心》，载《史林》2009 年第 2 期。

⑤ 即如今的莱顿民族学博物馆（Museum Volkenkunde）。

的荷兰国立博物馆（Rijksmuseum Amsterdam）。^①也许是受到这一风潮的影响，高延在 1877—1878 年第一次来华时就开始收集一些便携的中国藏品，1886—1890 年第二次来华则系统、大量地收集民族志藏品，两次一共收集了超过 1000 件的中国民俗物品，现分别藏于荷兰莱顿民族学博物馆和法国里昂的汇流博物馆（Musée des Confluence）。^②与高延一样毕业于莱顿大学汉学系的富亭（Bernardus Hoetink，1854—1927），也在中国厦门和汕头等地收集了一些民俗物品。此外，几乎与高延同期或随后来华的荷兰籍圣言会（SVD）传教士，也在中国民众中收集了一些民族志藏品。这些中国藏品现在分散在荷兰大大小小的博物馆中。

在诸多散落于海外收藏机构的中国民俗文物中，高延藏品种类较为丰富，而且高延在其民俗志著作、调查笔记中详细记录了这些民俗文物的使用环境。结合相关的历史资料如高延的民俗志著作、调查笔记以及博物馆档案等，我们或许可以勾勒出高延的文物收集和整理方式，并进一步分析收集者、资助者、博物馆和观众等不同主体，是如何共同谱写了民俗文物的收集、分类、展出和数字化保存的历史的。

一、高延收集中国民俗物品的经过

高延 1854 年出生于荷兰。1877 年，他作为一名汉学学生，来到中国厦门鼓浪屿学习闽南话。1878 年起，在东南亚的荷属殖民地任中文翻译。1883 年，因病回国。1884 年，获莱比锡大学博士学位。1886—1890 年，再次来到中国开展科学调查。1891 年，被聘为莱顿大学民族学教授，1904 年转任汉学教授。1912 年，接受德国柏林大学的邀请任汉学教授。1921 年，因病在柏林去世。高延一生的主要著作有《厦门地区的丧葬礼仪》（*Buddhist Masses for the Dead at Amoy*）、《厦门岁时记》[*Les Fêtes Annuellement Célébrées à Émoui (Amoy): Étude Concernant la Religion Populaire des Chinois*]、《中国的宗教系统及其古代形式、变迁、历史及现状》（*The Religious System of China: Its Ancient Forms，Evolution，History and*

---

① Oliver Moore, "China's Art and Material Culture", Wilt L. Idema ed.，*Chinese Studies in the Netherlands: Past，Present and Future*, Brill, 2013, pp. 214-225；［荷］莫欧礼：《中国的艺术和物质文化》，见［荷］伊维德编：《荷兰的中国研究：过去、现在与未来》，耿勇、刘晶、侯喆译，上海社会科学院出版社，2021 年，第 236—245 页。

② 未展出的藏品保存在汇流博物馆的藏品保护与研究中心，汇流博物馆的前身是里昂自然历史博物馆（Muséum d'Histoire Naturelle de Lyon）。

Present Aspect, *Manners*, *Customs and Social Institutions Connected Therewith*，下文简称为《中国的宗教系统》）、《中国的宗教教派和宗教迫害》（*Sectarianism and Religious Persecution in China: A Page in the History of Religions*）等。①

（一）高延的两次中国社会调查

高延第一次留居中国的时间为 1877 年 2 月至 1878 年 2 月，身份是莱顿大学汉学专业的学生，此行的主要任务是学习闽南话。②1871 年，在代尔夫特殖民学校学习时，高延便接触到民族学研究成果，而且他在莱顿大学的汉语学习中也熟知导师施古德（Gustave Schlegel）的汉学研究，在民族志研究方面有了一定的基础。③此外，高延熟悉同时代传教士、外交官等人关于中国民俗的论文，尤其是戴尼斯（Nicholas Belfield Dennys）、骆任廷（James Stewart Lockhart）等外交官、传教士在香港创办的英文报纸《中国评论》（*China Review*）上刊登的关于中国语言、风俗习惯的文章，以及戴尼斯出版的关于中国民俗的研究专著④。

因而在第一次来中国学习汉语时，高延便收集了一些易于携带的民俗物品（现藏于荷兰莱顿民族学博物馆，约有 30 件藏品）。1882 年，高延出版了第一本专著《厦门岁时记》（*Jaarlijksche Feesten en Gebruiken van de Emoy-Chineezen*），该书记录了中国人的节庆活动和众多的民间神诞活动。1886 年，受法国吉美博物馆（Musée Guimet）赞助，《厦门岁时记》被翻译成法语出版，

① 高延的著作目前除《中国的宗教系统及其古代形式、变迁、历史及现状》之外，其余尚未翻译成中文，研究中用到的参考文献如下：

J. J. M. de Groot, *Buddhist Masses for the Dead at Amoy*, E. J. Brill, 1884.

J. J. M. de Groot, *Les Fêtes Annuellement Célébrées à Émoui (Amoy): Étude Concernant la Religion Populaire des Chinois*, trans. by C. G. Chavannes, Ernest Leroux, 1886.

J. J. M. de Groot, *The Religious System of China: Its Ancient Forms, Evolution, History and Present Aspect, Manners, Customs and Social Institutions Connected Therewith*, Brill, 1892-1910.

J. J. M. de Groot, *Sectarianism and Religious Persecution in China: A Page in the History of Religions*, Johannes Müller, 1903-1904.

② Koos Kuiper, *The Early Dutch Sinologists（1854-1900）: Training in Holland and China, Functions in the Netherlands Indies*, Brill, 2017, p. 324.

③ [荷]包罗史：《拓荒者和引水者：莱顿大学的早期汉学家（1853—1911）》，王筱云译，见任继愈主编：《国际汉学》第 3 辑，大象出版社，1999 年，第 517—560 页。

④ Nicholas Belfield Dennys, *The Folk-Lore of China, and Its Affinities with That of the Aryan and Semitic Races*, Trübner, 1876.

书中新加了 24 幅有关中国民间神像的插图。[①] 书中还介绍了厦门地区的岁时节俗物品，如灶君纸马、通书、用于节日焚化的纸钱等。写春节的节俗物品时，高延提到春仔花与过年菜、橘柑的植株及其他植物等一起出现在家庭供桌上，有着特殊的寓意。[②]

高延第二次来华在 1886—1890 年。高延得到荷兰政府允许，再次来华调查中国社会和宗教，并为荷属东南亚种植园招募中国劳工。受法国吉美博物馆创始人吉美（Emile Guimet，1836—1918）、荷兰博睿出版社（Brill）[③]E. J. 博睿先生的委托，高延在本次调查期间，花费了不少精力收集中国民俗物品。

高延所收集的民俗物品，现存放在荷兰莱顿民族学博物馆的有 695 件（套）[④]。其中不少文物与中国人的民间信仰有关，包括木雕神像（76 件），民间传统乐器三套（85 件），寿衣、丧服、头饰、帽子、鞋子等服饰文物（132 件），木偶戏道具（148 件），灵媒法器和丧葬等礼仪的烛台、陪嫁寿板、灵旌等仪式用具（37 件），面人、陶塑、竹蜻蜓、毽子、拨浪鼓等玩具（105 件），吸食鸦片的器具、烟管、剃发用具、印章、牙雕工艺品等生活用具（78 件）。此外，还有一些图像类藏品（31 件）、文本类藏品（7 件），包括纸马、纸钱、通书、考卷、戏画、关帝诗竹画、外销画（刑罚主题）、纸织画等。[⑤] 而存于法国里昂汇流博物馆的藏品数量也不少，其中木雕神像有 251 件（已知遗失了 2 件），部分藏品仍有高延和原吉美博物馆所制编号和题名。

（二）高延收集中国民俗物品的方式

由于高延的档案过于零散，而且民俗文物的种类较为丰富，我们难以完整复原高延收集中国民俗物品的经过。然而，藏品本身的信息、高延的系列著作和信件、博物馆的档案以及学者的研究成果，为我们探索高延收集中国民俗物品的方式提供了线索。

学者茨维·韦伯洛夫斯基对高延收集的所有神像，包括汇流博物馆藏的 251

[①] 这 24 幅插图有 12 幅是线绘的图画，有 12 幅源自照片，照片拍摄自吉美博物馆的中国神像，该书出版时高延还未给吉美邮寄中国藏品，因而书中的神像并非高延收集。

[②] J. J. M. de Groot, *Les Fêtes Annuellement Célébrées à Émoui (Amoy): Étude Concernant la Religion Populaire des Chinois*, trans. by C. G. Chavannes, Ernest Leroux, 1886, p. 25.

[③] 博睿出版社在 19 世纪末不但经营书籍出版，还进行古董和东方艺术品的买卖。

[④] 695 件（套）是按馆藏编号统计的，但是一个馆藏编号所对应的民俗文物有时是单件，有时是数件，而且有些民俗文物已遗失。

[⑤] 荷兰国立世界文化博物馆：http://collectie.wereldculturen.nl/，查看日期：2020 年 8 月 12 日。

个神像以及荷兰莱顿民族学博物馆的 76 个神像，做了详细的考释工作，而且在英文编目表中更新了分类。其中，汇流博物馆藏的木雕神像都归入一定条目内。其分类如下：（1）宇宙神、自然神；（2）文化英雄、守护神和瘟神、健康神、药王、驱鬼大将、占卜之神；（3）三十六天将/元帅；（4）历史英雄成神；（5）文昌；（6）从地方到区域性再到全国的神明；（7）冥府神（城隍庙、东岳庙的神明）；（8）印度神/佛教祖师；（9）仿制自厦门南普陀寺的神像；（10）仿制自厦门虎溪岩寺的神像；（11）八仙。[①] 从这一分类可见，高延收集的木雕神像较为完整地反映了近代厦门的民间信仰情况。今天看来，借助收集的神像，高延的收藏行为至少为博物馆构建起了厦门地区民间信仰的基本体系。

在收集方式上，茨维·韦伯洛夫斯基曾指出，高延“通过向当地工匠定制而收集了神像和罗汉。在第一次停留厦门期间（1877），他的著作《厦门岁时记》也显示他熟悉厦门地区的民间神灵，而且直接去木雕师傅的店铺订购想要的东西，对他来说显然不难”[②]。从这个叙述中，可以看到高延在收集神像时，似乎是通过聘请当地木雕师傅仿制神像的方式收集民俗制品的，而非直接到寺庙收购供奉的神像。可能是为了更好地显现厦门寺庙中所供奉神灵的体系，这种“定制”和收集的神像基本以寺庙为单位仿制。

荷兰莱顿民族学博物馆拥有的高延藏品中，仿制自厦门城隍庙的有 10 尊神像，包括城隍爷、城隍副身、捉头相公（2 尊）、文判官、武判官、矮仔鬼、白头爹、马使爷（2 尊）；仿制自厦门东岳庙的有 8 尊神像，包括东岳大帝、文判官、武判官、牛头、马面、夫人妈、夫人妈副使（2 尊）；仿制自南普陀寺的有 25 尊神像，包括释迦牟尼佛、药师佛、阿弥陀佛、韦陀、韦护、普贤菩萨、文殊菩萨以及十八罗汉；仿制自虎溪岩寺的有 9 尊神像，包括阿难陀，摩诃迦叶，阿弥陀佛，韦陀，韦护，四大金刚多闻天王、持国天王、广目天王、增长天王；还有一些神像仿制自同一个神殿，例如财神及其左右的送财洋童子和送财童子。考虑到运输的方便，这些木雕神像的尺寸比庙宇供奉的神像小得多，高度普遍在 20—50 厘米。值得一提的还有，荷兰莱顿民族学博物馆与法国里昂的汇流博物馆都藏有仿制自厦门城隍庙、东岳庙、南普陀寺、虎溪岩寺的神像，但是这几套神像有一些差异。第一，高延为两个博物馆所定制的神像数量并不相等。例如莱顿民族学博

---

① R. J. Zwi Werblowsky, "Catalogue of the Pantheon of Fujian Popular Religion", *Journal of South Central and East Asian Religions*, 2001, Vol. 12, pp. 95-192.

② R. J. Zwi Werblowsky, *The Beaten Track of Science: The Life and Work of J. J. M. de Groot*, Harrassowitz Verlag, 2002, p. 58.

物馆中仿制自厦门东岳庙的神像有 8 尊，包括东岳大帝、文判官、武判官、牛头、马面、夫人妈、夫人妈副使（2 尊）；汇流博物馆中仿制自东岳庙的神像有 34 尊，包括东岳大帝、文判官、武判官、速报司、马面、牛头、夫人妈、夫人妈副使（2 尊）、地藏王（3 尊）、注生娘娘、注生娘娘副使（2 尊）以及祖母（2 尊）、秦广王、楚江王、宋帝王、五官王、阎罗王、卞城王、泰山王、平等王、都市王、转轮王、都统司枷锁将军、都统司捉缚将军、都统司、都统司四行班头、都统司四行老二、都统司四行老三、都统司四行老四。第二，即使是同名神像，两个博物馆中的一些神像在尺寸上与形制上也有差异。例如，莱顿民族学博物馆中仿制自南普陀寺的释迦牟尼佛的尺寸是 54.6cm × 27.5cm × 23.3cm，佛像后面无背光；而汇流博物馆中释迦牟尼佛的尺寸是 30cm × 19.5cm × 17cm，佛像后面有一轮装饰精美的背光。此外，即使是同一馆藏的同名神像，在形制上也有坐像和立像之分，例如汇流博物馆中的两套八仙神像，一套是坐像，一套是立像。

（三）民俗物品与高延的中国民俗研究

民俗物品在高延的中国民俗调查、民俗志的撰写以及民族学的教学中也占有相当重要的分量。

首先，围绕中国民俗物品及有关习俗，高延在著名汉学杂志《中国评论》（China Review）上发表了一系列论文，如《关于蜡烛、灯笼、火的一些民俗》（A Bit of Folklore About Candles, Lamp and Fire）、《中国的门神和对联》（Inscriptions on Red Paper, Pictures etc.: On Chinese Street-doors）等。[①] 这些论文在阐释民俗仪式时，注意解释仪式物品的功能，将静止的物品还原至其所处的生活场域中，以使西方人更好地理解中国人的民俗习惯。

其次，运用摄影技术记录民俗。高延在第二次来华前学习了摄影技术，对不便于移动的民俗文物，如建筑装饰、牌楼、坟墓、明皇陵前的石像生等[②]，又如丧葬礼仪中的开路神纸扎、灵床、诰封亭、灵旌等[③]，通过照相机记录物品本身

① J. J. M. de Groot, "A Bit of Folklore About Candles, Lamp and Fire", *China Review*, 1878, Vol.7, pp. 202–204; J. J. M. de Groot, "Inscriptions on Red Paper, Pictures etc. : On Chinese Street-doors", *China Review*, 1880, Vol. 9, pp. 20–28.

② J. J. M. de Groot, *The Religious System of China: Its Ancient Forms, Evolution, History and Present Aspect, Manners, Customs and Social Institutions Connected Therewith*, Vol. 2, Brill, 1894, pp. 782–788.

③ J. J. M. de Groot, *The Religious System of China: Its Ancient Forms, Evolution, History and Present Aspect, Manners, Customs and Social Institutions Connected Therewith*, Vol. 1, Brill, 1892, pp. 149–151.

及其所在的日常环境。在六卷本著作《中国的宗教系统》中，高延添加了93张他亲自拍摄的照片，另外，还有3张来自其他有关中国的西文书籍，约60张复制自中文书籍的插图。高延还为这些中国民俗物品的图像配备了详细的文字描述，记录了民俗主体在特定的场合如何使用这些物品，并且特别注意当地人对物品的本土解释。高延将所收集的器物和拍摄的照片作为实物资料融入民族志的写作，能使西方读者更直观、立体地了解中国人的生活方式乃至中国本土民间信仰的状况。

再次，为仪式中的核心人物制作塑像，然后辅以文字说明，以记录民间信仰实践。纵观近代来华西方人拍摄于19世纪80年代的有关中国的照片，内容大多是静态的风景或人物，因为当时的木制外景照相机还难以拍摄动态的仪式场景。[①]因此为仪式中的核心人物塑像不失为一种创新的做法，弥补了摄像技术的不足。例如馆藏编号为RV-1092-31的藏品（参见本书第360页），便是高延请厦门的木雕师傅为正在做仪式的乩童及其助手雕塑的木雕。而在民族志记述中，高延这样描写乩童为病人举行的五雷仪式，呈现乩童借助不同的法器与鬼魅斗争的过程：

> 乩童还挥舞着一根祛邪鞭，在房间里的各处撒布生米和盐粒。他最为厉害的一招，是用宝剑或莉球将自己的身体刺得鲜血淋漓。如果莉球上有108根刺，即象征诛杀邪魔能力的36天罡、72地煞之合数，那么它的祛邪威力就特别强大。[②]

最后，高延将他收集的东方民俗类物品用于民族学教学。在为莱顿大学开设讲座时，高延喜欢在博物馆内举行，因为在博物馆这一空间便于演讲者利用其收集的中国藏品进行讲学。在评论茨维·韦伯洛夫斯基为高延所写的传记《科学的路径：高延的生活和论著》（*The Beaten Track of Science: The Life and Work of J. J. M. de Groot*, 2002）时，汉学家田海（Barend J. ter Haar）肯定了韦伯洛夫斯基在研究高延藏品方面所做的贡献，并且补充了两份材料，即博物馆的年度报告和高延的讲义。博物馆的年度报告显示，在刚回荷兰担任荷属东印度群岛民族学教授的一年多时间里，收集民俗物品，包括木雕神像和其他类型的物品，为之编写说

---

① ［美］菲利普·普罗格：《记录的艺术：早期中国摄影笔记》，刘琨华等译，见清华大学艺术博物馆、洛文希尔收藏编：《世相与映像——洛文希尔摄影收藏中的19世纪中国》，清华大学出版社，2018年，第15—19页。

② ［荷］高延：《中国的宗教系统及其古代形式、变迁、历史及现状》第6卷，芮传明译，花城出版社，2018年，第1825页。

明，对高延来说是教学项目的一部分，属于民族学博物馆的必要活动。而高延留下的两组简明扼要的讲义，包括"文学传统，或围绕怀孕和生育的信仰实践"①，表明高延对民众的生活有广泛的兴趣。

二、高延藏品的流动史

1977年，位于美国旧金山的一家出版社影印出版了法文版《厦门岁时记》，并增加由学者鲍克兰（Inez de Beauclair）和哈维·莫利（Harvey Molé）撰写的英文序言。序言提供了关于高延的生平以及高延藏品的一些信息，然而无论在法国还是在荷兰，高延藏品在1977年前后仍然未对外开放，对于其流转历史，当时的学者也几乎不清楚。②

这些藏品为何会分散在荷兰和法国两地？茨维·韦伯洛夫斯基认为，其直接原因是在第二次来华调查期间，高延不但为博睿家族，还为吉美博物馆创始人吉美收集中国民俗物品。③以下分别梳理高延藏品在法国和荷兰的流动史。

（一）在法国的高延藏品的流动史

1883年9月，在荷兰海牙召开的第六届国际东方学家大会上，高延结识了吉美，之后与吉美有了书信往来。最终，吉美委托高延在第二次中国调查期间为其购买民俗文物，并支付了3000法郎。1886年高延到达厦门之后，便开始进行田野调查，并着手购买和收集民俗物品，其间还写信给吉美博物馆的联系人表示购买的民俗物品超过了预算的3000法郎。最终高延委托商船运了两船物品到法国。④这些离开本土的中国民俗藏品，从此便与巴黎的吉美博物馆以及里昂的自然历史博物馆密切联系在一起了。高延藏品的展出、保存和数字化过程，与法国

① Barend J. ter Haar, "Reviewed Work(s): The Beaten Track of Science: The Life and Work of J. J. M. de Groot by R. J. Zwi Werblowsky and Hartmut Walravens", *T'oung Pao*, 2006, Vol. 92, pp. 553-554.

② J. J. M. de Groot, *Les Fêtes Annuellement Célébrées à Émoui (Amoy): Étude Concernant la Religion Populaire des Chinois*, Chinese Materials Center, 1977, pp. xvi-xvii.

③ R. J. Zwi Werblowsky, "Catalogue of the Pantheon of Fujian Popular Religion", *Journal of South Central and East Asian Religions*, 2001, Vol. 12, pp. 95-192.

④ R. J. Zwi Werblowsky, *The Beaten Track of Science: The Life and Work of J. J. M. de Groot*, Harrassowitz Verlag, 2002, pp. 55-64.

两家博物馆的历史有密切关联。这里有必要介绍吉美博物馆的历史及它与里昂自然历史博物馆的关联。吉美博物馆现位于巴黎，但最初是在里昂创立的。博物馆由儒勒·夏同（Jules Chatron）主持建造，于1879年9月30日落成，还包括一个图书馆。吉美是一个对东方文化非常感兴趣的富商，访问过日本、中国、印度和埃及等国家，他的意图是建立一个展现亚洲地区各民族宗教和艺术的博物馆。1883年，吉美向法国公共教育部长提出将博物馆转移到巴黎的建议，因为他认为巴黎的观赏者比里昂的观赏者更能鉴赏中国藏品。该建议于1888年得以实施，1889年吉美博物馆在巴黎举行了落成典礼。高延在1886—1887年给吉美寄送的两船中国文物，很自然地从里昂被运到了巴黎，并且顺利在吉美博物馆展出。[1]

但是1913年之后，这些在巴黎的藏品又回到里昂，其原因与博物馆的发展和观众的审美变化有关。曾任里昂自然历史博物馆馆长的路易·戴维（Louis David，任期为1963—1999年）在回顾博物馆的历史时指出，在1888年吉美博物馆搬去巴黎之后，托尼·布莱恩（Tony Blein）改造了原吉美博物馆所在的大楼。1909年，里昂市政府收购了这幢大楼作为餐饮娱乐场所。1911年，里昂市政府将博物馆旧址上的建筑物划归吉美博物馆，并要求吉美博物馆将1879—1883年展出的部分藏品并入博物馆。[2]也就是说在1911年前后，里昂市长爱德华·赫里欧（Edouard Herriot）主持将里昂的吉美博物馆旧址再次恢复为博物馆。1913年5月25日，新建好的博物馆被命名为第二吉美博物馆，馆内设有一个东方文物展示厅，吉美将巴黎的一部分收藏交给了里昂的第二吉美博物馆。吉美之所以将其东方藏品运回里昂，一方面是因为当时博物馆的分类体系习惯将民俗类藏品归入自然历史博物馆，而在巴黎的吉美博物馆不是自然历史博物馆，另一方面，巴黎市民的审美发生了转变，因而位于巴黎的吉美博物馆适宜地忽略有关民俗类的藏品，增加对高雅艺术藏品的关注。高延为吉美收集自福建民间的民俗藏品，以及其他人的一些中国藏品，如500多件陶瓷以及一些青铜器，一起回到了里昂的第二吉美博物馆。[3]

① Deirdre Emmons, *Dieux de Chine: Le Panthéon Populaire du Fujian de J. J. M. de Groot*, Muséum d'Histoire Naturelle de Lyon, Un, Deux... Quatre Editions, 2003, p. 1.

② Louis David, "Histoire du Muséum d'Histoire Naturelle de Lyon", *Nouvelles Archives du Muséum d'Histoire Naturelle de Lyon*, 1997, Vol. 35, pp. 5-56.

③ R. J. Zwi Werblowsky, "Catalogue of the Pantheon of Fujian Popular Religion", *Journal of South Central and East Asian Religions*, 2001, Vol. 12, pp. 95-192.

第二吉美博物馆在20世纪20年代展出了高延的部分中国藏品。尽管茨维·韦伯洛夫斯基根据第二吉美博物馆1913年有关高延藏品的说明材料，判断高延藏品的展出年份为1913年，[1] 但是笔者注意到汇流博物馆线上数据库公布了有关高延藏品展出的照片，照片本身并未注明拍摄的日期，博物馆将展览的时间写成20世纪20年代。[2] 其中两张照片（见高延藏品展出图2和图3）的左下角或右下角都标注有法语：LYON-Musée Guimet-CHINE(Amoy)-Cérémonie devant les tablettes des ancêtres(Confucianisme)，意思是"在祖先牌位前的祭祀仪式（儒家）"。从照片可以看到展示空间的左侧摆放有柜子，三层柜子里放的便是木雕神像，右侧的空间展示了中国人祭祀先祖亡魂的场景。祭桌上铺的桌布绣有龙的图案，墙上悬挂有死者的画像，两个木雕盒子放有神主牌位，两位穿着深色衣物的男性分列祭桌两旁，祭桌上有寿字形烛台、鹭鸶瓶等，地上还有灵旌、诰封亭、赞亭等仪式用具。其中的寿字形烛台、鹭鸶瓶等与高延亲自拍摄的照片中的寿字形烛台、公婆炉、鹭鸶瓶、酒瓶、酒爵一样。[3] 而且照片右下角的诰封亭、僧人棺与莱顿民族学博物馆藏的诰封亭、僧人棺（馆藏编号分别为 RV-962-67 和 RV-962-69，参见本书第388页和第390页）非常相似。

① 见里昂自然历史博物馆支持出版的高延藏品彩图册。Deirdre Emmons, *Dieux de Chine:Le Panthéon Populaire du Fujian de J. J. M. de Groot*, Muséum d' Histoire Naturelle de Lyon, Un, Deux...Quatre Editions, 2003, p. 22.

② 此次展览的照片还有几张，因为博物馆并没有公布数字化的全部档案，只能留待以后查找。

③ J. J. M. de Groot, *The Religious System of China: Its Ancient Forms, Evolution, History and Present Aspect, Manners, Customs and Social Institutions Connected Therewith*, Vol. 1, Brill, 1892, pp. 143-145.

高延藏品展出图 1，第二吉美博物馆，20 世纪 20 年代

（复印自 Deirdre Emmons, Dieux de Chine：Le Panthéon Populaire du Fujian de J. J. M. de Groot, Muséum d'Histoire Naturelle de Lyon, Un, Deux…Quatre Editions, 2003, p. 22）

高延藏品展出图 2，第二吉美博物馆，20 世纪 20 年代

［照片的题词为 13 LYON.–Musée Guimet.–CHINE (Amoy).–Cérémonie devant les tablettes des ancêtres (Confucianisme).–LL. SELECTA］

高延藏品展出图 3，第二吉美博物馆，20 世纪 20 年代

[照片的馆藏编号为 PH3577，尺寸为 15cm×10cm，题词为 LYON-Musée Guimet-CHINE (Amoy)-Cérémonie devant les tablettes des ancêtres (Confucianisme)-16-L. Morfaux, édit. Lyon, 见汇流博物馆：https://www.museedesconfluences.fr/fr/ressources/lyon-mus%C3%A9e-guimet-chine-0?destination=search/general/xiamen%3Ff%255B0%255D%3Dim_field_type_de_ressource%253A941，查看日期：2021 年 3 月 19 日]

LYON — Musée Guimet
— CHINE —
Parasols Religieux (Collection de Groot)

8

L. Morfaux, édit. Lyon

高延藏品展出图 4，第二吉美博物馆，20 世纪 20 年代

[照片的馆藏编号为 PH3583，题词为 LYON–Musée Guimet–CHINE–Parasols Religieux (Conllection de Groot)–8–L. Morfaux, édit. Lyon，见汇流博物馆：Le fonds du musée Guimet de Lyon | musée des Confluences (http://www.museedesconfluences.fr)，查看日期：2022 年 3 月 4 日]

LYON — Musée Guimet — CHINE
Plaque sonore dont le bruit sert, dans
les temples, à attirer l'attention
des dieux.

汇流博物馆还有同时展览的另一张照片，右上方的法语文字为：LYON-Musée Guimet-CHINE, Plaque sonore dont le bruit sert, dans les temples, à attirer l'attention des dieux，意思是"寺庙中云板发出的响声，可吸引众神降临"。从照片可以看到展出的空间较为宽敞，最靠近拍摄镜头的是一个木架子，架子上悬挂着一种乐器——云板，右侧的柜子里也陈列着一些木雕神像，再往后的架子上放着一把罗伞。整个空间的陈设大都选用中式木雕，反映了欧洲策展者对中国风格的理解。目前，我们还不能确定这个云板是否为高延所收

中国藏品展出图（云板），第二吉美博物馆，20 世纪 20 年代

（照片的馆藏编号为 PH3560，见汇流博物馆：https://www.museedesconfluences.fr/fr/ressources/lyon-mus%C3%A9e-guimet-chine?destination=search/general/Chine，查看日期：2021 年 3 月 19 日）

集，因为此次展览也许有其他人收集的中国藏品与高延藏品一起展出，以使西方观众了解中国人的民间信仰实践。由于资料的缺乏，我们难以追溯到更具体的展览细节。据茨维·韦伯洛夫斯基考证，高延并没有出席此次展览。① 也就是说，高延藏品入藏博物馆之后，其后的展览事宜已不再由收藏者决定，而取决于策展人的策展理念与实际布展的情况。

---

① Deirdre Emmons, *Dieux de Chine: Le Panthéon Populaire du Fujian de J. J. M. de Groot*, Muséum d'Histoire Naturelle de Lyon, Un, Deux... Quatre Editions, 2003, pp. 22-24.

大概在 1924 年前后，高延的藏品被打包放回箱子中，因为第二吉美博物馆收集了不少新的藏品，导致存储空间不足，很多不再展出的藏品需要封箱保存。

然而，为何回到里昂的高延藏品最终入藏里昂自然历史博物馆？笔者从里昂自然历史博物馆的介绍资料中了解到，20 世纪的大部分时间里，在里昂共用一个办公楼的第二吉美博物馆和自然历史博物馆经历了多次冰雹与闭馆。1955 年 8 月 27 日，一场冰雹风暴摧毁了办公楼大会堂上方的玻璃窗，对建筑和藏品造成了巨大破坏，导致两个博物馆被迫关闭七年。1968 年，里昂的第二吉美博物馆和殖民地博物馆（Musée Colonial）对公众关闭。直到 1978 年，第二吉美博物馆和自然历史博物馆合并，改名为吉美 – 自然历史博物馆，1987 年再次改名为历史自然博物馆，并准备重修。[①] 直到此时，高延藏品才从箱底被翻出来。

1991 年，博物馆的管理权从里昂市转移到罗讷省，并改名为里昂自然历史博物馆。里昂自然历史博物馆有 220 万件收藏品，涉及地球、生命、社会科学、科学和技术等领域，其中的中国藏品除了吉美博物馆的旧藏，还有三个来源：首先是从古董商瓦格纳伊（Vaganay）处购买来的一批鼻烟壶，这是 1860 年英法联军从北京颐和园获取的；其次是 1927 年成立的殖民地博物馆的中国藏品，这些藏品来自 1922 年马赛殖民地展览；最后是成立于 1822 年的宗教传播协会（Oeuvre de la Propagation de la Foi，英译为：Society for the Propagation for the Faith）在中国各地传教士收集的近 200 件藏品。[②] 路易·戴维担任馆长期间，不但落实了大楼翻修项目，恢复了里昂自然历史博物馆的新档案馆，而且推行科学出版物政策与恢复吉美的旧藏品，并着手展开博物馆藏品的数字化工作。2002 年，博物馆成立了藏品保护与研究中心（la Centre de Conservation et d'Etude des Collections，缩写为 CCEC）。之后，里昂自然历史博物馆开始了在其原址上建汇流博物馆的计划，因而属于自然历史博物馆的藏品后来自然又归入汇流博物馆。

具体到高延藏品的展出与数字化问题，尽管自 1979 年开始，茨维·韦伯洛夫斯基就从高延遗存的日记资料中了解到这批藏品，但是直到 1988 年，博物馆才请道教研究专家索安（Anna Seidel）主持高延藏品的修复、研究与数字化的工作，并且聘请了专业的摄影师拍摄。1991 年，索安因病过世，这一项目在一段时间

① Louis David, "Histoire du Muséum d'Histoire Naturelle de Lyon", *Nouvelles Archives du Muséum d'Histoire Naturelle de Lyon*, 1997, Vol. 35, pp. 5-56.

② Deirdre Emmons, *Dieux de Chine: Le Panthéon Populaire du Fujian de J. J. M. de Groot*, Muséum d'Histoire Naturelle de Lyon, Un, Deux... Quatre Editions, 2003, p.129.

汇流博物馆常设展厅中展出的高延藏品

（摄影者：胡小宇，拍摄地点：汇流博物馆，拍摄时间：2021年9月14日）

内被暂停，后又由蔡雾溪（Ursula-Angelika Cedzich）教授等人协助完成。2003年，博物馆为高延藏品策划了专题展览，并出版了一部分木雕神像的彩色图录。[1]2014年12月20日，在自然历史博物馆原址上新建的汇流博物馆正式开放。据学者介绍，汇流博物馆常设展厅中的展品大约有3000件，分为四个主题：宇宙和人类来源的"起源"主题，主要由恐龙骨架、三叶虫和陨石表达；展示人类和动物生存史的"物种"主题，以各种生物标本和人体遗骸为主展品；体现人类文明多样性与变迁的"社会"主题，其展品类别多样；以反映不同文明对来世的想象的藏品为主的"永恒"主题，有木乃伊等藏品。其中社会展厅的一个展柜内，精心展出了从高延藏品中挑选出的36件木雕神像，其标题是"中国民间信仰的众神"，并且配有法语和英语的文字解说。[2]这36件木雕神像分属八个组别。（1）天神及其随从：天公、金童、玉女；（2）三宫：天宫、地宫、水宫；（3）玄天上帝及天兵天将：玄天上帝、吞精大将、马明王、殷元帅、李哪吒、赵公明；（4）东岳大帝及其判官：东岳大帝、武判官、文判官；（5）女神及其侍从：摩利支及四大天王，观音及善财、龙女，妈祖婆及千里眼、顺风耳；（6）自然神：海龙王、云师、雨师、风伯、雷公；（7）文化始祖神：禹帝、神农；（8）地方神与象神：城隍爷、土地公、灶君公。这些木雕神像，一方面凝聚着中国人精湛的雕刻工艺，一方面反映了中国人有关神的观念。相距百年，高延藏品两次在同一地点的不同博物馆展出，同样的藏品有着

---

[1] Deirdre Emmons, *Dieux de Chine: Le Panthéon Populaire du Fujian de J. J. M. de Groot*, Muséum d'Histoire Naturelle de Lyon, Un, Deux... Quatre Editions, 2003.

[2] 陆仲雁：《知识汇集的殿堂——汇流博物馆纪游》，载《艺术品》2016年第6期。

21
OCT 2022
—
27
SEP 2023

EXPOSITIONS

Nous, les fleuves

汇流博物馆专题展览海报，2022 年

（汇流博物馆：https://www.museedesconfluences.fr/fr/expositions/expositions-
temporaires? state=All，查看日期：2022 年 1 月 19 日）

不同的展览布置形式，也讲述了不尽相同的故事。那些没有在展厅展出的其他高延
藏品，则保存在汇流博物馆的藏品保护与研究中心。

　　汇流博物馆还在 2022 年 10 月 21 日至 2023 年 9 月 27 日设置一个主题为"我
们，河流"的专题展览，展出的文物中有高延收集自福建的民俗藏品，目前汇
流博物馆网站上公布的展览海报也以高延收集的木雕神像作为主要图像。在
21 世纪，博物馆之间的学术合作越来越紧密，有些民俗藏品回到原生国家展出，
甚至回流至原生国家的收藏机构，因此跨国民俗文物的流动史也许还在继续。

（二）在荷兰的高延藏品的流动史

散落在荷兰收藏机构的高延民俗文物藏品的流动史同样曲折迷离。

1877—1878 年，高延便自费在厦门购买、收集了一些民俗藏品，并为之编写了目录和说明，这些藏品在 1885 年被高延捐赠给荷兰莱顿民族学博物馆（约 30 件，编号为 518 系列）。然而时任博物馆馆长林尔多·塞鲁里（Lindor Serrurier，1846—1901）认为这些捐赠藏品价值不高。1885 年，即将前往中国开展第二次调查时，高延再次向塞鲁里提及愿意为民族学博物馆购买中国民俗藏品，但是最终也没有达成购买新藏品的协议。因为塞鲁里仅仅口头承诺支付给高延 500 荷兰盾用于购买藏品，而高延不信任他。[①] 所以在第二次前往中国之际，高延只是与博睿家族和吉美博物馆达成协议，为他们购买中国民俗藏品。

1888 年，塞鲁里向荷兰殖民部长写信控告高延。称高延作为荷兰殖民部门的雇员，却在中国购买藏品，然后卖给法国的博物馆，并因此获得法国荣誉军团勋章（Chevalier de la Légion d'Honneur），这与他在中国的主要任务不符。这封信被转交给了东南亚的荷属殖民部门，然后通知了正在中国调查的高延。高延不得不写信为自己辩护，其要点如下：（1）自己把之前购买的中国民俗物品捐给了荷兰莱顿民族学博物馆，并且为此花费了很多时间进行编目整理；（2）塞鲁里承诺给自己 500 荷兰盾用于购买藏品，却迟迟未支付；（3）自己与博睿出版社的董事相识，因而博睿出版社委托自己购买藏品；（4）自己是出于国际友谊为吉美博物馆购买藏品的。最终，荷兰当局认为塞鲁里的指控毫无根据，而高延的收藏行为是合理的，也支持他领取法方颁发的勋章。[②]

然而，高延与塞鲁里之间的矛盾并没有因此而结束。在 1892 年出版的《中国的宗教系统》第 1 卷的总序中，高延指出："每一卷都会附有插图和照片，这些图片资料要么复印自作者多年来在中国实地拍摄的照片，要么来自作者搜集的民间信仰文物，这些文物如今分散在几个博物馆中，其中大部分被收藏在法国吉美博物馆。令作者非常遗憾的是，这些全面反映中国宗教系统的珍贵民间信仰文物，不得不分开几处收藏，无形中损害了它们作为史料的科学价值。更加令作者感到可惜的是，他曾经指定位于莱顿的民族学博物馆收藏这些文物，但是由于馆

① R. J. Zwi Werblowsky, *The Beaten Track of Science: The Life and Work of J. J. M. de Groot*, Harrassowitz Verlag, 2002, p. 57.

② R. J. Zwi Werblowsky, *The Beaten Track of Science: The Life and Work of J. J. M. de Groot*, Harrassowitz Verlag, 2002, pp. 64–65.

长的阻拦，博物馆放弃了收藏一部分史料。"[1] 这段话传递出几个信息：一是当时高延所收集的物品被分散珍藏于不同的几个博物馆[2]；二是出于学术的考虑，高延不希望成体系收集的、按科学方式分类整理的民俗文物分散在不同的收藏机构，削弱其作为史料的整体价值；三是高延与荷兰莱顿民族学博物馆馆长塞鲁里之间有不可调和的矛盾，以致高延在陆续出版的专著中指责塞鲁里。

大概在 1893—1896 年，陷入经营危机的博睿出版社决定把委托高延收集的中国藏品进行拍卖，最终这些藏品得以入藏荷兰莱顿民族学博物馆，其中编号为 962 的系列藏品共 132 件，包括 61 件木雕神像和 54 件民间传统乐器以及一些丧葬仪式用具等。博物馆的收购清单（Acquisitions List）还显示，编号为 1092（共 113 件）和 1049（共 191 件）的系列藏品是由高延直接卖给博物馆的。编号为 971 的系列藏品的来源不是很明显，编号为 1090 的系列藏品的入藏信息还不清楚，编号为 981 的系列藏品主要是木偶戏道具和民间传统乐器，也没有详细的入藏信息。[3] 不同系列藏品的入藏途径与时间有所不同，其详细情况如下表所示：

荷兰莱顿民族学博物馆高延藏品的入藏时间

馆藏系列	藏品主题	入藏时间	入藏方式	起止编号
518	外销画、纸钱等	1885 年 11 月 1 日	捐赠	518-1 至 518-21
962	木雕神像、乐器、仪式用具等	1893 年 10 月 23 日	购买	962-1 至 962-132
971	头饰、生活用具、卷轴画等	1893 年 12 月 9 日	捐赠	971-1 至 971-36
981	木偶戏道具、乐器等	1894 年 5 月 14 日	购买	981-1 至 981-69
1049	木偶戏道具、乐器、面人、陶塑、面具等	1895 年 4 月 10 日	购买	1049-0 至 1049-191
1079[1]	讣音帖和讣告	1895 年 12 月 5 日	捐赠	1079-1、1079-2
1090	服饰、生活用具、画作	1896 年 5 月 27 日	购买	1090-0 至 1090-51

[1] J. J. M. de Groot, *The Religious System of China: Its Ancient Forms, Evolution, History and Present Aspect, Manners, Customs and Social Institutions Connected Therewith*, Vol. 1, Brill, 1892, p. xv.

[2] 现在藏品的收藏情况与高延在《中国的宗教系统》序言里的叙述有出入，高延藏品现存放于两个博物馆中。

[3] R. J. Zwi Werblowsky, "Catalogue of the Pantheon of Fujian Popular Religion", *Journal of South Central and East Asian Religions*, 2001, Vol. 12, p. 98.

续表

馆藏系列	藏品主题	入藏时间	入藏方式	起止编号
1092	木雕神像、服饰、剃发用具等	1896 年 5 月 1 日	购买	1092-0 至 1092-112
1738	乩童的仪式用具	1910 年 6 月 1 日	捐赠	1738-1 至 1738-3
1743	魂帛	1910 年 7 月 1 日	捐赠	1743-1
1747[②]	印章	1910 年 9 月 1 日	捐赠	1747-7

注：①由高延担任主席的咨询委员会牵头编写的《咨询委员会关于莱顿民族学博物馆的报告》记录的这组藏品的信息与表格依据的博物馆网站信息不同，入藏方式是购买，购买时间是 1896 年。J. J. M. de Groot, *Rapport der Commissie van Advies betreffende's Rijks Ethnographisch Museum*, Commissie van Advies betreffende's Rijks Ethnographisch Museum, 1903, p. 42.

②1747 系列的藏品有 15 件，来自中国、伊朗、日本，有印章、动物雕像等，可以确定的是 RV-1747-7 为高延的私人印章，其他藏品的原拥有者及用途还有待考证。

1991 年，荷兰政府启动文物保存德尔塔计划（英语：Delta Plan for the Preservation of Cultural Heritage，荷兰语：Deltaplan voor Cultuurbehoud），荷兰莱顿民族学博物馆也在 1991—1992 年重新清点馆藏的所有藏品，随后对一些藏品展开维护、修复、建档等工作，同时实施了一个大型摄影项目，最终在网站上提供完整的藏品图片[①]。高延在中国所收集的 695 件藏品也获得了修复与数字化保存管理。从博物馆公布的信息看，高延藏品种类丰富，其中一些关涉民间风俗类的工艺、技术、知识，也是非物质文化遗产的实物载体。例如进入人类非物质文化遗产名录的南音、送王船，进入国家级非物质文化遗产代表作名录的泉州提线木偶戏、晋江布袋木偶戏、漳州布袋木偶戏、厦门漆线雕技艺、海沧蜈蚣阁、保生大帝信俗以及其他的非物质文化遗产项目如春仔花、面塑、龟糕印、大笼甜粿的制作工艺等。整理这些流落在海外的中国民俗文物，至少可以丰富我们对厦门地区一些非物质文化遗产项目历史样貌的理解。其实，流失海外的中国民俗文物，尤其是做工精湛的器具，除作为东方艺术品被博物馆展出、得到观众的欣赏之外，很早就被研究者认为是承载中国传统手工艺的物质载体，可纳入"设计人类学"的研究范畴[②]。

---

① 唐君娴：《国立民族学博物馆（荷兰）》，载《博闻》2011 年第 9 期。

② [德]劳佛尔：《中国篮子》，叶胜男、郑晨译，西泠印社出版社，2014 年，第 1—2 页。

2014 年，荷兰三家主要展示异文化的博物馆：莱顿民族学博物馆、阿姆斯特丹热带博物馆（Tropenmuseum in Amsterdam）、贝赫达尔非洲博物馆（Afrika Museum in Berg en Dal），被整合成荷兰国立世界文化博物馆（英语：National Museum of World Cultures，荷兰语：National Museum van Wereldculturen，缩写为 NMVW）。自 20 世纪 60 年代以来，欧洲学术界进行了反思，认为民族学博物馆的藏品来源与殖民主义密切相关，在全球化的当下，民族学博物馆需要思考如何去殖民化。同时，欧洲许多民族学博物馆因为经营等原因，不得不面临关闭的命运，因而将具有殖民色彩的民族学或殖民地博物馆改名为世界文化博物馆是一种常见的尝试。[①] 2017 年，荷兰国立世界文化博物馆与鹿特丹的世界博物馆合作，整合了各个博物馆已数字化的藏品，公布在同一个网站上。截至目前，荷兰国立世界文化博物馆管理的三家博物馆都正常开放，供公众参观。莱顿民族学博物馆的常设展厅中，展出了高延收集的木雕神像，以便公众了解中国的民间信仰与民间佛像。[②]

回顾高延藏品的流动史，可以说，在收集中国民俗物品时，高延非常注意其体系，以便完整地呈现出特定的民俗事项。对于那些不便于移动的民俗文物，高延则用照相机留下了珍贵的图像资料。不但如此，高延还将收集和调查应用到民俗志撰写、民族学教学的实践中，为我们记录了民俗物品在原生国家被手工艺人制造、被民众使用和阐释的不同过程。

---

① 杜辉：《民族学博物馆之未来：民族学博物馆发展的再思考》，载《东南文化》2014 年第 2 期；王舒俐：《多元现代性——当代荷兰博物馆的去殖民化》，载《上海艺术评论》2019 年第 1 期。

② 莱顿民族学博物馆：https://www.volkenkunde.nl/en/whats-on-0/exhibitions/china，查看日期：2022 年 1 月 5 日。

第一章
木雕神像

神像反映了特定社会中民众关于神明的观念，是人为构建的社会符号。神像体现了特定群体的审美趣味、想象力、工艺技术水平，在民间信仰实践中占有一定的地位。神像可分为立体的和平面的。立体的神灵雕塑多见于寺庙和家庭的供桌上，平面的神像一般可见于神轴图、纸马、神像画、年画等图像中。神像的产生、发展演变、制作工艺等已引起相关学者的关注，成为国内人类学、民俗学学者研究民间信仰的一个重要窗口。关于神像的生产与使用，有学者认为神像的生产和使用能带来具体的社会功效，对乡土生活产生深刻影响。关于神像的灵性与信仰仪式，有学者认为从雕塑过渡到神像，其灵性是通过仪式中各种社会群体的视觉互动和认同观念获得的，而且神像作为仪式中沟通人与神的视觉媒介，强调的是仪式中其灵性的实用功能。①

国外学者也关注、收集中国的民间神像。20世纪70年代，居于香港的学者基思·史蒂文斯（Keith Stevens）从一家古玩店发现来自中国湖南、江西的一批旧神像。这些原来开过光、被供奉在家内的神像，背后都有一个木盒子，盒子里的纸片上记录了神像的名称、制造时间、制造者、信众姓名、地址、供奉的原因，并画有符箓等图案和文字。②之后，法国远东学院研究员华澜（Alain Arrault）带领团队，开始研究湖南地区的木制彩饰神像。他们接触的神灵塑像总共有3143件，大部分有编目，可分为三组，其中两组为私人收藏品，另外一组保存于湖南省博物馆内。③由此，他们着手研究清代以来的家庭神龛供奉的神明类型、神像的身体尤其是内脏的安置与信众身体疾病之间的联系，并指出神像在民间信仰仪式中扮演着重要的角色。

荷兰莱顿民族学博物馆的罗也藏品也包括一些中国神像。另外，有一张叫《塑神像》的外销画（馆藏编号 RV-360-378k18），描绘了南方沿海地区雕刻神像的习俗。④

---

① 参见李生柱：《神像：民间信仰的象征与实践——基于冀南洗马村的田野考察》，载《民俗研究》2014年第2期；王晓青：《神像灵性的视觉建构——以南海神庙波罗诞庙会的"五子朝王"仪式为例》，载《民族艺术》2016年第5期。

② 有学者称神像内的纸片为意旨（The Certificates of Consecration），Keith Stevens, "Altar Images from Hunan and Kiangsi", *Journal of the Hong Kong Branch of the Royal Asiatic Society*, 1978, Vol.18, pp. 41-48.

③ Alain Arrault, *A History of Cultic Images in China: The Domestic Statuary of Hunan*, trans. by Lina Verchery, The Chinese University of Hong Kong Press, 2020, p. 9.

④ 荷兰国立世界文化博物馆：https://hdl.handle.net/20.500.11840/1223665，查看日期：2021年11月30日。

塑神像（罗也藏品）

外文题名：Schildering op papier van een Chinees bij de uitoefening van zijn beroep
馆藏编号：RV-360-378k18
收集时间：1773—1776 年
尺寸：29.7cm×33.8cm

　　高延在第二次来华调查期间，给法国吉美博物馆和荷兰博睿出版社各收集过一些福建地区的民间木雕神像。这些神像装饰精美，工艺卓绝，数量较大，自成体系。在厦门，雕刻神像的工艺曾经被当地人称为妆佛，一般由家族的作坊制作，在晚清时期，同安的"化西天"、马巷的"西竹轩"①等都是有名的作坊。传统的妆佛工艺包括雕塑、粉底、漆线装饰、妆金填彩等步骤。这些工艺在现代仍有传承，源自妆佛工艺的厦门漆线雕技艺，在 2006 年已被列入第一批国家级非物质文化遗产名录。借助高延的木雕神像，也许可以了解 19 世纪末厦门地区民间工艺的发达程度，了解厦门地区民间信奉的神明体系。

---

　　① 高延曾提到他前往马巷游览，这些木雕神像大部分出自"西竹轩"作坊。

荷兰莱顿民族学博物馆现有木雕神像 76 件，馆藏编号为 RV-962-1 至 RV-962-61，RV-1092-18 至 RV-1092-33。经多方求证，基本确定了 76 件木雕神像的名称，具体见下表[①]：

荷兰莱顿民族学博物馆藏厦门木雕神像名称

序号	神像名称	馆藏编号	序号	神像名称	馆藏编号	序号	神像名称	馆藏编号
1	文昌帝君	962-1	27	增长天王	962-27	53	梁武帝	962-53
2	关羽 / 关夫子	962-2	28	东岳大帝	962-28	54	竺坛猷	962-54
3	吕洞宾	962-3	29	文判官（东岳庙）	962-29	55	释宝志	962-55
4	魁星	962-4	30	武判官（东岳庙）	962-30	56	布袋和尚	962-56
5	朱衣	962-5	31	牛将军	962-31	57	僧伽大师	962-57
6	天官	962-6	32	马将军	962-32	58	普化和尚	962-58
7	地官	962-7	33	夫人妈	962-33	59	开心尊者	962-59
8	水官	962-8	34	夫人妈副使	962-34	60	长眉祖师	962-60
9	圣王公娘	962-9	35	夫人妈副使	962-35	61	洗耳尊者	962-61
10	城隍爷	962-10	36	仓颉、沮诵神位	962-36	62	老子	1092-18
11	城隍副身	962-11	37	释迦牟尼佛	962-37	63	文财神	1092-19
12	捉头相公	962-12	38	药师佛	962-38	64	送财童子	1092-20
13	捉头相公	962-13	39	阿弥陀佛	962-39	65	送财洋童子	1092-21
14	文判官（城隍庙）	962-14	40	阿难陀	962-40	66	柳星爷	1092-22
15	武判官（城隍庙）	962-15	41	摩诃迦叶	962-41	67	武财神	1092-23
16	矮仔鬼	962-16	42	韦陀	962-42	68	送财童子	1092-24
17	白头爹	962-17	43	韦护	962-43	69	送财童子	1092-25
18	马使爷	962-18	44	阿难陀	962-44	70	张道陵	1092-26
19	马使爷	962-19	45	耶舍	962-45	71	张道陵	1092-27
20	玄天上帝	962-20	46	目连尊者	962-46	72	火神	1092-28
21	摩利支	962-21	47	拘连	962-47	73	文殊菩萨	1092-29
22	韦陀	962-22	48	提多迦	962-48	74	普贤菩萨	1092-30
23	韦护	962-23	49	迦毗摩罗	962-49	75	阿弥陀佛	1092-32
24	多闻天王	962-24	50	罗睺罗多	962-50	76	财神	1092-33
25	持国天王	962-25	51	师子尊者	962-51			
26	广目天王	962-26	52	菩提达摩	962-52			

① 感谢熟悉闽南民间文化的黄尊和同学指出编号 1092-22 的神像为柳星爷（高延标示的罗马拼音为：Liou Tchieou），并指出文昌帝君、关羽、吕洞宾、魁星、朱衣五者合称"五文昌"，闽南地区的手艺人现在仍雕刻"五文昌"神像。

高延曾在 1888 年前为其从中国收集的藏品做过详细的分类以及描述。1913 年，第二吉美博物馆落成后编写的藏品展览手册，也花了 50 多页的篇幅介绍高延藏品的情况。甚至在 20 世纪末，还可以在一些木雕神像的底部看到高延编写的标签，上面有名称等说明文字。[①] 在笔者看来，高延及收藏高延藏品的博物馆都试图为西方观众勾勒出中国人的神明信仰体系。

　　下面我们将荷兰莱顿民族学博物馆收藏的 76 件木雕神像分为五类略作介绍（高延为吉美收集的所有木雕神像的名称等信息，可参考附录三"高延在厦门收集的木雕神像编目"）。

---

　　① R. J. Zwi Werblowsky, *The Beaten Track of Science: The Life and Work of J. J. M. de Groot*, Harrassowitz Verlag, 2002, p. 60.

高延对厦门民间宗教非常熟悉，能够直接到当地的神像店以寺庙为单位定制神像，并且请当地人告诉他每个神像的名称以及相关的故事传说。大多数神像的底部，都贴上了高延制作的藏品标签，上面写着神明的名字及主要职能等信息。由于年代久远与保存不当，许多神像的标签已经脱落。[1]20世纪末，西方的专家们依据高延的笔记以及神像本身的特征，识别出了一些神明的名称，并且推断出这些神像有仿制自城隍庙、东岳庙、虎溪岩寺、南普陀寺的，但是仍然有一些神像，无法判断其源自厦门的哪一家宫庙。笔者在田野调查中发现，这类民间神像，常广泛存在于厦门大大小小的民间宫庙，或者厦门人的家庭祭坛上。从莱顿民族学博物馆的高延藏品来看，厦门民间信仰的众神包括源自道教的神明老子、张道陵、天官、地官、水官、玄天上帝、圣王公娘、柳星爷、火神等，来自佛教的神明摩利支，广受普通民众欢迎的文财神、武财神、送财童子、送财洋童子等，读书人热衷敬奉的五文昌：文昌帝君、关羽、吕洞宾、魁星、朱衣，以及仓颉、沮诵等。

民间信仰的众神

---

① R. J. Zwi Werblowsky, *The Beaten Track of Science: The Life and Work of J. J. M. de Groot*, Harrassowitz Verlag, 2002, p. 67.

文昌帝君

外文题名：Godenbeeld-*Wen chang di jūn*

馆藏编号：RV-962-1

尺寸：23.2cm×14.5cm×11.6cm

　　文昌帝君是读书人祭祀的主要神灵。厦门人通常在二月三日祭祀文昌帝君。神像身穿一件镀金长袍，头戴类似文官帽子的帽子，留有长胡子，左手执如意，右手搭在膝盖上。据民间传说，文昌有时会投胎转世为天赋异禀的读书人，因而才华横溢的读书人会被民众视为文昌转世。大熊座附近有一个文昌宫星座，民众认为那是文昌帝君的居所。

关羽 / 关夫子

外文题名：Godenbeeld: Guan fu zi of
Guan Yü-*Guan fu zi;Guan
Yü*

馆藏编号：RV-962-2

尺寸：23.5cm×12cm×10.5cm

　　神像为坐姿，全身文官打扮，留有长胡子。闽南地区也称关羽为关夫子。高延在《厦门岁时记》中说到厦门人在每年阴历的正月十三日和五月十三日祭祀关羽，供品有茶、酒、纸钱和三五种肉食，富裕之家通常会请地方戏班演出有关关羽的传奇故事。民间传说中的关羽熟读儒家经典，对《春秋》倒背如流，因此人们认为关羽可保佑考生科考顺利。[1]

---

① J. J. M. de Groot, *Les Fêtes Annuellement Célébrées à Émoui (Amoy): Étude Concernant la Religion Populaire des Chinois*, trans. by C. G. Chavannes, Ernest Leroux, 1886, pp.121-123.

吕洞宾

外文题名：Godenbeeld: Lü Dongbin-
　　　　　Lü Dongbin
馆藏编号：RV-962-3
尺寸：23cm×14.5cm×11.5cm

　　神像为坐姿，文官打扮，留有长胡子，右手持拂尘，左手搭在腿上。厦门人也常称吕洞宾为仙祖、吕祖。吕洞宾既是八仙之一，也被民间误认成理发师的守护神吕祖。传说，明朝有位皇帝头生毒疮，谁也不敢给皇帝剃发，以免触痛皇帝惨遭斩首，只有吕祖轻松给皇帝剃了头而不让皇帝感到疼痛，因而后世的理发师将吕祖视为行业保护神。在四月十四日的吕祖诞，文人和剃头匠都会祭祀吕祖。

魁星

外文题名：Godenbeeld: Kui xing-*Kui xing*

馆藏编号：RV-962-4

尺寸：23.5cm×12cm×9 cm

　　神像为站姿，右手拿笔，左脚翘起，右脚踏在一只似鳌鱼的神兽上。传说，魁星曾参加科举考试，并获得了不错的名次，但是因形貌丑陋，皇帝拒绝授予他功名。魁星羞愧地自尽了，死后成为神仙，居住在魁星上。有时候，民间塑造的魁星像脚踏着一只大鳌鱼，人们称这为"独占鳌头"，象征着科考成功。清朝顾炎武在《日知录》中形容魁星像鬼："今人所奉魁星，不知始自何年。以奎为文章之府，故立庙祀之。乃不能像'奎'，而改'奎'为'魁'；又不能像'魁'，而取之字形，为鬼举足而起其斗。"[①]厦门人在九月九日隆重祭拜魁星，在五月五日、七月七日、八月十五日也会祭拜魁星。

---

　　① ［清］顾炎武撰，［清］黄汝成集释：《日知录集释》，栾保群校点，中华书局，2020 年，第 1646 页。

朱衣

外文题名：Godenbeeld:Zhu Yi-*Zhu Yi*

馆藏编号：RV-962-5

尺寸：23.5cm×11cm×9cm

　　高延在《厦门岁时记》中指出，文昌和魁星起源于星体崇拜，而关羽是真实的历史人物，吕祖也是半历史半神话的人物，只有朱衣完全是文人虚构的。[①] 神像为站姿，文官打扮，白眉毛，留有花白的长胡子，双手握住考卷的两端，似在认真评阅考卷。传说，一位考官在评判考卷的时候，旁边有个老人一直点头，因此考官又重新审读本要放弃的文章，最终将文章判为合格。俗语"朱衣暗点头"，表示考生好运，将会在科考中中举。

---

① J. J. M. de Groot, *Les Fêtes Annuellement Célébrées à Émoui (Amoy): Étude Concernant la Religion Populaire des Chinois*, trans. by C. G. Chavannes, Ernest Leroux, 1886, p. 176.

天官

外文题名：Godenbeeld: Tian Guan-
Tian Guan

馆藏编号：RV-962-6

尺寸：25.3cm×12.3cm×9.8cm

　　神像为坐姿，留有长胡子，头戴缀有黄色、蓝色、红色和绿色珠子的头冠，双手持笏板。
天官、地官、水官，属于道教尊奉的三位天神，厦门人也称之为"三界公"，并相信天官赐福、
地官赦罪、水官解厄。高延在《厦门岁时记》中详细记述了厦门人在正月十五日、七月十五日、
十月十五日分别祭祀天官、地官、水官的情景。每逢正月十五日，人们都会挂上灯笼，在
三界炉上烧香、点蜡烛，并且做龟粿等甜食，念诵《三界经》给天神听。[①]

---

　　① J. J. M. de Groot, *Les Fêtes Annuellement Célébrées à Émoui (Amoy): Étude Concernant la Religion
Populaire des Chinois*, trans. by C. G. Chavannes, Ernest Leroux, 1886, pp. 126-129.

地官

外文题名：Godenbeeld: Di Guan-*Di Guan*

馆藏编号：RV-962-7

尺寸：24.5cm×13cm×10cm

神像为坐姿，留有长胡子，头戴缀有七颗绿色珠子的头冠，双手持笏板。

水官

外文题名：Godenbeeld: Shui Guan-
Shui Guan

馆藏编号：RV-962-8

尺寸：24cm×12.5cm×8.5cm

神像为坐姿，留有长胡子，头戴缀有五颗红色珠子的头冠，双手持笏板。

圣王公娘

外文题名：Beeld: Sheng Wang gong
niang- *Sheng Wang gong
niang*

馆藏编号：RV-962-9

尺寸：18.5cm×12cm×10.5cm

　　神像为坐姿，头饰华丽，身穿装饰繁多的华服。厦门人通常在六月十五日祭拜守护婴孩的女性神明，同时也祭祀圣王公娘。圣王公娘是圣王公的配偶神，圣王公也叫郭圣王、保安尊王、广泽尊王，是闽南地区民众普遍信仰的一位神明。高延曾搜集了有关郭圣王的历史文献和民间传说，并观察记录了民间祭祀郭圣王的仪式。[①]

---

　　① J. J. M. de Groot, "The Idol Kwoh Shing Wang", *China Review*, 1878, Vol. 7, pp. 91-98.

玄天上帝

外文题名：Godenbeeld-Xuan Tian
　　　　　Shangdi

馆藏编号：RV-962-20

尺寸：21.5cm×13cm×12cm

　　神像为坐姿，留有长胡子，身着戎装，手拿利剑，脚下有一只乌龟和一条蛇。乌龟象征着北方，玄天上帝也是执掌北极星的北极之神，而北极星过去可作为航海的指南，因而玄天上帝被视为水神。在人们的想象中，玄天上帝还和天兵天将一起，涤除四处游荡的妖魔鬼怪。

老子

外文题名：Godenbeeld: Lao-tsze

馆藏编号：RV-1092-18

尺寸：47cm×22.5cm×20cm

  神像为坐姿，留有白色长须，白眉，腰间有护脐神兽，其脚下的座台上刻有一只神兽。在厦门，获得官方批准或者经历过"上刀梯"仪式的师公，自发形成一个叫"老君会"的社会组织。他们尊老子为保护神，各自的家庭祭坛通常有老子的雕像或画像，并且有专门的会费作为祭祀的开支。师公们轮流做炉主，在每年阴历二月十五日的老子诞，祭祀老子并请戏班演戏。^①

---

　　① ［荷］高延：《中国的宗教系统及其古代形式、变迁、历史及现状》第 6 卷，芮传明译，花城出版社，2018 年，第 1807 页。

文财神

外文题名：Godenbeeld: Cai shen

馆藏编号：RV-1092-19

尺寸：32.5cm×21cm×15.5cm

　　雕像为坐姿，全身文官打扮，腰系镶嵌有玉石的腰带，身后有一只神兽。高延提到在厦门几乎家家户户都供奉有财神，街上的商业场所也有供奉财神的神龛。高延也提及厦门人将土地神视为财神，民间流传着由于土地奶奶的阻扰致使天下财富分配不均的传说。①

　　① J. J. M. de Groot, *Les Fêtes Annuellement Célébrées à Émoui (Amoy): Étude Concernant la Religion Populaire des Chinois*, trans. by C. G. Chavannes, Ernest Leroux, 1886, p. 70.

送财童子

外文题名：Godenbeeld: Zegeldrager
　　　　　van Caishen
馆藏编号：RV-1092-20
尺寸：24cm×9.5cm×9cm

送财童子，是财神的下属。雕像为站姿，手捧宝盒，头发梳成两个发髻，表示其未成年。

送财洋童子

外文题名：Godenbeeld: Adjudant van
　　　　　Caishen
馆藏编号：RV-1092-21
尺寸：23.5cm×11cm×9cm

　　神像为站姿，有着典型的外国人样貌，高高的鼻子，微微卷曲的头发，头戴两边翘起的帽子，怀抱金元宝，脚蹬黑色靴子。在东海沿海的福建和广东地区，可以在寺庙、祠堂等建筑的角落，见到外国人样貌的偶人或小神。由此可见，海上丝绸之路的开通，使得南方沿海地区与外国很早便有了文化交往。[1]

　　[1] 曹春平指出："这种施于转角大角梁下的宝藏神，在中国北方的宋元建筑中反而较少见到，闽南的'憨番抬厝角'无疑是宝藏神有趣的变化形式。"而此类"憨番"形象也常出现于漳州年画及建筑装饰中，反映出闽南地区独特的对外贸易文化传统与海洋文化特色。见龚晓田：《溢彩年华：漳州年画与漳州民俗》，中州古籍出版社，2018年，第110—111页。

柳星爷

外文题名：Godenbeeld: Liou Tchieou

馆藏编号：RV-1092-22

尺寸：23.5cm×10cm×9.5cm

　　柳星爷，也称柳星君，是闽南和台湾地区信奉的一位神灵。神像为站姿，头戴金冠，蓝面，双目圆睁，右手托着一个红宝瓶，左手腕戴着一个金钏。柳星爷通常与吕祖等神仙出现在同一个庙或神殿之中。《台湾省通志》记载："指南宫俗称仙公庙……每值农历新春及正月二十六日柳星君诞辰，五月十八日吕祖诞辰，八月初二日建庙纪念日，九月初三日张祖师诞辰，朝拜者逾万，香火与北港朝天宫并称。"[①]

① 台湾省文献委员会编印：《台湾省通志》（6）卷一《土地志·气候篇》，台湾省文献委员会，1970年，第408页。

武财神

外文题名：Godenbeeld: Zonnegod
馆藏编号：RV-1092-23
尺寸：23.5cm×13cm×12.8 cm

  这尊雕像疑为一位武财神^①。神像为坐姿，留有长须，身着戎装，头戴帅盔，双目圆睁，左手握一圆形的金色宝物。在神像脚下、椅子扶手和座基的两端，共刻有六只小神兽。

———————

  ① 这尊雕像也可能是保生大帝，因为外文题名中的 Zonnegod 可直译为太阳神，而高延认为保生大帝源自古老的太阳神，并且指出西方人也将太阳神视为可治病的神明，中西方的民众在生病的时候都会去太阳神的寺庙祈求太阳神治病，参见J. J. M. de Groot, *Jaarlijksche Feesten en Gebruiken van de Emoy-Chineezen*, W. Bruning & Co., 1882, p. 218。

送财童子

外文题名：Godenbeeld: Acoliet van de Zonnegod

馆藏编号：RV-1092-24

尺寸：15.3cm×7cm×6cm

　　送财童子，是武财神的随从。此神像与编号 RV-1092-20 的神像颇为相似。童子为站姿，手捧宝盒，头发梳成两个发髻，表示其未成年。

送财童子

外文题名：Godenbeeld: Acoliet van de
　　　　　Zonnegod
馆藏编号：RV-1092-25
尺寸：17cm×7.3cm×6cm

　　送财童子，是武财神的随从。童子为站姿，右手握着一把蓝绿色宝剑，左手护住右手，头发梳成两个发髻，表示其未成年。

张道陵

外文题名：Godenbeeld: Tsjang Tho-
ling
馆藏编号：RV-1092-26
尺寸：33cm×22.5cm×16cm

　　天师留有浓黑的长须，肤色黝黑，双目圆睁，一手握有宝物。天师的坐骑老虎，有长长的尾巴，全身被漆成黑色，上有金色的虎纹路，正扭头望着天师，看起来憨态可掬。高延《中国的宗教系统》第 6 卷有一张天师骑虎图的照片。天师是道教的鼻祖，拥有驱邪的能力，巫师和道士将天师图放在供桌的上方，并以天师的名义举行大型的驱邪仪式。在厦门的寺庙，经常可以见到骑在虎上或装饰有虎皮的神像，人们认为老虎可以增加神祇驱邪的威力。端午节的时候，普通人家通常会在家中张贴天师的画像，祈望天师保佑阖家安康。女子出嫁之时，人们也会将天师图画在新娘花轿的外侧。

张道陵

外文题名：Godenbeeld: Tsjang Tho-
ling

馆藏编号：RV-1092-27

尺寸：18.5cm×11.2cm×9.5cm

　　神像为坐姿，黑面，留有长须，双手合于胸前。法师或道士举行仪式时会祭拜天师，祈求天师保佑他们获得驱邪的能力。

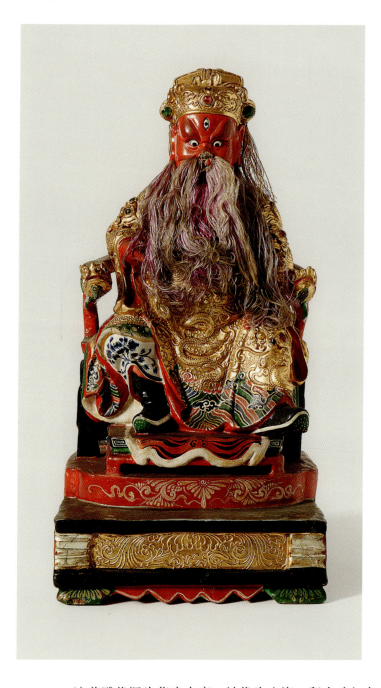

火神

外文题名：Godenbeeld: Vuurgod
馆藏编号：RV-1092-28
尺寸：28cm×14cm×13cm

　　这尊雕像疑为华光大帝。神像为坐姿，留有玫红色长须，头戴冠，脚蹬黑色靴子。神像最明显的特征是长有三只眼睛。在民间信奉的神明中，二郎神和华光大帝是最常见的三目神明，华光大帝也是神话传说中以及民间祭祀的火神。因此，神像为华光大帝的可能性极大。

财神

外文题名：Godenbeeld: Zonnegod
馆藏编号：RV-1092-33
尺寸：18.5cm×8cm×7cm

　　神像为站姿，留有黑长须，头戴黑冠，冠上镶嵌有一颗绿色宝石，全身武官装扮，双手衣袖扎紧，腰系玉石腰带，左手握着金元宝。从高延收集的三尊形态各异的财神像，可以推测晚清厦门人信仰的财神有数个，或者说厦门地区的不同寺庙或家庭神龛中供奉的财神形态各异。无论财神形态如何不同，人们都相信他们可以保佑自己财运亨通、步步高升。

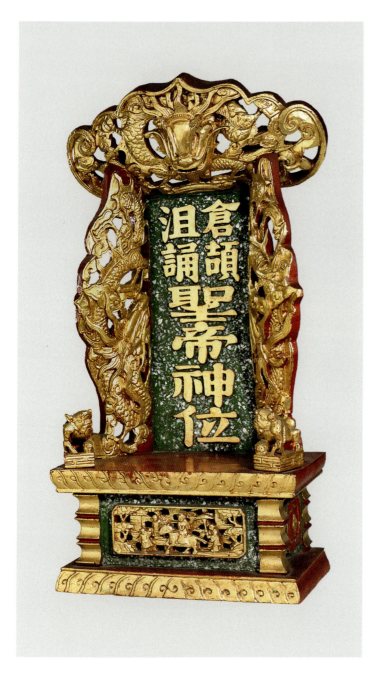

仓颉、沮诵神位

外文题名：Votieftablet

馆藏编号：RV-962-36

尺寸：49.8cm×27.8cm×14.5cm

　　神位中间绿色的直立板上有镀金大字"仓颉沮诵圣帝神位"。木板上方刻有一条龙，龙头位于中间，木板的左右也雕刻有龙，下面的基座上刻有骑马之人。仓颉和沮诵是传说中文字的发明者。高延提到，仓颉和沮诵都被读书人尊为守护神，写有文字的纸被民众认为是神圣的，因而不可随便丢弃，民间有"字纸会"，其成员在固定的时间将收集来的字纸拿到寺庙或有字纸炉的地方烧掉，这种行为称作"敬惜字纸"。[1]

---

① 高延为仓颉、沮诵的神主牌位拍摄了照片，见［荷］高延：《中国的宗教系统及其古代形式、变迁、历史及现状》第 6 卷，芮传明译，花城出版社，2018 年，第 1654 页。

摩利支

外文题名：Godenbeeld: Marici-*Marici*

馆藏编号：RV-962-21

尺寸：36cm×20cm×14.5cm

　　摩利支，也称光明佛母。神像趺坐于莲台上，一头八臂，中间两手当胸结印，左右其余六手分别执有套索、无忧树枝、线、金刚杵等兵器。佛像后有装饰华美的背光。目前，这尊佛像出自厦门的哪座佛寺还有待考证，也许来自南普陀寺，也许与虎溪岩寺有关，也许来自民间私人供奉的祭坛。

城
隍
庙
的
神
灵

　　据学者考证，在明永乐年间，厦门城建成，那时便供奉有城隍
神。清道光年间的《厦门志》刊刻的舆图也表明，城隍庙位于厦门
城内，大致在现在的古城西路一带。过去的城隍庙，正殿供奉有城
隍神、文武判官，走廊有十二司之神，前殿有七爷八爷（即黑白无常，
他们在地府官位排名中位列第七位、第八位）、牛头马面等。[1]1919
年因修建马路，城隍庙的部分建筑被拆除。之后，保留下的正殿等
建筑，又被征作其他用途。现在，厦门原城隍庙的地方，仅存有地
名城隍庙巷。在荷兰的高延藏品中，仿制自厦门城隍庙的有 10 尊，
包括城隍爷、城隍副身、捉头相公（2 尊）、文判官、武判官、矮仔鬼、
白头爹、马使爷（2 尊）。高延为吉美博物馆收集的木雕神像中，
仿制自厦门城隍庙的除了上述神像，还有挂录司、图籍司、速报司、
威镇司、瘅恶司、顺富司、介寿司、威略司、子孙司、福德司、记
录司、数寿司共十二司之神灵，以及两个班头爷和四个差使。在《厦
门岁时记》中，高延描述了厦门民众在天旱的时候会到城隍庙举行
祈雨仪式，并提及在一些地方，如果祈雨后还不下雨，一些愤怒的
民众甚至会将城隍爷神像上的衣服剥去，将神像放在烈日下暴晒，
让城隍遭受酷热，然后怜悯民众，从而降雨。为了祈雨，民众还会
斋戒，整个城市的街头会张贴禁屠的告示。[2]

　　[1]　陈国强：《厦门城与厦门城隍》，载《福建史志》1996 年第 S 期。
　　[2]　J. J. M. de Groot, *Les Fêtes Annuellement Célébrées à Émoui (Amoy): Étude Concernant la Religion Populaire des Chinois*, trans. by C. G. Chavannes, Ernest Leroux, 1886, p. 72.

城隍爷

外文题名：Godenbeeld-*Cheng huang ye*
馆藏编号：RV-962-10
尺寸：31cm×21.2cm×17.5cm

　　神像为坐姿，留有长须，头戴官帽，两侧帽翅上各有一条龙，身穿装饰华美的镀金官服，手持笏板。和人间的官僚机构相仿，城隍庙中的城隍神也有着严格的等级，首都北京的城隍神被认为是其他地区城隍神的上级。城隍神负责审判辖区内的亡魂，贤德者去往极乐世界，作恶之徒则由冥王施罚。许多信众经常前往城隍庙奉上祭品，希望能得到城隍神的恩惠。高延在《厦门岁时记》中详细记述了人们在年末的时候祭拜城隍神，当发生瘟疫、干旱等重大事件时，社区也会举行隆重的城隍出巡仪式。[①]

　　① J. J. M. de Groot, *Les Fêtes Annuellement Célébrées à Émoui (Amoy): Étude Concernant la Religion Populaire des Chinois*, trans. by C. G. Chavannes, Ernest Leroux, 1886, pp. 590-596.

城隍副身

外文题名：Godenbeeld-*fu shen*

馆藏编号：RV-962-11

尺寸：23cm×12cm×11.7cm

  神像为坐姿，红脸，留有黑长须，头戴镀金帽子，身披精致织物，手持笏板，底座上画有花纹。整体而言，城隍副身比供奉在大殿正中间的城隍神真身要小。副身与城隍真身一样受到人们的祭祀，但是明显比城隍真身低一个位阶。在游行仪式中，副身会代替城隍真身出巡。有些城隍神是真实存在过的历史人物，有些城隍神则来自抽象之神的人格化。

捉头相公

外文题名：Beeld-*Zhuo tou xiang gong*
馆藏编号：RV-962-12
尺寸：22.7cm×9cm×8.5cm

　　神像为站姿，红脸，长有浓密的眉毛、突出的小胡子，身穿官服，左手拿卷轴，右手执毛笔记录人们的善恶行为。捉头相公有两位，通常被放置在城隍的左右，协助城隍审判亡魂。

捉头相公

外文题名：Beeld-*Zhuo tou xiang gong*

馆藏编号：RV-962-13

尺寸：23.2cm×10.7cm×9.4cm

　　神像为站姿，身穿官服，左手拿簿子，右手执毛笔。此神像与馆藏编号RV-962-12的神像，经常一左一右出现在城隍爷的旁边。

文判官（城隍庙）

外文题名：Godenbeeld: de civiele rechter van de stedegod-*Wen pan*

馆藏编号：RV-962-14

尺寸：21cm×8.8cm×7.7cm

　　神像为站姿，头戴官帽，腰上方挂有腰带，全身模仿世俗文官的打扮。在厦门，文判官和武判官被称为"判官给使"，或者简称为"判官"。文判官和武判官一般也出现在城隍的左右，他们也是城隍的得力助手，在城隍的监督下调查人们所犯的罪行，分别负责不同性质的案件。①

---

① J. J. M. de Groot, *Les Fêtes Annuellement Célébrées à Émoui (Amoy): Étude Concernant la Religion Populaire des Chinois*, trans. by C. G. Chavannes, Ernest Leroux, 1886, p. 595.

武判官（城隍庙）

外文题名：Godenbeeld-*Wu pan*

馆藏编号：RV-962-15

尺寸：19.6cm×8.4cm×7.8cm

神像为站姿，蓝脸，留有玫红色的长须，双手发蓝，身穿镀金军装，头戴有翅的黑帽，脚蹬一双黑色靴子。和人间的官府衙门有师爷和差役一样，城隍庙也是一个完整的官僚机构。武判官审理与战争有关的案件，文判官则处理民事案件。死人的灵魂被审判后，看不见的判官把灵魂带到地狱，在那里执行判决。[1]

---

[1] J. J. M. de Groot, *Les Fêtes Annuellement Célébrées à Émoui (Amoy): Étude Concernant la Religion Populaire des Chinois*, trans. by C. G. Chavannes, Ernest Leroux, 1886, p. 595.

矮仔鬼

外文题名：Godenbeeld-*Ai zi gui*
馆藏编号：RV-962-16
尺寸：20.6cm×12.5cm×10.8cm

　　民间也称矮仔鬼为黑无常。神像为站姿，黑脸，伸出使人害怕的血红舌头，袒露前胸，左手举起，手里有一块木制的"火牌"，表示矮仔鬼会把邪恶者的灵魂火速拖到城隍爷面前。作为城隍爷的一名随从，矮仔鬼的职责是抓住恶人死后的灵魂，把他们锁在锁链里。高延指出，在不同的城隍庙，矮仔鬼手举的小木板上的铭文往往各不相同，有的是"严拿正犯"，有的是"犯无救"。①

---

　　① J. J. M. de Groot, *Les Fêtes Annuellement Célébrées à Émoui (Amoy): Étude Concernant la Religion Populaire des Chinois*, trans. by C. G. Chavannes, Ernest Leroux, 1886, p. 594.

白头爹

外文题名：Godenbeeld-*pai tou die*

馆藏编号：RV-962-17

尺寸：30.9cm×10.6cm×11.1 cm

　　民间也称白头爹为白无常。白头爹个子高，干瘦，头戴有"一见大吉"字样的高帽，舌头伸得长长的。神像为站姿，上半身裸露，左手拿有一支火签，脚穿拖鞋，左脚半抬起，似要赶路的样子。作为城隍爷的得力助手，白头爹监视着城隍辖区内所有人的行为，将阳寿殆尽之人的魂魄勾走交给城隍爷审判。

马使爷

外文题名：Godenbeeld-*Ma shi ye*

馆藏编号：RV-962-18

尺寸：15cm×13.6cm×8.5cm

    神像为站姿，身后右侧有一匹马，他右手牵着马的缰绳，似乎在扎马步。马使爷身穿与俗世衙门差役服装相似的衣服，其胸前有金色的"勇"字。高延指出，城隍庙的马使爷很好辨认，通常位于寺庙正门的左侧和右侧，都牵有一匹马，好像随时准备让城隍爷坐上马鞍似的。①

---

    ① J. J. M. de Groot, *Les Fêtes Annuellement Célébrées à Émoui (Amoy): Étude Concernant la Religion Populaire des Chinois*, trans. by C. G. Chavannes, Ernest Leroux, 1886, p. 596.

马使爷

外文题名：Godenbeeld-*Ma shi ye*

馆藏编号：RV-962-19

尺寸：15cm×11cm×10cm

神像为站姿，左手握着缰绳，牵着一匹带有马鞍的棕色小马。马使爷的服装模仿自世俗官员的随从的穿着，其胸前的衣服上有一个"勇"字。在厦门的城隍庙里，两个牵着马的侍从雕像分立于正门的两边。[1]

---

[1] J. J. M. de Groot, *Les Fêtes Annuellement Célébrées à Émoui (Amoy): Étude Concernant la Religion Populaire des Chinois*, trans. by C. G. Chavannes, Ernest Leroux, 1886, p. 596.

东岳庙在厦门思明区公园北路 66 号，近中山公园北门，里面供奉的神明有东岳大帝、地藏王菩萨、十殿阎罗、五大代天巡狩王爷、注生娘娘等。据庙前的《东岳庙史》记载，历史上的厦门东岳庙，始建于明洪武年间，其原址在中山公园北门内。至万历年间，由太常寺卿池浴德舍施重建，庙里祭祀的神明有东岳大帝、地藏王菩萨以及十殿阎罗等。清朝同治十二年（1873）和光绪十年（1884），东岳庙经历过两次重修。自晚清起，民间既称之为东岳庙，也有称之为"地藏王宫"的。1930 年易名为"地藏寺"。20 世纪 60 年代以后，该寺因旧城改造被拆坏。到 90 年代，当地民众才重建了东岳庙。在荷兰的高延藏品中，仿制自厦门东岳庙的神像有 8 尊，包括东岳大帝、文判官、武判官、牛头、马面、夫人妈、夫人妈副使（2 尊）。高延为吉美博物馆收集的木雕神像中，仿制自东岳庙的，除了上述神像，还有与夫人妈同享一个神殿的藏王（2 个）、冥府十王、注生娘娘及其四个副使以及都统司枷锁将军、都统司捉缚将军、都统司、都统司四行班头、都统司四行老二、都统司四行老三、都统司四行老四等 34 个神灵。从这些体系完备的木雕神像，我们可以一窥晚清厦门东岳庙的神灵布局。

东岳庙的神灵

东岳大帝

外文题名：Godenbeeld-*Dongyue dadi*

馆藏编号：RV-962-28

尺寸：29.3cm×15.3cm×12.9cm

　　神像为坐姿，头戴金冠，留有黑长须，手持笏板。东岳大帝是冥界之王，掌管生死簿。生死簿上记有每个凡人的寿数和到冥界接受审判的日期。在东岳大帝的祭坛前，往往悬挂有一个算盘，可计算每个人一生的善行和恶行。东岳大帝又被称为泰山神，是"泰山之王"，泰山上有祭祀泰山神的寺庙，许多人在东岳大帝的诞辰日到泰山朝圣。①

---

　　① 高延对厦门东岳庙的关注，与民国时期国内学者的研究也可形成对比。历史学家顾颉刚先生曾于1924年先后两次到北京的东岳庙，研究七十六司，并发表了两篇研究文章。见顾颉刚：《东岳庙的七十二司》，载《歌谣周刊》1924年第50号，第1—3页；顾颉刚：《东岳庙游记》，载《歌谣周刊》1924年第61号，第1—6页。

文判官（东岳庙）

外文题名：Godenbeeld-*Wenpan guan*
馆藏编号：RV-962-29
尺寸：26cm×10.7cm×8.8cm

　　神像为站姿，头戴黑帽，留有卷曲的长须，全身仿照世俗文官打扮，双手紧握一个书卷。文判官的雕像经常矗立在东岳大帝的左边。人们认为东岳大帝是冥界的统治者，其随从会协助他审判死者的灵魂。与城隍庙的判官相似，东岳庙的文判官处理民事纠纷，而武判官审理与打斗有关的案件。

武判官（东岳庙）

外文题名：Godenbeeld-*Wupan(guan)*

馆藏编号：RV-962-30

尺寸：29.3cm×10.7cm×9.6cm

　　神像为站姿，眼睛圆睁，全身世俗武官的打扮，举起的右手握着一个锤子，看起来威严异常。武判官的雕像经常矗立在东岳大帝的右边。

牛将军

外文题名：Godenbeeld- *Niu jiangjun*

馆藏编号：RV-962-31

尺寸：24.7cm×11cm×12.7cm

　　牛将军，也叫牛爷。神像为站姿，牛头人身，全副武装，左手握拳，右手拿有三叉戟。牛爷和马爷是东岳大帝的侍从，民间也称之为牛头马面，当东岳大帝要对死者的灵魂进行审判时，牛爷和马爷负责把亡魂押送上殿。因为能够保护牲畜免受牛瘟等流行病的侵害，近代以来牛爷也受到农民的崇拜。

马将军

外文题名：Godenbeeld-*Ma jiangjun*
馆藏编号：RV-962-32
尺寸：24.8cm×11.9cm×10.6cm

　　马将军，也叫马爷。神像为站姿，马头人身，全副武装，左手叉在腰间，举起的右手可能曾拿着武器。近代以来，马爷也被当作马的守护神而受到民间的崇拜，饲养马匹的人或农夫会在节日祭祀他。

夫人妈

外文题名：Godenbeeld-*Furen ma*
馆藏编号：RV-962-33
尺寸：26.9cm×15.9cm×13.3cm

　　地狱女神夫人妈是东岳大帝的配偶。神像坐在红色座椅上，头戴一顶镀金皇冠，身穿金色的刺绣衣服。古时民间认为生育是不洁净的，分娩中死去的女人会被扔进血池，夫人妈便是掌管地狱血池的女神。生育后代，尤其是儿子，是古代妇女的神圣义务，但是女性死后会因怀孕和生育的血污而受到惩罚。与佛教僧侣念诵《血盆经》以超度女性亡魂的仪式相似，道教也有超度产妇亡魂的"破血湖"仪式。①

---

① J. J. M. de Groot, *Buddhist Masses for the Dead at Amoy*, E. J. Brill, 1884, p. 109.

夫人妈副使

外文题名：Beeld
馆藏编号：RV-962-34
尺寸：28cm×7.5cm×6.3cm

　　神像为站姿，头戴镀金饰品，身穿镀金衣袍，一条绿色披帛从双肩垂落到座基上，双手握有一把长柄扇子。此神像与馆藏编号为 RV-962-35 的神像，经常一左一右站立在夫人妈的旁边。

夫人妈副使

外文题名：Beeld

馆藏编号：RV-962-35

尺寸：27.7cm×10.2cm×6.4cm

神像为站姿，头戴镀金饰品，身穿镀金衣袍，肩搭一条绿色披帛，双手握有一把长柄扇子。

明代，虎溪岩上建有玉屏寺。明末清初，玉屏寺毁于兵灾。清康熙四十年（1701），福建水师提督吴英捐资重修寺庙，并聘请属于南禅临济宗黄檗派的禅师等人主持营建，建成后改名为虎溪岩寺。20世纪六七十年代，虎溪岩寺被毁坏。1985年，僧人们又募集捐款，重新建造虎溪岩寺，可惜之前的神像已荡然无存。在莱顿民族学博物馆的高延藏品中，仿制自虎溪岩寺的神像有9尊，包括韦陀，韦护，四大金刚多闻天王、持国天王、广目天王、增长天王，阿难陀，摩诃迦叶，阿弥陀佛。高延为吉美博物馆收集的藏品中，仿制自虎溪岩寺的除了上述神像，还有十八罗汉。从高延收集的仿制自虎溪岩寺的神像，我们或许可以一睹昔日虎溪岩寺佛像的风格。

值得注意的是，源自虎溪岩寺的两组四大天王神像（坐姿），造型及所持法宝等本身不同，而且与吉美博物馆的一组四大天王像差异较大，这组站姿的四大天王围绕在佛母摩利支的左右①。通过比较，我们还发现高延收集的这三组四大天王像与现在寺庙里常见的四大天王像不同，高延收集的三组四大天王像与近代来华西方人柏石曼（Ernst Boerschmann，1873—1949）和裴丽珠（Juliet Bredon，1881—1937）记载的四大天王像的差异也非常大。柏石曼记载：

> 东侧端坐着持国天王，他是主管东方的天空之王，护
> 持国土、永保平安。持国天王右手持宝剑，斩杀一切妖魔和
> 恶人。其旁边是增长天王，他是南方之王，令众生生长智慧

① 高延为吉美博物馆收集的四大天王像，见 Deirdre Emmons, *Dieux de Chine: Le Panthéon Populaire du Fujian de J. J. M. de Groot*, Muséum d'Histoire Naturelle de Lyon, Un, Deux...Quatre Editions, 2003, pp. 74-75。

和善根。增长天王双手持琴，当他拨动琴弦的时候，天地为之震颤，强烈的佛法之音犹如天体乐声一般灌入众生耳朵。

西侧端坐着多闻天王，他是北方之王。多闻天王双耳下垂，听觉敏锐，善听世间所有声音。他会倾听到我们内心的声音，并由此将好人与坏人区分开来。因而人们应慎言，因为多闻天王会保佑言善者，并惩戒言恶之徒。这一点也表现在他的形态上，他一只手抓住一条怒吼的蟒蛇（象征恶人），而另一只手则持有宝珠（象征善者）。多闻天王身旁是西方之王——广目天王。广目天王脸盘宽阔，由此，他可以感知一切人类的所作所为，辨别善恶，并依此进行奖惩。广目天王右手持一把宝伞，宝伞呈收起时，上天的赐福犹如雨滴滋润大地；宝伞打开则遮蔽天日，将福祉与大地隔绝。[①]

裴丽珠《岁时》对华北地区四大天王的记载为："Vaisravana（多闻天王），北沙门，或北方天王，手中握着具有魔力的猫鼬。Dhritarashtra（持国天王），东方天王，拥有一支能控制大风的巨型琵琶。Virudhaka（增长天王），南方天王，他的宝剑可孕育风。Virupaksha（广目天王），西方天王，他的宝伞打开时，将给宇宙带来黑暗。"[②]

笔者试着将高延、柏石曼、裴丽珠等人资料中四大天王所持法宝进行比较，见下表：

高延、柏石曼、裴丽珠所记录四大天王法宝的异同

著者	多闻天王	持国天王	广目天王	增长天王	出处	地域
高延	猫鼬	宝塔	琵琶	宝伞	荷兰博物馆公布的高延藏品	厦门虎溪岩寺
高延	宝伞	琵琶	宝塔	猫鼬	在法国的高延藏品（站姿）	厦门的寺庙
高延	宝伞	琵琶	宝塔	猫鼬	在法国的高延藏品（坐姿）	厦门虎溪岩寺
柏石曼	蟒蛇	宝剑	宝伞	琴	《普陀山建筑艺术与宗教文化》	舟山普陀岛
裴丽珠	猫鼬	琵琶	宝伞	宝剑	《岁时》	华北地区

---

① ［德］恩斯特·柏石曼：《普陀山建筑艺术与宗教文化》，史良、张希晅译，商务印书馆，2017年，第79—80页。译者也认为"法雨寺天王殿四大天王的对应关系有意与中国其他寺庙不同，体现其独特之处。因此此处柏石曼根据法雨寺具体情况对四大天王进行诠释。如若按照标准的四大天王对应关系，此处则将持国天王与增长天王、多闻天王与广目天王混淆，四大天王中通常的武器顺序应为'剑（增长天王）、琴（持国天王）、伞（多闻天王）、龙（广目天王）'"。

② Juliet Bredon & Igor Mitrophanow, *The Moon Year: A Record of Chinese Customs and Festivals*, Kelly & Walsh, 1927, p. 267.

从上表可以看到三位近代来华西方人收藏或记录的四大天王所持的法宝有明显的差别。笔者猜测其原因可能有四种：一是全国各地的佛教四大天王塑像本来就不同，各地的匠人根据自己的理解与工艺，制作出形态各异的塑像；二是当地人对四大天王的认知存在偏差，近代来华西方人在调查时听取了当地民众的说法；三是当时的汉学家做出了或正确或错误的解读；四是博物馆专家在识别时也许出错了。到底哪一种原因才更接近历史事实，我们无从得知。

　　20世纪下半叶，许多寺庙的神像被毁坏。现在南普陀寺天王殿的四大天王系1981—1983年厦门漆线雕工艺大师蔡水况先生带领团队在广泛调研全国各地四大天王神像的基础上设计雕刻的[1]，如果他们当时见到高延一百多年前从厦门带走的木雕，也许会雕刻出更接近历史原貌的四大天王神像。

---

① 黄曾恒、庄南燕：《蔡氏漆线雕》，文化艺术出版社，2012年，第234—235页。

韦陀

外文题名：Beeld:Weituo-*Weituo*

馆藏编号：RV-962-22

尺寸：19cm×7.5cm×6.5cm

    神像为站姿，肩束巾，身穿铠甲，手持降魔杵，似乎随时准备击退轻视佛教的人。中国史料文献中频繁记载僧人参与战争，这似乎与提倡不杀生的佛教教义不协调。高延指出，这是因为在中国，世俗的义务要重于个人的信仰，所以在国难当头时，僧人也得上战场御敌。[1]韦陀也是书籍的保护神，庄士敦（R. F. Johnston，1874—1938）在《狮龙共舞》（*Lion and Dragon in Northern China*，1910）中提到，中国佛经的最后一页，经常画有韦陀像。人们相信韦陀像可防止书遭受火或昆虫的破坏，并且可迫使借书者把书归还所有者。[2]

① J. J. M. de Groot, "Militant Spirit of the Buddhist Clergy in China", *T'oung Pao*, 1891, Vol. 2, No. 2, pp. 127-139.

② [英]庄士敦：《狮龙共舞——一个英国人笔下的威海卫与中国传统文化》，刘本森译，江苏人民出版社，2014 年，第 284 页。

韦护

外文题名：Godenbeeld:Weihu-*Weihu*

馆藏编号：RV-962-23

尺寸：19cm×9cm×6.8cm

　　神像为站姿，身穿甲胄，头戴头盔，肩束巾，右手持降魔杵，左手拿着一个金球。韦护与韦陀经常一起出现在佛寺，守护佛法。

多闻天王

外文题名：Beeld: Duowen tianwang-
Duowen tianwang
馆藏编号：RV-962-24
尺寸：21.5cm×13.7cm×10.7cm

　　神像为坐姿，黑面，身穿甲胄，肩束巾，左手似乎持着猫鼬，右手放在右腿上。猫鼬也叫吐宝鼠，原型并非鼠类，而是印度常见的一种哺乳动物灰獴。

持国天王

外文题名：Beeld: Chiguo tianwang-
Shitoulaizha

馆藏编号：RV-962-25

尺寸：21.5cm×13.5cm×11cm

神像为坐姿，身穿甲胄，肩束巾，左手持一个宝塔，右手放在右腿上。

广目天王

外文题名：Beeld: Guangmu tianwang-
　　　　　Molihai

馆藏编号：RV-962-26

尺寸：22cm×13.5cm×11cm

神像为坐姿，身穿甲胄，肩束巾，双手持琵琶。

增长天王

外文题名：Beeld: Zengchang tianwang-
Molihong

馆藏编号：RV-962-27

尺寸：27.5cm×13.5cm×12cm

神像为坐姿，红脸，身穿甲胄，肩束巾，右手持宝伞，左手放在左腿上。

阿弥陀佛

外文题名：Godenbeeld: Amithaba
馆藏编号：RV-1092-32
尺寸：34cm×12.5cm×12cm

　　阿弥陀佛，也称无量光佛或无量寿佛。佛像跣足立于一个金色的莲台上，头上有蜗牛状的黑色肉髻，身披袈裟。

阿难陀

外文题名：Godenbeeld- *A Nantuo*
馆藏编号：RV-962-40
尺寸：43cm×17cm×14.2cm

　　佛像双手合十，跣足立于一个彩绘的莲台上。阿难陀是佛陀十大弟子之一。传说阿难陀是一个很好的倾听者，记忆力超群，能够逐字记下佛陀所说之法，是佛经的记录者。在中国的佛教寺庙里，阿难陀常常和摩诃迦叶一起出现。

摩诃迦叶

外文题名：Godenbeeld-*Mahejiayepo; Jiayema*

馆藏编号：RV-962-41

尺寸：42.1cm×16.5cm×16.3cm

　　摩诃迦叶，是佛陀十大弟子之一。佛像双手抱拳，跣足立于一个莲台上，显得非常恭谨虔诚。佛像的鼻尖和嘴唇被涂成红色，眉毛似乎发白，这使他显得比较年长。摩诃迦叶和阿难陀的雕像常出现在释迦牟尼两侧，左边是年长的摩诃迦叶，右边是年轻的阿难陀。

南普陀寺比较确切的起源可以追溯至五代时期僧人清浩居住的泗洲院。宋代，这里改名为普照寺。元代之后，寺院经历了多次荒废与重建。直到清朝康熙年间（约 1670），靖海侯施琅收复台湾后驻守厦门，才就普照寺废墟重建寺院，因为寺中供奉观世音菩萨，与浙江普陀山观音道场类似，而且厦门在普陀山以南，所以寺院得名"南普陀寺"。有关南普陀寺的历史，有专门的寺志可供参考。①

在莱顿民族学博物馆的高延藏品中，仿制自南普陀寺的木雕佛像有 25 尊，包括佛、法、僧、韦陀、韦护、十八罗汉以及普贤菩萨、文殊菩萨。高延为吉美博物馆收集的藏品中，仿制自南普陀寺的木雕神像与在荷兰的神像有差异：尺寸有大小之别，形制有坐像和立像之异。

其实，早在 18 世纪初，一些耶稣会传教士便记录了厦门的寺庙。利国安（Jean Laureati，1666—1727）神父在 1714 年致德泽亚（de Zea）男爵先生的信中描述道：

> 厦门这座大庙离城有两海里远，建于一片平原上，这片平原一侧延伸入海，另一侧是一座高山。因几条海峡的缘故，大海在这座庙前形成一大片平静的水面，水边则是常青的绿地。庙正面高 30 托瓦兹（1 托瓦兹等于 1.949 米）；高大的庙门上装饰着中国建筑中最常见的浮雕像。一进门就可

---

① 虞愚、释寄尘编：《厦门南普陀寺志》，厦门南普陀寺排印本，1933 年；厦门南普陀寺编：《南普陀寺志》，上海辞书出版社，2011 年。

看到一个宽敞的有许多柱子的大厅，地上铺着大块光滑的方形石板。大厅当中有一个祭坛，上有一尊青铜的镀金佛像，其状如盘腿而坐的巨人。大厅四角还有四尊雕像，虽是坐着的，也有18法尺高。这些雕像非同寻常，只是镀金并不让人怎么欣赏。这些庞然大物都是整块石头雕成的，各自手里拿着标明其身份的不同象征物，犹如以前罗马的异教徒用三叉戟和神杖来表示海神和商业神一样。其中一个双臂捧着一条在他身上缠了几圈的蛇，另一个拿着一张绷紧的弓和箭袋，另外两个一个拿一把战斧，最后一个拿一个吉他似的东西。[①]

由这座寺庙的地理位置可知，引文所描述的应该是南普陀寺。大厅四角的4尊雕像为四大天王。四大天王的塑像为坐姿，每个塑像都有各自的法宝——蛇、弓箭、战斧以及琵琶，这与19世纪末高延在厦门收集的四大天王塑像存在一些差异。神父还提及寺庙的走廊有24尊青铜镀金雕像，分别代表古代的24位哲人，并说他们是孔子的门生。佛寺出现孔子的门生，这相当令人疑惑，极有可能是神父不熟悉厦门的宗教情况，这些塑像应该是佛陀的门徒，而且很可能是罗汉，但是其数量24个，又与罗汉常见的数目18个有出入。

美国归正教会教育传教士毕腓力（Philip Wilson Pitcher，1856—1915）在《厦门纵横——一个中国首批开埠城市的史事》（*In and About Amoy: Some Historical and Other Facts Connected with One of the First Open Ports in China*，1909）中说到20世纪初南普陀寺的布局，或许可以帮助我们了解南普陀寺的历史面貌：

人们进到寺庙里，就会注意到两边各有两尊神，它们是"四天王"，又称为"四大金刚"，相传他们保护世界不受妖魔侵犯，也称为守护神。

正中间是弥勒佛，据说曾是佛教主要的佛，有时被称作过去佛。

背后是韦驮，他是护法将军，也可称作天尊。

大殿的诸佛菩萨　台阶上首是观音菩萨。

有几尊大理石雕像：

（1）释迦牟尼或称如来佛，是佛教主要的佛，现在掌管中天世界。

（2）药师佛，掌管东方世界，又称作延寿佛。

（3）弥勒佛，掌管西方世界。

---

① ［法］杜赫德编：《耶稣会士中国书简集——中国回忆录》第2卷，郑德弟、朱静等译，大象出版社，2001年，第125页。

这几尊大理石雕像刻制于仰光，由中国商人敬献。

两庑　玻璃橱内有十八尊罗汉。

后殿的诸佛菩萨　中供：（1）释迦如来佛，主要的佛；（2）迦叶尊者，七尊古佛的第六尊；（3）阿难尊者，中国人最信仰的佛；（4）伽蓝菩萨；（5）达摩祖师，一位由道归佛的菩萨。

两边：右为地藏王菩萨；左为关圣大帝。[①]

---

① ［美］毕腓力：《厦门纵横——一个中国首批开埠城市的史事》，何丙仲译，厦门大学出版社，2009年，第193页。

释迦牟尼佛

外文题名：Boeddha Sakyamuni
馆藏编号：RV-962-37
尺寸：54.6cm×27.5cm×23.3cm

　　释迦牟尼佛属于三宝之一。三宝指佛、法、僧。三宝在这里以人格化的三尊佛出现，一般位于中间的佛像是释迦牟尼佛，左边的是药师佛，代表佛法，右边的是阿弥陀佛，代表僧侣。佛像头上有黑色肉髻，长袍披肩，结跏趺坐于莲台上，莲台下还有六面体基座，基座每一面都绘有动物。也有些佛寺的大殿供奉三世佛，即过去佛燃灯佛、现在佛释迦牟尼佛、未来佛弥勒佛。

药师佛

外文题名：Boeddhabeeld-*Bhaisajya*
馆藏编号：RV-962-38
尺寸：55.5cm×27.8cm×23.5cm

　　佛像头上有黑色肉髻，长袍披肩，结跏趺坐于莲台上，莲台下还有六面体基座，基座每一面都绘有动物。

阿弥陀佛

外文题名：Boeddhabeeld-*Amithaba*

馆藏编号：RV-962-39

尺寸：54.3cm×28cm×27.5cm

　　佛像头上有黑色肉髻，长袍披肩，结跏趺坐于莲台上，莲台下还有六面体基座，基座每一面都绘有动物。

韦陀

外文题名：Godenbeeld- (Dharmapala)
　　　　　Weituo

馆藏编号：RV-962-42

尺寸：47.7cm×18.6cm×16.5cm

　　神像为站姿，头戴镀金头盔，身穿华丽甲胄，肩束巾，双手合十，降魔杵横在双手和
前臂上。韦陀和韦护作为佛教寺庙的护卫，经常一起出现，负责驱赶企图进入寺庙的恶灵。

韦护

外文题名：Godenbeeld

馆藏编号：RV-962-43

尺寸：43.6cm×17cm×15.5cm

　　神像为站姿，头戴头盔，身穿华丽甲胄，肩束巾，脸又宽又红，有胡子，双目圆睁，右手持一把斧头，左手握一个金球，看上去相当严厉。

阿难陀

外文题名：Beeld van een Lohan-*A Nantuo*

馆藏编号：RV-962-44

尺寸：27.3cm×18.7cm×15.8cm

阿难陀，十八罗汉之一。传说，阿难陀是释迦牟尼佛的弟弟或堂兄，也是佛祖最喜欢的弟子之一。佛像为坐姿，头顶呈灰蓝色，代表出家人的剃发部分。在汉传佛教的寺院里，罗汉的雕像常常分列两排，位于祭坛的两侧，或者在通往主殿的通道上。

耶舍

外文题名：Beeld van een Lohan-
　　　　　Yaça; Yaçada
馆藏编号：RV-962-45
尺寸：28cm×19.4cm×16cm

　　耶舍，十八罗汉之一。佛像为坐姿，左手托着一座四方宝塔，双目圆睁，眉毛浓密，胡子厚实，外貌看起来颇似外国人。

目连尊者

外文题名：Beeld van een Lohan-
　　　　　Mujianlian

馆藏编号：RV-962-46

尺寸：27.7cm×19.5cm×14.6cm

　　目连尊者，十八罗汉之一。佛像为坐姿，双手拿一个宝盒。目连是佛陀的十大弟子之一。传说，目连和舍利子（舍利弗）一起修行，他们商量，无论谁最先悟出真谛，都要把真谛告诉对方。舍利子去找佛陀，把目连介绍给佛陀。当恶人提婆达多（Devadatta）派恶魔去引诱佛陀时，目连成功地用一团带刺的昆虫驱走了恶魔。

拘连

外文题名：Beeld van een Lohan-*Julin*

馆藏编号：RV-962-47

尺寸：28.5cm×20.3cm×16.4cm

    拘连，十八罗汉之一。佛像为坐姿，左腿翘起放在右膝盖上，身下有一块墨绿色的石头。拘连也叫阿若憍陈如、阿若拘邻，是佛祖得道后超度的五位侍从之一。

提多迦

外文题名：Beeld van een Lohan-
　　　　　Didijia
馆藏编号：RV-962-48
尺寸：28.6cm×18.4cm×16.7cm

　　提多迦，十八罗汉之一，禅宗祖师。佛像为坐姿，双手握着一根红拐杖，面部比较沧桑，看起来是一位年纪较大的僧人。

迦毗摩罗

外文题名：Beeld van een Lohan-
Kapimala
馆藏编号：RV-962-49
尺寸：32.4cm×23.5cm×17.2cm

　　迦毗摩罗，十八罗汉之一。佛像为坐姿，右手拿着一个金球，右上方有一条龙，被弹簧固定在墨绿色的石头上。罗汉起源于印度，但是佛教传入中国后，受到了中国本土文化的影响，加入了中国独有的文化元素。

罗睺罗多

外文题名：Lohan Rahulata-*Lohuloduo*
馆藏编号：RV-962-50
尺寸：28cm×19.5cm×16cm

　　罗睺罗多，十八罗汉之一。佛像盘腿坐在一块岩石上，右手放在右腿膝盖上，似在沉思冥想。罗睺罗多是佛陀的儿子，被认为是佛陀的十大弟子之一。有些罗睺罗多雕像的左手持有莲花，这是佛教徒寻找开悟的象征。

师子尊者

外文题名：Beeld van een Lohan-
  Shizizunzhe
馆藏编号：RV-962-51
尺寸：28cm×19.2cm×15.2cm

　　师子尊者，十八罗汉之一。佛像为坐姿，跣足，双手抓着一只小狮子。在许多佛教寺庙里，有师子尊者雕像作为寺庙的守护者或佛法的捍卫者。

菩提达摩

外文题名：Beeld van een Lohan-
　　　　　Putidamo
馆藏编号：RV-962-52
尺寸：29.4cm×20.5cm×16.9cm

　　菩提达摩，十八罗汉之一。佛像盘腿坐在一块岩石上，双手结手印，表明其正在禅定。菩提达摩6世纪出生于印度，然后来到中国宣扬佛法，教中国人打坐的技巧，最后成为中国禅宗的始祖。传说，他长时间坐着冥想，以致失去了手和腿而无知觉。

梁武帝

外文题名：Beeld van een Lohan-*Wudi*

馆藏编号：RV-962-53

尺寸：27.3cm×19.4cm×17cm

　　梁武帝，十八罗汉之一。佛像为坐姿，蓄有长须，左手藏在衣袖里，右手拿着一本书。梁武帝（464—549）是一位虔诚的佛教徒。他认可佛教禁止杀生的戒律，提倡在祭祀时用面团制成人偶，以代替活的动物。梁武帝写了一系列关于佛教仪式的书，这可能是他右手拿着一本书的原因。

竺坛猷

外文题名：Beeld van een Lohan-*Zhu Tanyou*

馆藏编号：RV-962-54

尺寸：28cm×25.5cm×17.2cm

　　竺坛猷，十八罗汉之一。佛像为坐姿，手拿驯服老虎的金属圈，其坐骑是一头老虎。竺坛猷是 5 世纪的一位僧人，因他经常与老虎一起出现，也被称为伏虎罗汉。

释宝志

外文题名：Beeld van een Lohan-*Shi Baozhi*

馆藏编号：RV-962-55

尺寸：29.3cm×18.4cm×15.6cm

　　释宝志，十八罗汉之一。佛像为坐姿，头戴帽子，身穿长袍。释宝志生活在 5 世纪，与梁武帝属于同时代的人。传说，当他还是个婴儿的时候，人们在鹰巢里发现了他。他过着流浪的生活，能够同时出现在几个不同的地方。由于他的神奇力量，所以被尊崇为罗汉。

布袋和尚

外文题名：Beeld van een Lohan-*Budai heshang*

馆藏编号：RV-962-56

尺寸：29.2cm×20.6cm×17.9cm

　　布袋和尚，十八罗汉之一。佛像为坐姿，袒胸露腹，两腿微抬，左手握一个袋子。布袋和尚又称笑佛，名契此，据说生活在10世纪，死后被视为弥勒佛的化身。他的麻布袋里有无穷无尽的宝藏，门徒从里面取出财宝，但袋子从来没有空过。

僧伽大师

外文题名：Beeld van een Lohan-
　　　　　Sanghapala
馆藏编号：RV-962-57
尺寸：28.5cm×18.8cm×17cm

　　僧伽大师，十八罗汉之一。佛像为坐姿，右手拿着一只昆虫。佛教有"不杀生"的戒律，佛教徒可以驱赶昆虫但不能杀死它们。生活于 7 世纪的唐代高僧僧伽大师是佛教尊重所有生物的象征。

普化和尚

外文题名：Beeld van een Lohan-
　　　　　Puhua heshang
馆藏编号：RV-962-58
尺寸：30cm×18.3cm×16.4cm

　　普化和尚，十八罗汉之一。佛像为坐姿，身穿长袍，头戴僧侣帽，右手拿着一只手铃。据说普化和尚生活在9世纪的唐朝，是中国"四大疯僧"之一，另外三个是寒山、风波和道济。

开心尊者

外文题名：Beeld van een Lohan
馆藏编号：RV-962-59
尺寸：29.5cm×18.5cm×16.5cm

　　开心尊者，十八罗汉之一。佛像为坐姿，露出胸膛，上面有一个释迦牟尼佛的头像，这表示他心中只有佛祖。传说，开心尊者本是中天竺国的太子，国王想让他继承王位，他的弟弟因此造反。开心尊者让弟弟做皇帝，而自己出家为僧。弟弟刚开始不相信，直到开心尊者露出胸膛，释迦牟尼佛出现在他的胸膛上时，他才相信开心尊者心中只有佛祖。

长眉祖师

外文题名：Beeld van een Lohan

馆藏编号：RV-962-60

尺寸：28.8cm×20.2cm×16.4cm

　　长眉祖师，十八罗汉之一。佛像为坐姿，有着长长的金色眉毛，左腿抬起搭在近右膝盖的地方，举起的右手表明长眉祖师正在布道。就像佛陀的长耳朵表示有福，长眉祖师的长眉毛象征着智慧。

洗耳尊者

外文题名：Beeld van een Lohan
馆藏编号：RV-962-61
尺寸：27.8cm×18.7cm×15cm

　　洗耳尊者，十八罗汉之一。在民间，洗耳尊者也叫挖耳罗汉。佛像为坐姿，左臂藏在长袍下，右手枕在抬起的右膝盖上，拿着东西似在掏耳朵，这表示耳根清净，不听淫邪之音，不听别人的秘密。

文殊菩萨

外文题名：Godenbeeld: Bun-su

馆藏编号：RV-1092-29

尺寸：29.5cm×17.5cm×16cm

　　文殊菩萨静坐在红色的莲花基座上，右手握一个金色的小壶。文殊菩萨的道场在山西五台山，其常见的形象为身骑雄狮，左手执如意。高延寄给吉美博物馆的文殊菩萨像骑着狮子，左手持绿色的莲花。[1]

　　① Deirdre Emmons, *Dieux de Chine: Le Panthéon Populaire du Fujian de J. J. M. de Groot*, Muséum d'Histoire Naturelle de Lyon, Un, Deux...Quatre Editions, 2003, p. 103.

普贤菩萨

外文题名：Godenbeeld:Pho-hien

馆藏编号：RV-1092-30

尺寸：30cm×17cm×16cm

　　普贤菩萨静坐在彩绘的莲花基座上，手持一朵蓝莲花。普贤菩萨的道场在峨眉山，其常见的形象为身骑白象，手持如意。高延寄给吉美博物馆的普贤菩萨像骑着白象，右手持粉色的莲花。[1]

---

① Deirdre Emmons, *Dieux de Chine: Le Panthéon Populaire du Fujian de J. J. M. de Groot*, Muséum d'Histoire Naturelle de Lyon, Un, Deux...Quatre Editions, 2003, p. 102.

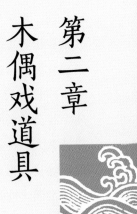

第二章 木偶戏道具

在闽南地区，有一首家喻户晓的童谣："田婴飞，捻你尾。田中央，钓嘉礼。嘉礼长，嘉礼短。嘉礼尻川一葩尾。人点灯，你点火。人缚粽，你炊粿。"①这首童谣描述了儿童在田野里玩悬丝木偶的情景，其中"田婴"指蜻蜓，而"嘉礼"指的是悬丝木偶。"嘉礼"既可以当作儿童玩具，也是提线木偶戏的演出道具。

中国人自古就有用木偶表演故事的习惯。在节日或神明诞辰之际，人们往往在庙宇等公共场所演戏酬神，其目的在于娱神，也在于娱乐民众。受不同地方文化传承以及艺人独特的个体才能影响，各地逐渐发展出不同风格的演戏传统。一般而言，木偶戏除了分为南北两派，还可根据木偶的形体和操纵木偶方式的不同，分为布袋木偶、提线木偶、杖头木偶、铁线木偶等。其中泉州提线木偶戏、晋江南派布袋戏以及漳州北派布袋戏，因拥有完备多样的演出剧目、繁杂的木偶操作技巧及精湛的木偶雕刻工艺，在2006年皆被列入第一批国家级非物质文化遗产名录。晚清时期，地处漳州和泉州之间的厦门，渐渐成为通商口岸。在节日或神明诞辰之际，厦门地区也有用木偶演戏以娱神和娱人的传统。厦门布袋戏2009年被列入厦门市市级非物质文化遗产代表性项目名录，2019年被列入福建省省级非物质文化遗产代表性项目名录。

中国木偶戏很可能在清代就流传到了欧洲。1843年出版的《中央帝国》记述："中国木偶、布袋偶一类的傀儡戏经历了一个去芜存菁、臻于完美的演进过程，是世界文化遗存中不可多得的圭臬瑰宝，艺术成就之高罕有其匹。在欧洲大陆，特别是意大利，这一剧种成为社会普遍接受、公众喜闻乐见的娱乐项目，长盛不衰。"②作者还表示意大利的木偶戏和英国的搞笑玩偶剧，与中国流行的傀儡戏如出一辙，它们也许与早期来华的欧洲人有关，是他们将一些充满异域风情的中国娱乐项目如木偶戏等介绍到了南欧，然后辗转流传到了英国。

高延在《厦门岁时记》中提及中国的戏剧演出往往含有宗教的意味，这与古希腊是一样的。在一些重大的岁时节日中，人们会演戏酬神。例如在正月初九以及接下来的几天，厦门街头常常人头攒动，民众拥挤在戏棚前观看木偶戏表演，这些木偶戏表演也是谢天公仪式的一部分。每逢五月下旬的关帝诞，关帝庙也会表演戏剧，演出有关关羽的传奇故事。③厦门人在祭祀土地神的日子——二月二的头牙和十二月十六

① 陈耕、周长楫编著：《闽南童谣纵横谈》，鹭江出版社，2008年，第104页。

② ［英］乔治·N. 赖特：《中央帝国》，何守源译，北京时代华文书局，2019年，第400页。

③ J. J. M. de Groot, *Les Fêtes Annuellement Célébrées à Émoui (Amoy): Étude Concernant la Religion Populaire des Chinois*, trans. by C. G. Chavannes, Ernest Leroux, 1886, pp. 53, 120.

的尾牙，也演戏庆祝。①木偶戏演出时需要用不同的乐器伴奏，以制造出热闹的声响。在《厦门地区的丧葬礼仪》一书中，高延也说到普通家庭在丧葬的第三天，死者的女儿和女婿会出钱请人在晚上演出戏剧，"或者上演木偶戏，而且这些戏剧在中国往往专门表演给女性欣赏"。②

熊文华在《荷兰汉学史》中提到高延居留厦门时"观看过多种版本的祭亡目连戏，感触颇多。这种表演源于民间僧道法事，由僧人扮演的地藏王菩萨打开鬼门关，或者由道士饰演的救苦妙行天尊打开枉死城，艺术再现了传说中解救屈死亡灵的过程。清朝道光年间这一表演形式在闽南城乡逐渐地变为追悼故世老人的一种'打城戏'，为那些平日无钱搭台请戏班演戏的百姓所欢迎。目连戏说的是目连在为救母亲闯地狱的路上曾遇一猪一猴，因受他的清德善行所感动一直跟随，自愿充当使者。表演中的插科打诨只为缓和居丧期间的悲戚气氛，奉劝孝子贤孙追思亲人知恩图报"③。19世纪前半叶，闽南地区傀儡戏中的大型宗教民俗剧《目连救母》发展成熟，并且在随后的岁月被打城戏全盘吸收。因而高延居留厦门的时候，木偶戏与打城戏可能都相当兴盛。

高延藏品中有提线木偶戏和布袋木偶戏用具，包括木偶、木偶的配件、戏台、幕布、钩牌和其他道具等。④考究这些木偶道具的角色、制作工艺与形制，有助于了解晚清时期木偶戏发展的形态与样貌。

① J. J. M. de Groot, *Les Fêtes Annuellement Célébrées à Émoui (Amoy): Étude Concernant la Religion Populaire des Chinois*, trans. by C. G. Chavannes, Ernest Leroux,1886, p. 157.

② J. J. M. de Groot, *Buddhist Masses for the Dead at Amoy*, E. J. Brill, 1884, pp. 76-79.

③ 熊文华：《荷兰汉学史》，学苑出版社，2012年，第130页。

④ 博物馆在1965年入藏了一些来自泉州的木偶戏道具，1995年也入藏了一些木偶头、人偶和兵器等木偶戏道具。

泉州提线木偶戏也称傀儡戏，早期演出提线木偶戏的戏班也叫"四美班"，戏班在组织、演出形制、剧目等方面有严格的规定。每个戏班都有四名演师担当"生、旦、北（净）、杂"四大行当，另有四名乐师演奏南鼓、嗳仔、锣仔、拍、南锣、铜钹等乐器。每个戏班都有 36 尊木偶，演出时需要搭建"八卦棚"，演师会照着固定的 42 部"落笼簿"中的戏文念唱。①

在高延藏品中，馆藏编号为 RV-981-0 至 RV-981-38 的藏品是一套提线木偶戏用具，包括 24 尊木偶及其钩牌、提线和木偶配件如兵器、拐杖等，也包括戏桌、幕布、戏桌上的摆件、搭建"八卦棚"的大屏和彩屏、拉木偶的棍子等。大眉上写有"内帘四美"，因而可以推测高延收集的这些道具反映了"四美班"时期的特色。

1992 年，荷兰学者罗斌（Robin Ruizendaal）为高延收集的提线木偶道具（18 个木偶，当时有些木偶未找到）拍了照片，提供给泉州市木偶剧团的艺术家。在充分调研泉州提线木偶戏之后，罗斌指出高延 19 世纪末收集自闽南地区的木偶戏道具与 20 世纪末泉州地区流行的木偶戏道具颇为相似，并且对高延藏品中的提线木偶进行了识别与考证，认为高延来华期间向泉州当地工匠定制了一些木偶戏道具，而且这些道具没有被用来演出过。其中一尊木偶头是清朝有名的作坊"西来意"所雕刻，因而这些木偶头很可能全部由"西来意"

① 黄少龙、王景贤：《泉州提线木偶戏》，文化艺术出版社，2012 年，第 23—24 页。

作坊的工匠雕刻。① 根据木偶头的特征与衣服等装饰，再结合"四美班"时期的演出剧目，可判定这些提线木偶戏道具所演剧目与三国故事有关。② 在"四美班"时期的42部"落笼簿"中，全簿的《三国》共18本，包括《桃园结义》《辕门射戟》《五关斩将》《越跳檀溪》《三请诸葛》《火烧赤壁》《智取南郡》《进取四郡》《入吴进赘》《子龙巡江》《五马破曹》《取东西川》《水淹七军》《五路报酬》《七擒孟获》《三出祁山》《六出祁山》《三国归晋》。③ 据当地学者介绍，传统傀儡戏中，属于"生、旦、北"的傀儡名色大部分可以按服装或款色命名，而且这些傀儡的头像可以根据剧目的角色更换，而属于"杂"的傀儡多以头像特征命名，他们一般来自社会底层，服饰比较简陋，头像不换。此外，每个傀儡悬挂的位置都是相对固定的，并且在"落笼簿"中扮演数不清的角色。④

泉州传统木偶戏对各行当的木偶名色有专门的指代术语。属于生行当的有：红生、素生、武生、大带生、村公、胡文、髯文、开台文、龙通文、老外、红文。属于旦行当的有：红帔、乌帔、白绫、蓝素、老夫、大童。属于北（净）行当的有：红大北、乌大北、武关、乌北仔、红北仔、髯北。属于杂行当的有：红猴、笑生、散头、贼仔、乌阔、白阔、斜目、却老、陷仔、缺嘴。

① 泉州的"西来意"作坊主营木雕神像，也兼营木偶头的雕刻，参见黄少龙、王景贤：《泉州提线木偶戏》，文化艺术出版社，2012年，第148页。

② Robin Ruizendaal, *Marionette theatre in Quanzhou*, Brill, 2006, p. 107, 121, 135.

③ 42部"落笼簿"被收入《泉州传统戏曲丛书》的第11—13卷中，参见郑国权主编、泉州地方戏曲研究社编：《泉州传统戏曲丛书·傀儡戏》，中国戏剧出版社，1999年。

④ 黄少龙、王景贤：《泉州提线木偶戏》，文化艺术出版社，2012年，第142—150页。

木偶：刘备

外文题名：Marionet: Liu Pei
馆藏编号：RV-981-1
材料：木材、棉、丝绸、头发

　　龙通文，黑须，黄色滚龙蟒袍，扮演历代帝皇。

木偶：关羽

外文题名：Marionet: oorlogs
　　　　　god Guan Yu
馆藏编号：RV-981-2

　　武关，黑须，绿色蟒袍。

木偶：张飞

外文题名：Marionet: Chang Fei

馆藏编号：RV-981-3

乌大北，黑须，黑色蟒袍。

木偶：赵云

外文题名：Marionet: Tsjao Yun
          in militair kostuum

馆藏编号：RV-981-4

通常代表穿甲胄的赵云，也可饰演马超等武将。

木偶：曹操

外文题名：Marionet: Ts'ao Ts'ao

馆藏编号：RV-981-5

红大北，黑须，红色蟒袍。

木偶：典韦将军

外文题名：Marionet: generaal
Tien Wei

馆藏编号：RV-981-6

黑须，红色甲胄。

木偶：曹洪将军

外文题名：Marionet: generaal
　　　　　 Ts'ao Hung

馆藏编号：RV-981-7

　　红北仔，无须，脸部与
藏品 RV-981-6 相似。

木偶：张宝

外文题名：Marionet: Tchang
　　　　　 Pao

馆藏编号：RV-981-8

　　乌北仔，无须，黑色甲胄。

木偶张宝的配饰

外文题名：Zwaard van een marionet

馆藏编号：RV-981-8-B

木偶：杨仁

外文题名：Marionet: Yang Jen

馆藏编号：RV-981-9

无须，绿色甲胄。脸颊绯红，鼻子和脸颊上有白色的花纹，额头两侧和眼睛周围有白色的区域。兜帽和甲胄与藏品 RV-981-8 相似，但衣服以绿色丝绸为主。

木偶：周瑜

外文题名：Marionet: Chou Yu

馆藏编号：RV-981-10

红生，无须，红官服。

木偶：乔国老

外文题名：Marionet: Kiao
Kwoh-lao

馆藏编号：RV-981-11

肉色脸，白须，长发，老者。木偶有蓝色丝绸头巾和官服；官服上的补子与藏品 RV-981-10 的补子相似，但是补子的底色一为红色，一为绿色。

木偶：蒋干

外文题名：Marionet: Chiang Han

馆藏编号：RV-981-12

尺寸：68cm×50cm×10cm

短须，蓝色长袍。

木偶：吴国太

外文题名：Marionet: Wu Kuo
T'ai

馆藏编号：RV-981-13

老夫[①]，多扮演年老妇女。

---

① 木偶戏中老夫这一名色，疑系"老夫人"之简名。参见黄少龙、王景贤：《泉州提线木偶戏》，文化艺术出版社，2012年，第148页。

木偶：孙夫人

外文题名：Marionet: Sun Fu jen
馆藏编号：RV-981-14

　　红帔，多扮演出身名门的贵妇或已婚妇女，正旦。

木偶：刘禅

外文题名：Marionet: Liu Ch'an
馆藏编号：RV-981-15

　　花童，身穿绿色短褂和红裤子。

木偶：吕伯奢

外文题名：Marionet: Lu P'o She
馆藏编号：RV-981-16

　　村公，白须，黄素衣，武老外。

木偶：陆逊

外文题名：Marionet: Lu Sun
馆藏编号：RV-981-17

　　无须，身穿蓝色外套，手拿纸扇。

木偶：司马昭

外文题名：Marionet: Sze Ma sjoe

馆藏编号：RV-981-18

尺寸：63cm×40cm×12cm

红猴，无须，身穿短褂袍。

木偶

外文题名：Marionet

馆藏编号：RV-981-19

材料：木材、棉、丝绸

一般饰演大臣，无须，身穿红黑蟒袍，红脸，黑发，下巴可动。其红色外套上用金线和彩丝绣有龙等图案。

木偶

外文题名：Marionet

馆藏编号：RV-981-20

　　斜目，圆眼，无须，多扮演尚武的角色。

木偶：士兵

外文题名：Marionet: soldaat

馆藏编号：RV-981-21

　　黑须，圆眼，身穿褐色长袍。

木偶：士兵

外文题名：Marionet: soldaat

馆藏编号：RV-981-22

　　木偶面呈褐色，黑须，身穿褐色上衣，裤子扎紧。

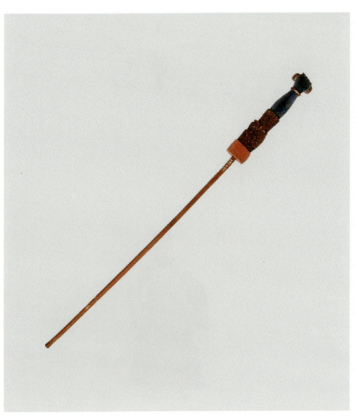

木偶的兵器

外文题名：Staf van een marionet

馆藏编号：RV-981-22-B

木偶: 青魁

外文题名: Marionet: een spook
of god

馆藏编号: RV-981-23

　　傀儡戏"八卦棚"的后杆中间会挂三个祭祀神像，最中间的是戏神田都元帅，又称相公爷、田公元帅。田都元帅的左边是青魁，右边是花童。青魁蓝脸，金色眉毛，双目圆睁，长獠牙，长舌头，身穿蓝色棉布上衣，外搭一件黄色短马甲。傀儡戏演出之前需要祭祀戏神。

木偶

外文题名: Marionet

馆藏编号: RV-981-24

材料: 木材、棉、丝绸

　　素生，无须，青素衣，唇部会动，头戴紫兜帽，身着蓝色丝绸长袍。

木偶：戏马

外文题名：Marionet: een wit paard

馆藏编号：RV-981-25

材料：木材、棉、动物的软毛

木偶：戏马

外文题名：Marionet: een paard

馆藏编号：RV-981-26

材料：木材、棉、动物的软毛

玩具：竹蜈蚣

外文题名：Speelgoed: een
　　　　　duizendpoot
馆藏编号：RV-981-27
材料：竹子

玩具：竹蛇

外文题名：Speelgoed: een houten
　　　　　slang
馆藏编号：RV-981-28
材料：竹子

扶手椅

外文题名：Model van een
　　　　　 leuningstoel
馆藏编号：RV-981-29a
材料：涂漆木材

扶手椅

外文题名：Model van een
　　　　　 leuningstoel
馆藏编号：RV-981-29b
材料：涂漆木材

戏桌

外文题名：Tafel
馆藏编号：RV-981-30
尺寸：30cm×36cm×18cm

　　红木方桌，铺着红色丝绸桌布，桌布上用金线绣了鸟的图案和"寿"字，上面还铺着一小块黄色的丝绸长布。

戏桌上的摆件（砚池）

外文题名：Model van een
　　　　　inktkoker
馆藏编号：RV-981-31

戏桌上的摆件（毛笔）

外文题名：Model van een
penseel

馆藏编号：RV-981-32

戏桌上的摆件（笔架）

外文题名：Model van een
penseellegger

馆藏编号：RV-981-33

签筒和令签

外文题名：Twee vazen met zes bamboelatjes met tekst

馆藏编号：RV-981-34

支架

外文题名：Raam op voetstuk

馆藏编号：RV-981-35

漆成红色的圆杆，用于在戏台上搭建方形的木窗，然后在上面铺上画布。其中的长木棍也可以用来抬椅子，演出时一个木偶坐在椅子上，两个木偶抬着椅子，另外有十根竹竿用于搭建演傀儡戏的"八卦棚"。

皮袋

外文题名：Koker

馆藏编号：RV-981-36

装木偶兵器以及其他演出小物件。

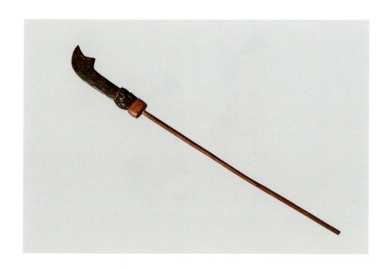

兵器

外文题名：Hellebaard (model)

馆藏编号：RV-981-36-B

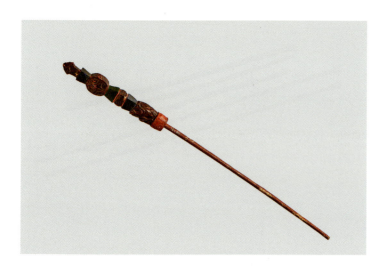

兵器

外文题名：Lans

馆藏编号：RV-981-36-C

兵器

外文题名：Koker; knots

馆藏编号：RV-981-36-D

大眉

外文题名：Schildering

馆藏编号：RV-981-37

　　大眉悬挂在戏棚前，布上绘有戏剧故事的场景和花鸟图案，并且有七字对联："顷刻驱驰千里外，古今事业一宵中"，中间的横批是："内帘四美"。这副对联将人物故事分为三部分。据介绍，闽南地区的戏棚"大眉"内通常挂一幅稍小的横眉，其高度可遮住操持木偶的师傅的面部，称为"小人眉"。"泉州方言有'畏小人'语词，即畏见生人的意思。在'小人眉'背后之台前左、右棚柱之间，系一细绳，作为'挂簿'之用。允许演师一边搬演傀儡、一边翻'簿'照本宣科，这可以说是泉州传统傀儡戏的独家专利。增加这道'小人眉'，本意大约就是为了遮掩演师与'簿'之间随时可能出现的那种既是剧中人又是操演者的若即若离情状，避免演师个人'出戏'时表情完全暴露于观众面前。"①

---

① 黄少龙、王景贤：《泉州提线木偶戏》，文化艺术出版社，2012年，第203页。

彩屏

外文题名：Schildering

馆藏编号：RV-981-38

  彩屏用于装饰戏棚，上面绘制有各色人物并标有他们的名字，画上的文字"周营"表示此彩屏描绘的是周将军的营地。据地方学者介绍，彩屏一般位于戏棚的居中位置，高约1米，宽约 1.3 米。闽南地区习惯上称彩屏为"屏仔"或"低屏仔"。①

---

① 黄少龙、王景贤：《泉州提线木偶戏》，文化艺术出版社，2012 年，第 203 页。

木偶钩牌

外文题名：Handvat voor marionet

馆藏编号：RV-981-0-1

　　提线木偶戏的每个木偶往往都有一个钩牌。钩牌由弯钩、梯形的牌板和圆柱把手三个部分组合而成。弯钩的钩一般长 13 厘米左右，牌板上有一排小孔，木偶的提线穿过小孔系在牌板上，其把手则由演出匠人持作。高延时期的木偶戏钩牌与后世的钩牌在线孔数量上有差别，其中高延收集的钩牌每边都是六个线孔，现在的钩牌每边线孔的数量一般多于六个，因而操持木偶的手法在后世发生了变化。[①]

---

① 黄少龙、王景贤：《泉州提线木偶戏》，文化艺术出版社，2012 年，第 179—180 页。

木偶钩牌

外文题名：Handvat voor
marionet

馆藏编号：RV-981-0-2

木偶钩牌

外文题名：Handvat voor
marionet

馆藏编号：RV-981-0-3

木偶戏台的幕布

外文题名：Baldakijn van een
marionettentheater

馆藏编号：RV-981-0-4

　　传统戏棚的棚顶以及左、右、后三面都要用布帘遮挡起来。这块有木支架的幕布与大眉、彩屏等物件一起，构成了戏棚的主要装饰品。

兵器

外文题名：Zwaard van een
marionet

馆藏编号：RV-981-0-5

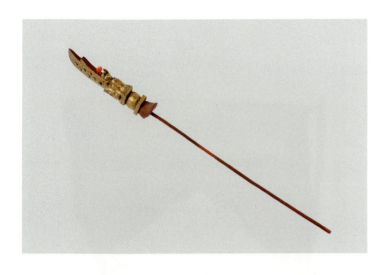

兵器（木戟）

外文题名：Model van een hellebaard

馆藏编号：RV-981-0-6

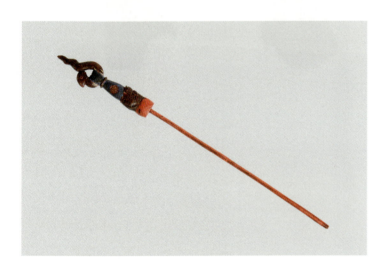

兵器

外文题名：Staf van een marionet

馆藏编号：RV-981-0-7

支架

外文题名：Draagjuk

馆藏编号：RV-981-56

一根木杆，两端用绳子各系有一个木凹槽，演出时放在地上，可支撑临时戏台等物件。这件藏品目前在博物馆找不到了。

红木箱

外文题名：Koffer
馆藏编号：RV-1090-41
尺寸：65cm×49.5cm×65cm

红木箱

外文题名：Koffer
馆藏编号：RV-1090-41a
尺寸：64.5cm×49cm×65cm

箱子周围系有绳子，可用扁担挑着走，很可能用于装木偶戏的演出道具以及伴奏乐器。

布袋木偶戏又称布袋戏、手操傀儡戏、手袋傀儡戏、掌中戏、小笼、指花戏，学界一般认为其起源于17世纪的福建泉州，随后传到闽南的其他地区以及台湾地区。20世纪初，布袋戏分出南北派，泉州本土的一般称南派布袋戏，而漳州的称北派布袋戏。[1]2006年，晋江布袋木偶戏和漳州布袋木偶戏都被列入第一批国家级非物质文化遗产名录。

高延藏品中有布袋木偶戏道具约100件，馆藏编号为RV-1049-0至RV-1049-96，其中有些道具不同程度地损坏了。高延在给藏品题写的文字说明中指出："操纵戏偶的师傅技巧非常了得；没亲眼看过的人无法体会演出的优雅和用心。戏偶的数量往往没有限制，但是厦门的剧目包含30到40本，演出时需要大约50个戏偶。"[2]除人物偶之外，也有一些动物偶用于演出特定的剧目。布袋木偶戏使用的木偶头变化多样，不同人物的戏服也不同，官员的戏服有补子，武将的戏服有盔甲，其他人的戏服也依据其身份不同而有区别。高延的文字说明也提及有些木偶可以换装，比如演鬼王的木偶将衣服换掉就是海龙王。有趣的是，高延收藏的布袋木偶中，有代表非洲人、英国人、葡萄牙人的木偶。晚清的布袋木偶戏演出剧目中是否有来自异国的角色？如果有，那么外国人在布袋木偶戏中扮演什么角色？演出的剧目叫什么？受众如何？

---

① 白勇华、洪世键：《南派布袋戏》，浙江人民出版社，2012年，第10页。

② 荷兰国立世界文化博物馆：https://hdl.handle.net/20.500.11840/682073，查看日期：2022年1月10日。下文中有关木偶的说明，主要依据高延的笔记。

布袋木偶戏演出道具

茨维·韦伯洛夫斯基提到在荷兰的高延藏品，"有几件物品被永久展出，其中最令人印象深刻的藏品可能是保存完好的木偶戏道具，所演的是中国人最喜欢的木偶戏，即《目连救母》"[①]。高延藏品中有牛头、马面、黑白无常、观音、包公、鬼王以及众鬼卒等的木偶，因而笔者推测，这些布袋木偶戏道具很可能用于《目连救母》剧目的演出。

馆藏编号为 RV-1049-168 至 RV-1049-174 的藏品是一些陶制的人偶头，厦门话称"佛仔头"（Poet a thao）与"尪仔头"（Ang-a thao）。这些人偶头的风格与 RV-1049-0-1 的人偶头类似，很可能也用于木偶戏演出，因而笔者把这些木偶头藏品也罗列于此。

① R. J. Zwi Werblowsky, *The Beaten Track of Science: The Life and Work of J. J. M. de Groot*, Harrassowitz Verlag, 2002, p. 54.

人偶头

外文题名：Kop van handpop of
　　　　　vingerpop

馆藏编号：RV-1049-0-1

材料：陶瓷、颜料

布袋木偶

外文题名：Handpop

馆藏编号：RV-1049-0-3

布袋木偶

外文题名：Handpop
馆藏编号：RV-1049-0-4

布袋木偶

外文题名：Handpop
馆藏编号：RV-1049-0-5

布袋木偶

外文题名：Handpop

馆藏编号：RV-1049-0-6

布袋木偶

外文题名：Handpop

馆藏编号：RV-1049-1

布袋木偶

外文题名：Handpop

馆藏编号：RV-1049-2

　　黑脸、黑蟒袍，有特殊的头饰，代表地狱之王阎罗。

布袋木偶

外文题名：Handpop

馆藏编号：RV-1049-3

　　扮演一个大官，身穿金龙袍。

布袋木偶

外文题名：Handpop

馆藏编号：RV-1049-4

可扮演身穿红衣服的贵族。但藏品只剩头部。

布袋木偶（状元）

外文题名：Handpop

馆藏编号：RV-1049-5

通常演状元，也可扮演一品官员。

布袋木偶

外文题名：Handpop
馆藏编号：RV-1049-6

　　身穿绿色官服，官服前后绣有红色补子。

布袋木偶

外文题名：Handpop
馆藏编号：RV-1049-7

　　扮演鬼王，换上别的服装时可扮演海龙王。

布袋木偶

外文题名：Handpop
馆藏编号：RV-1049-8

　　黑须，黑战甲，通常扮
演武将。

布袋木偶

外文题名：Handpop
馆藏编号：RV-1049-9

　　无须，身穿甲胄，手执
兵器，通常扮演武将。

布袋木偶

外文题名：Handpop
馆藏编号：RV-1049-10

　　黑须，穿有精美的红色
战甲，通常扮演宋朝的将军。

布袋木偶

外文题名：Handpop
馆藏编号：RV-1049-11

布袋木偶

外文题名：Handpop
馆藏编号：RV-1049-12

布袋木偶

外文题名：Handpop
馆藏编号：RV-1049-13

布袋木偶

外文题名：Handpop

馆藏编号：RV-1049-14

布袋木偶

外文题名：Handpop

馆藏编号：RV-1049-16

黑须，身穿绿色长袍。

布袋木偶（杨任）

外文题名：Handpop
馆藏编号：RV-1049-17

扮演杨任，传说商纣王
让人挖掉了杨任的双眼，但
是他的眼睛里长出了两只手，
手心各长着一只眼睛。

布袋木偶（牛爷）

外文题名：Handpop
馆藏编号：RV-1049-18

布袋木偶（马爷）

外文题名：Handpop

馆藏编号：RV-1049-19

布袋木偶（公子丑）

外文题名：Handpop

馆藏编号：RV-1049-20

扮演官员之子，属于小丑，在戏中爱慕年轻姑娘，脸上常有欢乐的表情。

布袋木偶（官员）

外文题名：Handpop
馆藏编号：RV-1049-21

　　扮演普通官员，但藏品
只剩木偶所戴的头盔了。

布袋木偶（红衣鬼卒）

外文题名：Handpop
馆藏编号：RV-1049-22

　　扮演阎罗的鬼卒，即地
狱之神阎罗王的手下，负责
将恶人死后的灵魂带到阎罗
殿。木偶两手各拿着一根哭
丧棒。

布袋木偶（蓝脸鬼卒）

外文题名：Handpop

馆藏编号：RV-1049-23

也可扮演阎罗的鬼卒。

布袋木偶（高鬼卒）

外文题名：Handpop

馆藏编号：RV-1049-24

也可扮演阎罗的鬼卒。

布袋木偶（白无常）

外文题名：Handpop

馆藏编号：RV-1049-25

　　扮演白无常，头上的帽子上写有"一见大吉"四个字。

布袋木偶（黑无常）

外文题名：Handpop

馆藏编号：RV-1049-26

　　扮演黑无常，也可扮演杂角。

布袋木偶（老爷）

外文题名：Handpop

馆藏编号：RV-1049-28

扮演豪门家的老爷。

布袋木偶（老翁）

外文题名：Handpop

馆藏编号：RV-1049-29

扮演普通老头。

布袋木偶（观音）

外文题名：Handpop
馆藏编号：RV-1049-30

布袋木偶（丑角）

外文题名：Handpop
馆藏编号：RV-1049-31

　　扮演丑角，最可笑的人物之一。木偶的一只手拿着烟斗。由于人们给这个木偶贴上鬼的名字，木偶的脸也被涂成了黑色。

布袋木偶（农妇）

外文题名：Handpop

馆藏编号：RV-1049-32

扮演归家的农妇。

布袋木偶（老旦）

外文题名：Handpop

馆藏编号：RV-1049-33

　　通常扮演老年妇女，属老旦。

布袋木偶（烂脑袋）

外文题名：Handpop
馆藏编号：RV-1049-34

　　扮演丑角，在戏中名叫
"烂脑袋"。

布袋木偶（水头）

外文题名：Handpop
馆藏编号：RV-1049-35

　　扮演丑角，在戏中名叫
"水头"。

布袋木偶（凸嘴）

外文题名：Handpop

馆藏编号：RV-1049-36

扮演丑角，其上唇厚而隆起，在戏中名叫"凸嘴"。

布袋木偶（仆人）

外文题名：Handpop

馆藏编号：RV-1049-37

扮演开朗有趣的仆人。

布袋木偶（衙役）

外文题名：Handpop
馆藏编号：RV-1049-38

扮演衙役。

布袋木偶（媒婆）

外文题名：Handpop
馆藏编号：RV-1049-39

扮演媒婆，属彩旦。

布袋木偶（刽子手）

外文题名：Handpop

馆藏编号：RV-1049-40

扮演刽子手，手拿有刀具。

布袋木偶（小偷）

外文题名：Handpop

馆藏编号：RV-1049-41

扮演小偷，属杂角。

布袋木偶（非洲人）

外文题名：Handpop

馆藏编号：RV-1049-42

扮演厚嘴唇的非洲黑人。

布袋木偶（英国人）

外文题名：Handpop

馆藏编号：RV-1049-43

扮演英国人。

布袋木偶（葡萄牙人）

外文题名：Handpop
馆藏编号：RV-1049-44

扮演葡萄牙人。

布袋木偶

外文题名：Handpop
馆藏编号：RV-1049-45

扮演周朝的传奇人物。

布袋木偶（秀才）

外文题名：Handpop

馆藏编号：RV-1049-46

扮演秀才或者读书人。

布袋木偶（小旦）

外文题名：Handpop

馆藏编号：RV-1049-47

扮演年轻女孩，属旦角。

布袋木偶（小旦）

外文题名：Handpop
馆藏编号：RV-1049-48

扮演年轻女孩，属旦角。

布袋木偶（小旦）

外文题名：Handpop
馆藏编号：RV-1049-49

扮演年轻女孩，属旦角。

布袋木偶（新娘）

外文题名：Handpop
馆藏编号：RV-1049-50

　　扮演穿红衣的新娘，属旦角。

木雕牌楼

外文题名：Poppenkast
馆藏编号：RV-1049-51

　　牌楼上刻有对联："千里路途三五步，百万军兵六七人"，中间的横批为"演古似今"。传统布袋木偶戏演出前有"献棚"仪式。

木偶戏台的幕布

外文题名：Tekstbanier van
een poppenkast

馆藏编号：RV-1049-52

尺寸：60.5cm×125cm

幕布中间的红布上写着"紫云阁"，下方有"加冠晋禄"的挂牌。旧时的布袋木偶戏用左手操持木偶，木偶出场的时候从"出将"的幕布处出现，退场的时候从"入相"的幕布处退出。布袋木偶戏演出前，有时会表演一出叫《跳加官》的戏，以祝贺主家加官晋爵。这件幕布表明旧时的木偶戏台高度与宽度大约是 60.5cm×125cm。

戏马

外文题名：Handpop

馆藏编号：RV-1049-53

南派布袋戏用道具马，也称为"布袋戏马"。演出时，可操作马鞍上的挂绳，同时将武将木偶套在手指上，表演将军骑马的情景。

虎

外文题名：Handpop
馆藏编号：RV-1049-54

虎

外文题名：Handpop
馆藏编号：RV-1049-55

蛇

外文题名：Handpop
馆藏编号：RV-1049-56

蜈蚣

外文题名：Handpop
馆藏编号：RV-1049-57

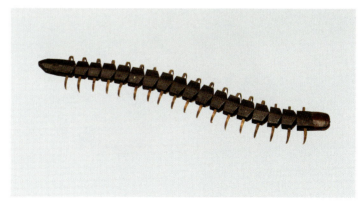

布袋木偶戏道具

外文题名：Handpop
馆藏编号：RV-1049-58

布袋木偶戏道具

外文题名：Handpop
馆藏编号：RV-1049-59

戏桌

外文题名：Tafel van een
                poppenkast
馆藏编号：RV-1049-60
尺寸：16cm×19cm×11cm

砚台

外文题名：Inktstel
馆藏编号：RV-1049-61
材料：锡

签筒

外文题名：Vaas van een poppenkast

馆藏编号：RV-1049-62

材料：锡

签筒和令签

外文题名：Vaas;lat(stel)/ poppenkast (onderdeel)

馆藏编号：RV-1049-62-B

材料：锡

  签筒旁有三支令签。三支令签上分别写着"正堂""火签""火签"，可放到签筒中。

一对烛台

外文题名：Kandelaar van een
　　　　　poppenkast
馆藏编号：RV-1049-63
尺寸：8cm×2.5cm

演戏时用于结婚等场景。

一对烛台

外文题名：Kandelaar van een
　　　　　poppenkast
馆藏编号：RV-1049-64
尺寸：9cm×3cm×2cm
材料：锡

酒壶

外文题名：Theekan van een poppenkast

馆藏编号：RV-1049-65

尺寸：5cm×4.8cm×2.2cm

材料：锡

酒杯

外文题名：Bekers van een poppenkast

馆藏编号：RV-1049-66

尺寸：11cm×1.5cm×3cm

盒子

外文题名：Doos

馆藏编号：RV-1049-70

材料：木材

椅子

外文题名：Stoel van een
　　　　　poppenkast
馆藏编号：RV-1049-68
尺寸：27cm×12cm×11cm

　　演出时一个木偶坐在椅子
上，另外两个木偶抬着椅子。

椅子

外文题名：Stoel van een
　　　　　poppenkast
馆藏编号：RV-1049-68-B
尺寸：27cm×12cm×11cm

布袋木偶

外文题名：Handpop
馆藏编号：RV-1049-72

布袋木偶

外文题名：Handpop
馆藏编号：RV-1049-73

布袋木偶

外文题名：Handpop

馆藏编号：RV-1049-74

布袋木偶

外文题名：Handpop

馆藏编号：RV-1049-75

布袋木偶

外文题名：Handpop
馆藏编号：RV-1049-78

布袋木偶

外文题名：Handpop
馆藏编号：RV-1049-79

布袋木偶

外文题名：Handpop
馆藏编号：RV-1049-80

布袋木偶

外文题名：Handpop
馆藏编号：RV-1049-81

布袋木偶

外文题名：Handpop
馆藏编号：RV-1049-83

布袋木偶

外文题名：Handpop
馆藏编号：RV-1049-84

布袋木偶

外文题名：Handpop
馆藏编号：RV-1049-85

布袋木偶

外文题名：Handpop
馆藏编号：RV-1049-86

布袋木偶

外文题名：Handpop

馆藏编号：RV-1049-89

布袋木偶

外文题名：Handpop

馆藏编号：RV-1049-92

布袋木偶

外文题名：Handpop
馆藏编号：RV-1049-93

虎

外文题名：Handpop
馆藏编号：RV-1049-95
材料：棉

虎

外文题名：Handpop

馆藏编号：RV-1049-96

材料：棉

人偶头

外文题名：Kop van handpop
　　　　　of vingerpop

馆藏编号：RV-1049-168

人偶头

外文题名：Kop van handpop
of vingerpop

馆藏编号：RV-1049-169

人偶头

外文题名：Kop van handpop
of vingerpop

馆藏编号：RV-1049-170

人偶头

外文题名：Kop van handpop
　　　　　of vingerpop

馆藏编号：RV-1049-171

人偶头

外文题名：Kop van handpop
　　　　　of vingerpop

馆藏编号：RV-1049-172

人偶头

外文题名：Kop van handpop
of vingerpop

馆藏编号：RV-1049-173

人偶头

外文题名：Kop van handpop
of vingerpop

馆藏编号：RV-1049-174

第三章

传统乐器

中国的传统音乐和民间曲艺表演都少不了乐器。闽南地区的木偶戏、南音、歌仔戏、鼓吹等演出，都需要传统乐器。除单纯的赏玩怡情之外，民间传统乐器的应用场合非常多，如婚礼、丧礼、节庆、庙会、神诞以及其他的仪式活动等。可以说，上至朝廷举行祭典和官员出巡，下至民间的婚丧嫁娶与节庆活动，都离不开乐器。

近代来华西方人对中国的传统音乐与乐器多有描述。从他们记录中国音乐和乐器、收集中国传统乐器等行为，可以窥见西方人对中国音乐多样的态度。有的西方人以之作为了解中国文化的窗口，有的西方人则单纯因个人的喜好贬低中国乐器只是发出嘈杂的声响。①

高延较为关注丧葬仪式所需要的伴奏乐器，其《中国的宗教系统》在介绍出殡的时候，写到送葬队伍里的乐师们各自吹奏的乐器，并随书附有乐师们吹奏乐器的插图。厦门街头的鼓吹店可租借或购买各种乐器，老板还负责接受丧家的预订服务，然后派乐师跟随送葬队伍出殡。传统的礼仪还严格规定不同身份地位的人可使用乐器的样式与数量。出殡时，厦门的达官贵人一般会请上数支乐队吹奏不同的乐器。乐队一般由六到八名乐师组成，吹奏的乐器包括唢呐两支或四支，小手鼓或扁鼓一个，铙钹一对，小铜锣和双音锣各一柄。此外，高延从欧洲人的品位出发，对中国传统音乐进行了一番评判：

> 他们演奏的曲子叫哀乐，这种哀乐与喜庆场合使用的乐曲有相当大的差别。不过估计我们欧洲人听不出两者有何区别，因为中国人写曲子不分大小调。这还不算，更糟的是，唢呐是这些乐队拥有的唯一能够奏出两种以上音高的乐器，但它发出的声音又尖又细，几个唢呐手总是你吹你的、我吹我的，从头到尾你都听不到一句整齐合拍的乐句。在我们外国人的耳朵里，中国的哀乐也好，喜乐也罢，根本没有多大区别，总共加起来也就那么四五个调子，他们完全不懂和声的原理，所有人都拼了老命地吹啊敲啊，一心只想压过别人，没人关心自己弄出来的声音和别人搭不搭调。以我们欧洲人的标准来看，这些东西甚至还称不上是音乐。②

在仪式上吹奏乐器既是为了遵从传统，也是为了驱除邪灵和恶鬼。高延多次提及民间乐器如喇叭、锣、鼓、钹等器物发出的声响，也被民众、法师、道士、僧侣等用于驱除鬼魅，而且声响越刺耳、越嘹亮，对鬼魂的震慑作用便越大。因而，在岁时节日或庙会神诞，乃至于家庭或个体举行仪式的时候，都会用乐器或鞭炮等发出的声

---

① 宫宏宇：《基督教新教传教士与中国音乐——以李太郭为例》，载《中国音乐》2013年第1期。

② ［荷］高延：《中国的宗教系统及其古代形式、变迁、历史及现状》第1卷，林艾岑译，花城出版社，2018年，第144页。

响驱邪。①

　　高延藏品中有 85 件民间传统乐器（缺失 2 件），这些乐器与福建省博物馆常设展厅展出的民间乐器非常相似。通过阅读高延的民族志著作，我们认为这些乐器主要应用于两种场合。一是戏曲表演，例如闽南地区的南音、歌仔戏、木偶戏、高甲戏等传统曲艺或戏剧在演出时，都要有乐器伴奏。结合高延也收集有一些木偶戏道具的事实，其中一些乐器极有可能是专门为木偶戏演出而准备的。二是仪式表演，例如作为婚礼、丧礼、节庆、庙会、神诞以及驱邪仪式活动等的伴奏乐器。但是 RV-962 系列的传统乐器，我们还是很难按照用途给这些乐器做进一步的细分。高延藏品中的民间传统乐器具体见下表：

高延在厦门收集的民间传统乐器

序号	乐器名称	馆藏编号	序号	乐器名称	馆藏编号	序号	乐器名称	馆藏编号
1	三弦	962-73	15	扬琴	962-87	29	铜钹	962-101
2	二弦	962-74	16	大锣	962-88	30	鼓架	962-102
3	三弦	962-75	17	大锣	962-89	31	南鼓	962-103
4	琵琶	962-76	18	马锣	962-90	32	扁鼓	962-104
5	双清	962-77	19	包锣	962-91	33	扁鼓	962-105
6	琵琶	962-78	20	手锣	962-92	34	唢呐	962-106
7	月琴	962-79	21	手锣	962-93	35	唢呐	962-107
8	二胡	962-80	22	鼓边锣	962-94	36	嗳仔	962-108
9	二弦	962-81	23	双音锣	962-95	37	竹笛	962-109
10	二弦	962-82	24	铜钹	962-96	38	曲笛	962-110
11	京胡	962-83	25	大钹	962-97	39	曲笛	962-111
12	古琴	962-84	26	大钹	962-98	40	唢呐	962-112
13	扬琴	962-85	27	铜钹	962-99	41	竹笛	962-113
14	扬琴	962-86	28	铜钹	962-100	42	洞箫	962-114

---

　　① ［荷］高延：《中国的宗教系统及其古代形式、变迁、历史及现状》第 6 卷，芮传明译，花城出版社，2018 年，第 1601 页。

续表

序号	乐器名称	馆藏编号	序号	乐器名称	馆藏编号	序号	乐器名称	馆藏编号
43	洞箫	962-115	57	唢呐	981-42	71	唢呐	1049-99
44	笙	962-116	58	唢呐	981-43	72	唢呐	1049-100
45	拍板	962-117	59	曲笛	981-44	73	嗳仔	1049-101
46	拍板	962-118	60	南鼓	981-45	74	笛子	1049-102
47	拍板	962-119	61	手锣	981-46	75	南鼓	1049-103
48	月琴	962-120	62	铜钹	981-47	76	手锣	1049-104
49	鼓槌	962-121	63	手锣	981-49	77	手锣	1049-105
50	拍板	962-122	64	南锣	981-50	78	南锣	1049-106
51	拍板	962-123	65	包锣	981-51	79	包锣	1049-107
52	竹笛	962-131	66	南锣	981-52	80	南锣	1049-108
53	竹笛	962-132	67	南锣	981-53	81	南锣	1049-109
54	三弦	981-39	68	拍板	981-55	82	铜钹	1049-110
55	二弦	981-40	69	三弦	1049-97	83	铜钹	1049-111
56	唢呐	981-41	70	二弦	1049-98			

馆藏编号为 RV-962-73 至 RV-962-123（含馆藏的 RV-962-131 和 RV-962-132）的乐器是戏曲与仪式表演的伴奏乐器，包括 53 件中国传统的民间乐器，有三弦、琵琶、月琴、二胡、古琴、扬琴，大锣、马锣、手锣、包锣、双音锣、大小不一的钹，长短不一的箫、笛和拍板，等等。有些乐器贴有乐器铺（新金声、万和老铺）的广告文字，有些乐器表面有"金震山"的字样，由于资料缺乏，我们还不知道金震山指的是什么。

三弦

外文题名：Kastspiesluit-*sanxian*

馆藏编号：RV-962-73

尺寸：通高 105cm，音箱直径 21cm，厚 7.5cm

材料：木材、蟒皮、丝弦

三弦

外文题名：Kastspiesluit-*sanxian*

馆藏编号：RV-962-74

尺寸：通高 94.5cm，音箱直径 21 cm，厚 6.5 cm

材料：木材、蟒皮、丝弦

三弦

外文题名：Kastspiesluit-*sanxian*

馆藏编号：RV-962-75

尺寸：通高 94cm，音箱直径 24cm，厚 7cm

材料：木材、蟒皮、丝弦

琵琶

外文题名：Halsluit-*pipa*

馆藏编号：RV-962-76

尺寸：通高 101cm，宽 31cm，厚 14cm

材料：木材

双清

外文题名：Luit-*shuangqing*

馆藏编号：RV-962-77

尺寸：通高 93.5cm，音箱直径
25.5cm，厚 10cm

材料：木材

　　双清又称福建月琴、八角琴等，是福建闽派音乐的
重要弹拨乐器，可使用于各种民间音乐与民间戏曲中。
这款双清音箱为八角形，琴杆上装饰有玉片，与莆田和
泉州常见的八角琴颇为相似。

琵琶

外文题名：Luit-*p'i p'a*

馆藏编号：RV-962-78

尺寸：通高 95cm，宽 28cm，厚 12cm

材料：木材、丝弦

月琴

外文题名：Kastspiesluit-*yueqin*
馆藏编号：RV-962-79
尺寸：通高 62cm，音箱直径
　　　34.5cm，厚 9cm
材料：木材

　　月琴音箱中间的部位贴有乐器铺的信息："新金声。铺在长兴街开张。拣工择料，各款弦索。贵客光顾，请认招牌为记。若有假冒招牌，男盗女娼。"可见，高延光顾的这家乐器铺名叫"新金声"。所贴内容反映出晚清厦门的乐器行可能存在著名招牌被假冒的情况。

二胡

外文题名：Vedel met strijkstok-*erhu*
馆藏编号：RV-962-80
尺寸：通高 70cm，音箱长 19cm，前口外径 15cm；弦弓长 57cm，宽 5cm
材料：木材、竹子、丝弦

二弦

外文题名：Vedel met strijkstok-*erxian*

馆藏编号：RV-962-81

尺寸：通高 76cm，音箱长 21cm，前口外径 13cm；弦弓长 69cm，宽 12cm

材料：木材、竹子

二弦

外文题名：Vedel-*tixian*

馆藏编号：RV-962-82

尺寸：通高 65cm，音箱长 13cm，前口外径 14.5cm

材料：木材、椰壳

京胡

外文题名：Vedel met strijkstok-*jinghu*

馆藏编号：RV-962-83

尺寸：通高 49cm，音箱长 15cm，前口外径 5cm

材料：竹子、木材、蛇皮

古琴

外文题名：Citer (qin)-*qin*

馆藏编号：RV-962-84

尺寸：通长 126cm，肩宽 18cm，尾宽 11cm

材料：木材、丝弦

扬琴

外文题名：Hakkebord-*yangqin*

馆藏编号：RV-962-85

尺寸：通长 71cm，宽 26cm，
厚 9.5cm

材料：木材、铜

扬琴

外文题名：Hakkebord-*yangqin*

馆藏编号：RV-962-86

尺寸：通长 73cm，宽 28cm，
厚 8.5cm

材料：木材、金属

　　扬琴音箱里面的中间部位贴有乐器铺的信息："万和老铺。本铺在漳城道口街，自造南北各色乐器、洋琴，发见，定价不二。"可见，高延光顾的这家乐器铺名叫"万和老铺"，在漳州。

扬琴

外文题名：Hakkebord-*yangqin*

馆藏编号：RV-962-87

尺寸：通长 74cm，宽 31cm，
　　　厚 9.5cm

材料：木材、金属

　　扬琴的音箱里面贴有乐器铺"万和老铺"的信息，另贴有三条红纸，标记了不同的音调。

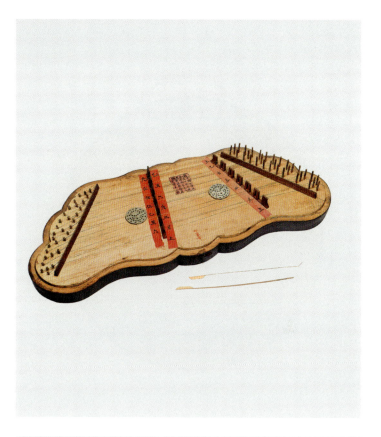

大锣

外文题名：Gong (da luo)-*luo;*
　　　　　da luo

馆藏编号：RV-962-88

尺寸：面径 41.5cm，边高 3cm

材料：黄铜、棉、木材

　　锣上写有"林通利号"与"金震山号"。

大锣

外文题名：Gong (da luo)-*luo*;
  da luo

馆藏编号：RV-962-89

尺寸：面径 39cm，边高 2.7cm

材料：黄铜

  锣上写有"林通利号"
与"金震山号"。

马锣

外文题名：Gong (maluo)-*luo*;
  maluo

馆藏编号：RV-962-90

尺寸：面径 90cm，边高 4cm

材料：金属

包锣

外文题名：Gong (luo of tongjing)-
　　　　　luo;tongjing
馆藏编号：RV-962-91
尺寸：面径 25.5cm，边高 4.4cm
材料：金属

手锣

外文题名：Gong (shouluo of
　　　　　wanluo)-*luo;*
　　　　　shouluo ;wanluo
馆藏编号：RV-962-92
尺寸：面径 23cm，边高 4.2cm
材料：金属

手锣

外文题名：Gong met slagstok-
　　　　　luo;shouluo;wanluo

馆藏编号：RV-962-93

材料：金属

鼓边锣

外文题名：Luo;gu bian luo

馆藏编号：RV-962-94

尺寸：面径 12.5cm，边高 2.1cm

材料：金属

双音锣

外文题名：Gong (luo of shuangyin)-
luo;shuangyin

馆藏编号：RV-962-95

尺寸：通高 26.7cm，宽 26cm，厚
5.8cm

材料：铜

铜钹

外文题名：Bekken (bo)-*bo*

馆藏编号：RV-962-96

尺寸：左右碗径 4cm，面径 28.5cm

材料：铜

大钹

外文题名：Bekken (da bo)-*bo; da bo*
馆藏编号：RV-962-97
尺寸：左右碗径 5cm，面径 26cm
材料：铜、棉布

 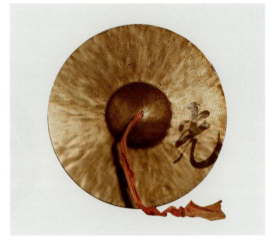

大钹

外文题名：Bekken (da bo)-*bo;da bo*
馆藏编号：RV-962-98
尺寸：左右碗径 4cm，面径 28cm
材料：黄铜、棉布

铜钹

外文题名：Bekken (bo)-*bo*
馆藏编号：RV-962-99
尺寸：左右碗径 3cm，面径 22.5cm
材料：金属、棉布

铜钹

外文题名：Muziekbekken-*bo*
馆藏编号：RV-962-100
尺寸：左碗径 4.3cm，面径 22.7cm，红布长 29cm；右碗径 3.8cm，面径 22.5cm，红布长 35cm
材料：金属、棉布

铜钹

外文题名：Muziekbekken

馆藏编号：RV-962-101

尺寸：左碗径 5cm，面径 24.5cm；右碗径 5cm，面径 24cm

材料：铜、棉布

 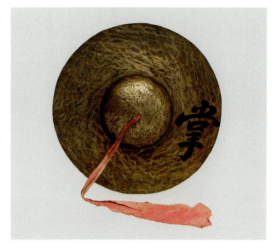

鼓架

外文题名：Handpauk met
             slagstok en stoel

馆藏编号：RV-962-102

尺寸：通长 64cm，宽 46cm

鼓槌

外文题名：Handpauk en een
　　　　　 slagstok
馆藏编号：RV-962-102a
尺寸：通长 30cm，直径 2.5cm
材料：木材

南鼓

外文题名：Handpauk
馆藏编号：RV-962-103
尺寸：通高 20cm，面径 32cm
材料：木材、牛皮、竹子

　　附有鼓槌与鼓架，馆藏
编号分别为 RV-962-103a 与
RV-962-103B。

鼓槌

外文题名：Handpauk en een
　　　　　slagstok

馆藏编号：RV-962-103a

尺寸：通长 29cm，直径 2cm

材料：木材

鼓架

外文题名：Handpauk op een
　　　　　standaard

馆藏编号：RV-962-103B

尺寸：通长 64cm，宽 38cm

材料：木材

扁鼓

外文题名：Handpauk
馆藏编号：RV-962-104
尺寸：通高 7cm，面径 23cm
材料：木材、铁、牛皮

扁鼓

外文题名：Handpauk
馆藏编号：RV-962-105
尺寸：通高 7cm，面径 18cm
材料：木材、牛皮、铁

唢呐

外文题名：Klarinet

馆藏编号：RV-962-106

尺寸：通高49cm，喇叭口直径
13.5cm

材料：金属、木材、丝绸

唢呐

外文题名：Klarinet

馆藏编号：RV-962-107

尺寸：通高42cm，喇叭口直径
6cm

材料：金属、木材、丝绸

嗳仔

外文题名：Klarinet

馆藏编号：RV-962-108

尺寸：通高 30cm，喇叭口直径
　　　6cm

材料：黄铜、木材、丝绸

　　南音的小唢呐称为"嗳
仔"，音色柔和圆润，不同
于北方唢呐的高亢嘹亮。[1]

唢呐

外文题名：Signaaltrompet

馆藏编号：RV-962-112

尺寸：通高 86cm，喇叭口直径
　　　20cm；布长 100cm，宽
　　　33cm

材料：金属、棉

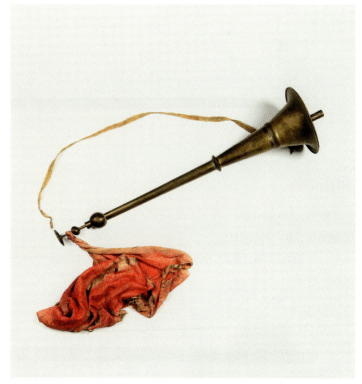

---

　　[1] 郑长铃、王珊：《南音》，浙江人民出版社，2005 年，第 99—100 页。

竹笛

外文题名：Dwarsfluit

馆藏编号：RV-962-109

尺寸：通长 67.5cm，直径 2cm

材料：竹子

系有绿色的流苏。

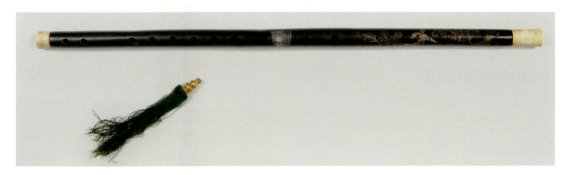

曲笛

外文题名：Dwarsfluit

馆藏编号：RV-962-110

尺寸：通长 90cm，直径 3cm

材料：竹子

曲笛

外文题名：Dwarsfluit

馆藏编号：RV-962-111

尺寸：通长 67.5cm，直径 3cm

材料：竹子

竹笛

外文题名：Dwarsfluit

馆藏编号：RV-962-113

尺寸：通长 47cm，直径 2.5cm

材料：竹子

洞箫

外文题名：Fluit

馆藏编号：RV-962-114

尺寸：通长 57cm，直径 3.2cm

材料：竹子

洞箫

外文题名：Fluit

馆藏编号：RV-962-115

尺寸：通长 57cm，直径 3cm

材料：竹子

笙

外文题名：Mondorgel

馆藏编号：RV-962-116

尺寸：通高 41cm，笙斗直径
　　　 10cm，嘴长 6.5cm

材料：木材、竹子、金属

拍板

外文题名：Klepper

馆藏编号：RV-962-117

尺寸：通长 26.5cm，宽 6cm，
　　　 厚 2cm

材料：木材、丝绸

　　现在常见的南音的拍板是由五块板组成，但是民间与海外也有三块板组成的。每块板的长度一般在 26 厘米左右，宽度在 6 厘米左右。

拍板

外文题名：Klepper

馆藏编号：RV-962-118

尺寸：通长 29.5cm，宽 5cm，
　　　总厚度 7cm

材料：木材

　　拍板有很久远的历史，一些石窟壁画和传世的名家绘画描绘了古代人的娱乐场景，《韩熙载夜宴图》便描绘了一名男性用拍板在伴奏的情景，《唐人宫乐图》则描绘了一群人使用不同乐器演奏的情景。[①]南音常见的演出方式为演唱者拿着拍板在中间，演奏琵琶、三弦、洞箫、二弦的乐师分坐两边为其伴奏。图中的拍板由五块板组成。中间的三块板比较平整，而外侧的两块板稍厚，向内的一面平整，而在外面的一面则凸起成弧形。拍板的上端有小孔，可以穿绳将板系在一起。

---

① 郑长铃、王珊：《南音》，浙江人民出版社，2005 年，第 44—52 页。

拍板

外文题名：Klepper

馆藏编号：RV-962-119

尺寸：通长 30.5cm，宽 6.5cm，
　　　总厚度 7.5cm

材料：木材

月琴

外文题名：Luit

馆藏编号：RV-962-120

尺寸：通高 87cm，音箱直径
　　　37.5cm，音箱厚 5.8cm

材料：木材、丝绸

鼓槌

外文题名：Handpauk

馆藏编号：RV-962-121

尺寸：通长 75cm，直径 7cm

材料：竹子

拍板

外文题名：Klepper

馆藏编号：RV-962-122

尺寸：通长 21cm，宽 3.5cm，
　　　总厚度 7.5cm

材料：木材

拍板

外文题名：Klepper

馆藏编号：RV-962-123

尺寸：通长 9.5cm，宽 4cm，
　　　 厚 1cm

材料：竹子

　　现在的南音四宝由四块竹板组成，通常长 21 厘米，宽 2.8 厘米。图中的拍板由两块竹板组成，也许曾经的民间艺人也常用两块拍板。

竹笛

外文题名：Dwarsfluit

馆藏编号：RV-962-131

尺寸：通长 47cm，直径 2.5cm

材料：竹子

竹笛

外文题名：Dwarsfluit

馆藏编号：RV-962-132

尺寸：通长 47cm，直径 2.5cm

材料：竹子

馆藏编号为 RV-981-39 至 RV-981-55 的乐器是提线木偶戏的伴奏乐器，包括三弦、二弦、嗳仔、笛子、南鼓、手锣、铜钹、拍等17 件乐器（缺 2 件）。这些乐器与提线木偶戏演出道具的馆藏编号同为 RV-981 系列，入藏时间也一致，极有可能是专门为提线木偶戏伴奏的。

提线木偶戏的伴奏乐器

三弦

外文题名：Gitaar
馆藏编号：RV-981-39

二弦

外文题名：Viool
馆藏编号：RV-981-40

唢呐

外文题名：Klarinet
馆藏编号：RV-981-41

唢呐

外文题名：Klarinet
馆藏编号：RV-981-42

唢呐

外文题名：Klarinet
馆藏编号：RV-981-43

唢呐口贴有"仁和"二字。

曲笛

外文题名：Fluit
馆藏编号：RV-981-44

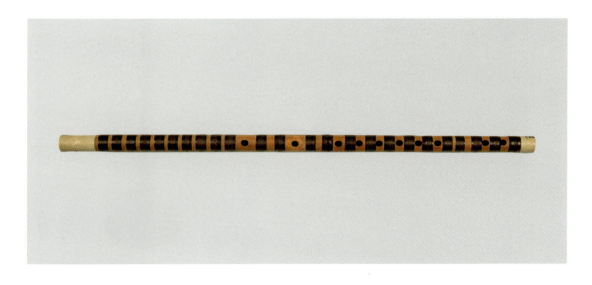

南鼓

外文题名：Handpauk
馆藏编号：RV-981-45

手锣

外文题名：Handpauk
馆藏编号：RV-981-46

铜钹

外文题名：Bekken
(muziekinstrument)

馆藏编号：RV-981-47

材料：黄铜

手锣

外文题名：Cimbaal of gong

馆藏编号：RV-981-49

材料：黄铜

锣槌

外文题名：Cimbaal; gong; klepel
馆藏编号：RV-981-49-B

南锣

外文题名：Cimbaal of gong
馆藏编号：RV-981-50
材料：黄铜

包锣

外文题名：Cimbaal of gong
馆藏编号：RV-981-51
材料：黄铜

南锣

外文题名：Cimbaal of gong
馆藏编号：RV-981-52

南锣

外文题名：Cimbaal of gong
馆藏编号：RV-981-53

拍板

外文题名：Paar castagnetten
馆藏编号：RV-981-55

馆藏编号为 RV-1049-97 至 RV-1049-111 的乐器是布袋木偶戏的伴奏乐器，包括三弦、二弦、嗳仔、笛子、鼓、锣、钹等 15 件乐器。这些乐器与布袋木偶戏用具的馆藏编号相同，入藏时间也相同，极有可能是专门为布袋木偶戏伴奏的。

布袋木偶戏的伴奏乐器

三弦

外文题名：Gitaar

馆藏编号：RV-1049-97

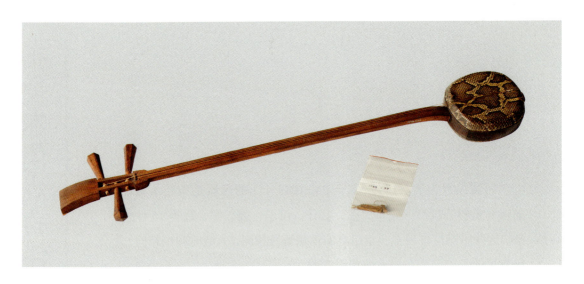

二弦

外文题名：Strijkstok

馆藏编号：RV-1049-98-B

二弦，只剩琴弦，其他部分已遗失。

唢呐

外文题名：Klarinet

馆藏编号：RV-1049-99

唢呐

外文题名：Klarinet

馆藏编号：RV-1049-100

暖仔

外文题名：Klarinet
馆藏编号：RV-1049-101

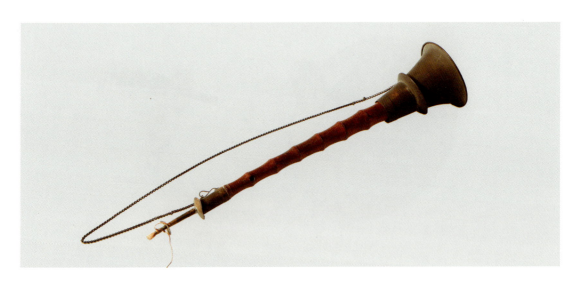

笛子

外文题名：Fluit
馆藏编号：RV-1049-102

南鼓

外文题名：Handpauk met
　　　　　slagstok

馆藏编号：RV-1049-103

手锣

外文题名：Tamboerijn

馆藏编号：RV-1049-104

手锣

外文题名：Gong met slagstok
馆藏编号：RV-1049-105

南锣

外文题名：Paardengong
馆藏编号：RV-1049-106

包锣

外文题名：Gong
馆藏编号：RV-1049-107

南锣

外文题名：Gong
馆藏编号：RV-1049-108

南锣

外文题名：Gong
馆藏编号：RV-1049-109

铜钹

外文题名：Paar bekkens
馆藏编号：RV-1049-110

铜钹

外文题名：Paar bekkens
馆藏编号：RV-1049-111

铜钹

外文题名：Bekken
馆藏编号：RV-1049-111-B

第四章

服饰

人生礼仪指在人生中的重要节点所经历的具有一定仪式的行为过程，包括诞生礼、成年礼、婚礼和丧葬礼等。高延的《中国的宗教系统》重点关注中国人的丧葬礼仪，并以此为出发点研究中国人的民间信仰实践。在高延的中国民俗文物藏品中，服饰类藏品有 132 件，其中丧服占大部分。依据与死者关系的亲疏远近，人们在丧礼上所穿的丧服可分为五个等级：斩衰、齐衰、大功、小功、缌麻。高延认为五服制度集中体现了中国人的家庭结构和伦理观念。高延依据《仪礼》《礼记》等文献资料梳理了古代有关丧服的规定，并且结合个人的田野调查详细地描述了 19 世纪下半叶厦门地区人们所穿的丧服，然后指出，《仪礼》《礼记》《大清律例》里的规定不清晰，而厦门人仍遵循着以文本形式流传下来的古代礼仪，当地人的丧葬实践遵照了古代的丧服制度。高延在进行田野调查的时候，还拍摄了穿一等丧服（斩衰）和二等丧服（齐衰）的男子站立时的照片。[1]

高延藏品中有女性的整套嫁衣以及男性的官服和寿衣。死者生前的婚服与寿衣，在死后的丧礼上也可以穿着。在写到厦门的丧葬礼仪时，高延指出出身较好的女性会穿着一身精美绝伦的嫁衣作为寿衣，而且获得诰命的女性和官家的贵妇人，陪葬衣服往往极度奢华，所有纹饰都是用金线或银线手工刺绣的。寿衣表达了子女希望父母长命百岁的愿望，厦门人会在老人生前就为其准备好寿衣。寿衣一般请一位未出阁的姑娘或一名少妇缝制，因为她们年轻，还有很长的寿命，主家希望穿寿衣之人可以沾到她们的福气。最低规格的寿衣加起来也要超过五件，富人的寿衣往往至少有九件。关于寿衣还有一些讲究与禁忌，例如不能是五件，因为"五"与"误"同音，有误父母、妻子、儿女的意思。寿衣不能用动物皮毛制作，高延认为这是受了佛教的影响。[2]

服饰类藏品中属于女性饰品的有簪子、钗子、春仔花等物件。簪子和钗子由金属打造，而春仔花则用丝线等材料手工缠作。春仔花不但可作为女性的头饰，也被应用于装饰祭祀摆件如香炉、祭桌等，是厦门地区比较有特色的一项传统工艺。

服饰类藏品中也有缠足女子的鞋服。1874 年，来华西方传教士在中国厦门建立了第一个天足会，牵头的基督教牧师是麦高温（John Macgowan，1835—1922）。高延两次来华的时间，正是反缠足运动在中国被广泛讨论与关注的时期。收集反映中国的刑罚体系、妇女缠足等的民俗藏品，也反映了西方人对中国的东方主义式的想象。

服饰类藏品中有些是常服，包括冬衣与夏服。民间有俗语谓"食过五月节粽，

① ［荷］高延：《中国的宗教系统及其古代形式、变迁、历史及现状》第 2 卷，王樾译，花城出版社，2018 年，第 455—457 页。

② ［荷］高延：《中国的宗教系统及其古代形式、变迁、历史及现状》第 1 卷，林艾岑译，花城出版社，2018 年，第 54—59 页。

破裘甲囤放"，指过了端午节之后，才能收起冬天的衣服。除了官员和普通民众的日常穿戴与节日穿戴，高延也关注宗教神职人员的穿着。《中国的宗教系统》一书介绍了师公（即火居道士）法服的形制、颜色、刺绣图案，以及它们所具有的象征意义，书中也收录有高延给身穿法服的师公拍的照片，以及单独给法服的正面和背面拍的照片。[①] 但是从现有的高延藏品中，笔者只找到了神职人员所佩戴的一些帽子。

---

① ［荷］高延：《中国的宗教系统及其古代形式、变迁、历史及现状》第 6 卷，芮传明译，花城出版社，2018 年，第 1815—1819 页。

常服

　　馆藏编号为 RV-1092-35 和 RV-1092-36 的藏品是冬季的常服，馆藏编号为 RV-1092-39 和 RV-1092 40 的藏品是夏季的常服。高延也收藏有不缠足的女子穿的鞋子、宗教人士日常戴的帽子、男士日常穿的靴子等。

褂子

外文题名：Jas

馆藏编号：RV-1092-35

尺寸：180cm×192cm

上衣

外文题名：Onderkleed

馆藏编号：RV-1092-36

尺寸：193.5cm×129.5cm

　　穿在最里面的上衣。

带子

外文题名：Broekspijp

馆藏编号：RV-1092-37

尺寸：83cm×30cm

女鞋

外文题名：Paar schoenen

馆藏编号：RV-1092-38

尺寸：8.5cm×9cm×26cm

帽子

外文题名：Priestermuts

馆藏编号：RV-1092-41

尺寸：18.5cm×27.5cm

材料：亚麻布

帽子

外文题名：Priestermuts

馆藏编号：RV-1092-42

尺寸：18.3cm×27.2cm

材料：绸缎

帽子

外文题名：Priesterkap

馆藏编号：RV-1092-43

尺寸：18.7cm×30.5cm

材料：皮革

外褂

外文题名：Bovenkleding

馆藏编号：RV-1092-39

尺寸：172.5cm×112cm

上衣

外文题名：Onderkleed

馆藏编号：RV-1092-40

尺寸：129.3cm×209.4cm

女外套

外文题名：Bovenkleding

馆藏编号：RV-981-59

尺寸：138cm×103cm

上衣

外文题名：Onderkleding

馆藏编号：RV-981-60

尺寸：205.5cm×135.5cm

外套

外文题名：Bovenkleding

馆藏编号：RV-981-61

尺寸：167cm×114cm

上衣

外文题名：Onderkleding

馆藏编号：RV-981-62

尺寸：204cm×136cm

女外套

外文题名：Bovenkleding

馆藏编号：RV-981-63

尺寸：161.5cm×117cm

裙子

外文题名：Voorschoot
馆藏编号：RV-981-64
尺寸：88cm×78cm

角带

外文题名：Gordel
馆藏编号：RV-981-65
尺寸：3.4cm×91.7cm

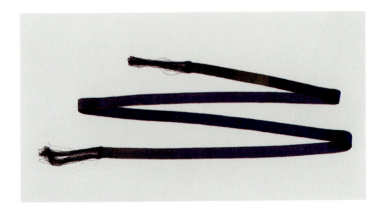

角带

外文题名：Gordel
馆藏编号：RV-981-66
尺寸：3.5cm×332.4cm

靴子

外文题名：Laars
馆藏编号：RV-981-67
尺寸：38.5cm×8.5cm×23cm；
　　　39.5cm×8cm×22cm

靴子

外文题名：Laars
馆藏编号：RV-981-67-B
尺寸：41.5cm×8.5cm×24cm；
　　　40cm×8.1cm×23.5cm

馆藏编号为 RV-1092-44 至 RV-1092-53 的藏品（RV-1092-45 缺失）是官服，包括冬帽、夏帽、靴子、内外套袍、朝珠（只有四品以上的官员才有朝珠）等；馆藏编号为 RV-1092-54 至 RV-1092-59 的藏品是富裕之家的女性寿衣，其样式与嫁衣非常相似。据高延记录，厦门的达官贵人，在祭祖和出席其他重要的场合时都身穿盛装，死后一般也会穿着生前参加隆重礼仪活动的衣服。死者穿的也是此类服饰，男性的是官服或套袍，女性的一般是凤冠霞帔。男性服饰还分冬季和夏季，但是无论死亡时间在哪一个季节，在入殓时人们给死者穿上的寿衣都是冬天的套服。[①]

荷兰莱顿民族学博物馆在公布高延收集的中国民俗文物时，只是将之识别为官服，而没有说到其与婚礼的联系。但是结合 19 世纪末的图像资料，尤其是近代来华西方人拍摄的照片，可知晚清贵族结婚时新郎和新娘的穿着样貌、婚礼布置等情况。其中英国摄影师托马斯·查尔德（Thomas Child，1841—1898）在 19 世纪 70 年代拍摄的照片，有一张被学者鉴定为曾国藩孙女大婚照，[②] 婚礼中男性穿着的一套清朝的官服，与高延收集的这套官服有很多相似之处。

---

① ［荷］高延：《中国的宗教系统及其古代形式、变迁、历史及现状》第 1 卷，林艾岑译，花城出版社，2018 年，第 41—42 页。

② 清华大学艺术博物馆、洛文希尔收藏编：《世相与映像——洛文希尔摄影收藏中的 19 世纪中国》，清华大学出版社，2018 年，第 42—43 页；徐家宁编著：《中国历史影像·早期摄影家作品集·托马斯·查尔德》，文心出版社，2017 年。

冬朝冠

外文题名：Hoed van een mandarijn
馆藏编号：RV-1092-44
尺寸：14.5cm×23.5cm
材料：绒

　　这顶朝冠用绒制作，下面有系带，帽顶的顶珠是一颗淡蓝色的珠子，表示这是三品官戴的官帽。顶珠的颜色和材料代表官员的品级，按照规定，一品官员用红宝石，二品用珊瑚，三品用蓝宝石，四品用青金石，五品用水晶，六品用砗磲，七品用素金，八品用阴文镂花金，九品用阳文镂花金。帽子无顶珠的，表示无品级。

发辫

外文题名：Haarvlecht
馆藏编号：RV-1092-46
尺寸：138cm×4cm
材料：头发

披领

外文题名：Kraag en bef
馆藏编号：RV-1092-47
尺寸：5cm×92cm×29.5cm
材料：丝绸

　　披领，清朝官服的配件之一。披领为深棕色，上面绣有花草图案，领口呈圆形，镶有一圈蓝色布边，下方有蓝色盘扣。

朝珠

外文题名：Mandarijnsnoer-*chaozhu*

馆藏编号：RV-1092-48

尺寸：2.5cm×100cm×5.1cm

材料：木材、玉石

朝珠是清朝礼服的配饰，级别不同的官员，所佩戴的朝珠在颜色、材质和装饰上会有一些区别。朝珠的主体由一百零八颗珠子串成，每隔二十七颗红色小珠子串入一颗绿色的大珠子，大珠子共有四颗，一般称为"佛头"。其中一颗佛头上连接有一串装饰物，丝线中间缀有一片叫"背云"的玉石，末端有一个吊坠。两侧的三串小珠，每串十颗，称为"记念"。[①] 高延收藏的朝珠，与一般的朝珠有一些差异，连接佛头的一串装饰物中并没有背云，而且其末端系了一片玉石而非吊坠。

披肩

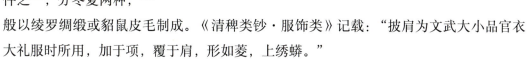

外文题名：Kraag

馆藏编号：RV-1092-49

尺寸：29.5cm×71cm

材料：丝绸

披肩，清朝官服的配件之一，分冬夏两种，一般以绫罗绸缎或貂鼠皮毛制成。《清稗类钞·服饰类》记载："披肩为文武大小品官衣大礼服时所用，加于项，覆于肩，形如菱，上绣蟒。"

---

① 李芝安：《清代朝珠述论》，载《中国国家博物馆馆刊》2013 年第 6 期。

官服内袍

外文题名：Kleding, onderkleed

馆藏编号：RV-1092-50

尺寸：233.5cm×163cm

材料：丝绸

　　内袍和外袍都以"团龙缎"为料，内袍主要为藏青色，右衽，窄袖口，靠下部分为黄色，正面绣有龙的图案。内袍"长及脚踝，前襟宽大，右衽斜扣，除齐肩处有一粒盘扣外，侧身还有一排盘扣"[①]。

　　[①]［荷］高延：《中国的宗教系统及其古代形式、变迁、历史及现状》第1卷，林艾岑译，花城出版社，2018年，第42页。

官服外袍

外文题名：Jas; onderdeel van ambtskleding

馆藏编号：RV-1092-51

尺寸：121.5cm×194.5cm

材料：丝绸

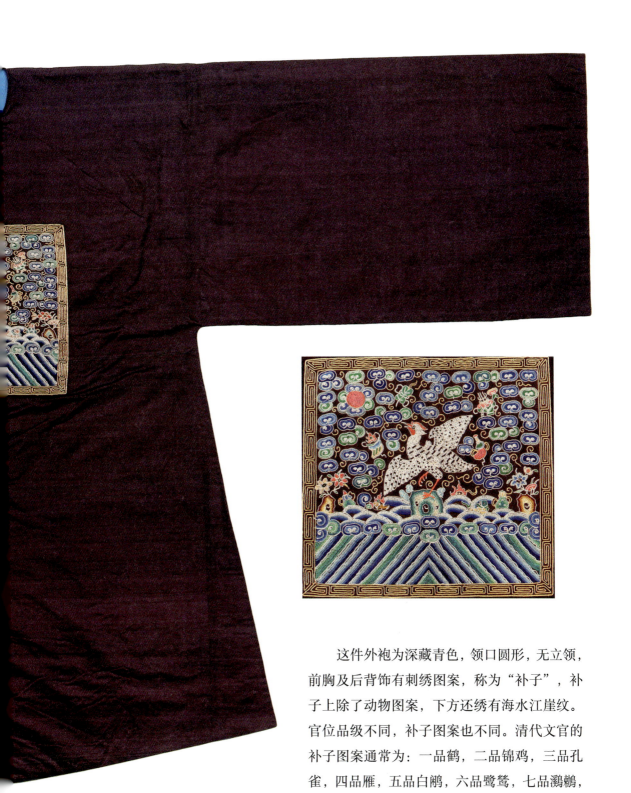

　　这件外袍为深藏青色，领口圆形，无立领，前胸及后背饰有刺绣图案，称为"补子"，补子上除了动物图案，下方还绣有海水江崖纹。官位品级不同，补子图案也不同。清代文官的补子图案通常为：一品鹤，二品锦鸡，三品孔雀，四品雁，五品白鹇，六品鹭鸶，七品鸂鶒，八品鹌鹑，九品练雀；清代武官的补子图案通常为：一品麒麟，二品狮，三品豹，四品虎，五品熊，六品彪，七品、八品犀牛，九品海马。

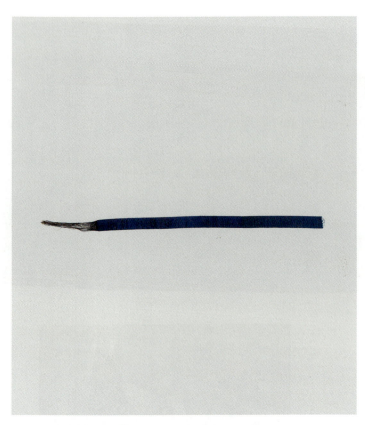

角带

外文题名：Gordel

馆藏编号：RV-1092-52

尺寸：4.8cm×92cm

材料：丝绸

朝靴

外文题名：Laars

馆藏编号：RV-1092-53

尺寸：43.5cm×9cm×27.5cm

　　馆藏编号为 RV-1092-54 至 RV-1092-59 的藏品是女性寿衣。高
延曾在《世界民族志档案》（ *Internationales Archiv für Ethnograohie* ）
上发表了一篇论文——《中国女性的嫁衣》（The Wedding Garments
of a Chinese Woman），介绍民族志藏品之中国女性的嫁衣，论文附
录有相关的彩色照片。[①]《世界民族志档案》1888 年由荷兰莱顿民
族学博物馆牵头创刊，主要刊登欧美人类学者在世界各地收集的民
族志藏品的介绍短文和彩色照片。[②]

　　[①] J. J. M. de Groot, "The Wedding Garments of a Chinese Woman",
Internationales Archiv für Ethnograohie, 1891,Vol. 4, pp. 182-184.

　　[②] Franz Boas, "Reviewed Work(s): Internationales Archiv für Ethnographie,
Vol. I, 1888, by J. D. E. Schmeltz", *American Anthropologist*, Vol. 2, No. 2, 1889, pp.
181-182.

高延发表在《世界民族志档案》上的论文的附图

蟒袄

外文题名：Bovenkleed van een bruidskostuum

馆藏编号：RV-1092-55

尺寸：172.5cm×107.5cm

材料：丝绸

高延描述："蟒袄以大红缎子为料，宽襟右衽。前后襟也同样绣有腾龙出水登陆的图案，不过在两个宽大的袖管上还各有一条小龙。每条龙都作吞日状，围绕着祥云和蝙蝠。此外，蟒袄两侧饰有鱼纹、花纹、星纹，还饰有凤凰图案，这是中国传统的象征婚姻美满的纹饰。"[1]

①［荷］高延：《中国的宗教系统及其古代形式、变迁、历史及现状》第 1 卷，林艾岑译，花城出版社，2018 年，第 47 页。

霞帔

外文题名：Bruidsjasje
　　　　　onderdeel van
　　　　　kostuum
馆藏编号：RV-1092-57
尺寸：106cm×68.7cm
材料：丝绸

　　高延描述："霞帔是黑丝披风。霞帔无袖，对襟。前后襟各缀有一块大补子，上面绣着代表官秩的鸟兽图案，每块补子下方各有一对腾龙，中间悬着一轮红日，双龙对视，做吞日状。两条龙的周围同样缀有祥云、蝙蝠和凤凰图案。穿时，将霞帔披在肩上，再用花扣将其沿颈部一圈固定好就可以了。霞帔周身缀有丝网，底下垂着七彩流苏。"①

　　① ［荷］高延：《中国的宗教系统及其古代形式、变迁、历史及现状》第 1 卷，林艾岑译，花城出版社，2018 年，第 48 页。

蟒裙

外文题名：Onderkleed van een bruidskostuum

馆藏编号：RV-1092-54

尺寸：104cm×88cm

材料：丝

　　高延描述："蟒裙是一件青色的丝裙，蟒裙的前后襟上各绣有一条龙，破浪而出，飞向陆地，状似降甘霖于农田与草甸之上。事实上，龙自古以来都是中国的雨和水的神祇。每条龙的旁边都点缀着祥云、牡鹿、乌龟或仙鹤刺绣图案，分别象征着福、禄、寿、喜，我们马上会在后面解释其中的道理。每种瑞兽的两侧各绣着一只蝙蝠，意为幸福，因为'蝠'、'福'两字不仅读音相同，而且都包含'畐'这个偏旁，意为充实。"[1]

新娘的角带

外文题名：Gordel van een bruidskostuum

馆藏编号：RV-1092-56

　　这条新娘的角带为红色，红布上镶嵌有一片片方形的绿玉。也有些角带以假玉装饰。

---

　　[1]［荷］高延：《中国的宗教系统及其古代形式、变迁、历史及现状》第1卷，林艾岑译，花城出版社，2018年，第46—47页。

凤冠

外文题名：Bruidskroon onderdeel van kostuum

馆藏编号：RV-1092-58

材料：金属

高延描述："凤冠的模样很有意思，看上去像一个圆球的四分之一，球身用金属丝捻成的细线编织而成。表面缀有大量饰物，花样繁多，如树叶、蝴蝶、花朵等等，这些饰物全部都用镀金薄铜片制成。在这些饰物中，有四片树叶格外引人注目，上面分别刻有奉、天、诰、命四个字，表明戴冠之人已受天命，也就是得到皇帝即天子的册封。此外还有一条宽宽的红绸头巾，表面嵌着铜做的八仙纹饰，佩戴凤冠时要将它戴在头上；还有一根一头镶着宝石的银簪，用这根簪子穿过发髻，将凤冠固定在头上；这样的首饰自古以来被认为是女子出嫁时的必备之物。"[1]

---

[1] [荷] 高延：《中国的宗教系统及其古代形式、变迁、历史及现状》第1卷，林艾岑译，花城出版社，2018年，第48—49页。

296

靴子

外文题名：Laarzen (paar)
　　　　　onderdeel van
　　　　　bruidskostuum
馆藏编号：RV-1092-59
尺寸：23.2cm×7cm×13cm；
　　　23.2cm×6.5cm×12.5cm
材料：丝绸

　　从尺寸来看，这是一双
供缠足女性穿的红色靴子，
非常小巧精致，靴筒大概到
新娘的小腿肚。

馆藏编号为 RV-1092-109、RV-1092-110、RV-1092-111、RV-1092-112 的藏品是一套寿衣的一部分。高延在《中国的宗教系统》中介绍，一整套寿衣包括"'罩肉裘'一件、普通罩衫两件、长袍一件、马褂一件、祭祀时穿的套袍两件（内、外套），加起来超过五件。这是最低规格，所以，为了顾及体面，任何丧家在置办寿衣时都不敢低于这个标准"。①

---

① ［荷］高延：《中国的宗教系统及其古代形式、变迁、历史及现状》第 1 卷，林艾岑译，花城出版社，2018 年，第 58 页。

红缨帽

外文题名：Hoed

馆藏编号：RV-1092-109

尺寸：13cm×24cm

帽子上有紫色丝绸球、凸起的天鹅绒帽檐、红色丝绸流苏和青铜纽扣。

兜帽

外文题名：Capuchon

馆藏编号：RV-1092-110

尺寸：74.5cm×37cm

黑色丝绸兜帽，上面用金线绣有三层宝塔，还绣有仙鹤和蝙蝠。

百寿衣

外文题名：Begrafeniskleed
馆藏编号：RV-1092-111
尺寸：137cm×196cm×12cm

    百寿衣使用上等绸子制作，宽大边沿用深藏青布色，其他部分主要是黑布，其裁剪样式与日常穿的深衣基本相似。衣服上绣有多个圆形的"寿"字，其中前后襟正中、左右两襟偏下方、双肩及双肘处绣的"寿"字特别大，而且"寿"字边缘的圆环上绣有花朵、树叶等图案。

靴子

外文题名：Laars
馆藏编号：RV-1092-112
尺寸：45cm×9cm×26.5cm（左右）

　　高延藏品中也包含数套丧服，按不同材料与形制，可分为斩衰、齐衰、大功等丧服。其中男子的全套斩衰服有麻衫、麻盔、绳履、头带与腰绖等，色泽暗黄，基本由麻、草绳等缝制而成。[①] 高延也提到，女性的丧服与男性有一些区别，例如：男性几乎不穿麻裙，尽管古书记载男性曾经有穿麻裙的传统；穿鞋方面，女性可穿日常的鞋履，但会在脚踝处的鞋缘上绑一片窄麻布。所有的丧服介绍，大多依据高延的笔记。

---

① [荷] 高延：《中国的宗教系统及其古代形式、变迁、历史及现状》第 2 卷，王樾译，花城出版社，2018 年，第 449—451 页。

头赣

外文题名：Rouwkap

馆藏编号：RV-1092-60

尺寸：157.8cm×18.1cm

　　这种头赣可系成帽子，由死者的女婿佩戴。

上衣

外文题名：Rouwkleed

馆藏编号：RV-1092-61

尺寸：123.5cm×220.3cm

孝带

外文题名：Rouwhoofdsieraad

馆藏编号：RV-1092-63

尺寸：75cm×6.5cm

孝带的中间缀有两朵五瓣的白花，其花蕊为红色，两朵花之间的布上绣有"卍"字，由女性佩戴。

头簳

外文题名：Muts, gedragen tijdens rouw

馆藏编号：RV-1092-64

尺寸：95.3cm×18.2cm

这种薄薄的织物，由死者的孙女婿或者女性亲属佩挂，垂挂在棉质帽檐的两边。

孝带

外文题名：Rouwhoofdsieraad

馆藏编号：RV-1092-66

尺寸：79.3cm×7.3cm

这件孝带与藏品 RV-1092-63 相似，区别是中间的两朵白花，一为四瓣，一为五瓣。

麻衫

外文题名：Rouwkleed

馆藏编号：RV-1092-65

尺寸：124.7cm×192.2cm

这件长袖麻衣的中间缝有白色的棉腰带，其布料与藏品 RV-1092-64 相同。

麻鬖

外文题名：Rouwkap

馆藏编号：RV-1092-67

尺寸：95.3cm×43cm

这种双层的麻鬖，属于二等丧服，其形状与藏品 RV-1092-78 相似，外部材料也都是麻做的，而内层则是未漂白的棉布。麻鬖由两块宽度相同而长短不一的麻布缝制而成。两块布长边对长边，短边对短边，缝合在一起，其边缘则不缝线，显得有点散乱。女性戴这块大大的麻鬖时，缝有线的尖顶在头上，可以遮住整个头部乃至脸和脖子，而麻鬖后面的麻布则垂落至腰间。[1]

---

[1] [荷] 高延：《中国的宗教系统及其古代形式、变迁、历史及现状》第 2 卷，王樫译，花城出版社，2018 年，第 452 页。

麻衫

外文题名：Rouwkleed

馆藏编号：RV-1092-68

尺寸：111cm×115cm

　　这件麻衫与藏品 RV-1092-76 相似，由女性在葬礼期间穿着。

麻裙

外文题名：Rok, gedragen tijdens de rouw

馆藏编号：RV-1092-69

尺寸：84cm×114cm

　　这件麻裙与藏品 RV-1092-77 相似，属于二等丧服。

女上衣

外文题名：Onderkleed van rouwkleding
馆藏编号：RV-1092-70
尺寸：95.5cm×114.7cm

这件未漂白的棉质上衣有着短而宽的袖子，属于二等丧服，由女性穿在最里面，与藏品 RV-1092-68 属于一套。

头赣

外文题名：Rouwkap
馆藏编号：RV-1092-71
尺寸：18.7cm×30.4cm

这件用未漂白的棉布制成的孝帽，由死者亲友搭配藏品 RV-1092-72 一起穿戴，棉布上用红线绣有"卍"字。

女上衣

外文题名：Rouwkleding:onderkleed

馆藏编号：RV-1092-72

尺寸：123.5cm×177cm

头赣

外文题名：Rouwkap

馆藏编号：RV-1092-73

尺寸：86.6cm×61cm

这件男式头赣的材料和形制与藏品 RV-1092-64 相似。

麻衫

外文题名：Rouwkleed
馆藏编号：RV-1092-74
尺寸：107.5cm×138cm

　　这件麻衫的制作材料与藏品 RV-1092-65 相似，但是袖子短而宽，一般由守孝不到一年的男性在葬礼或重大节期穿戴。

头幡

外文题名：Begrafeniskap
馆藏编号：RV-1092-75
尺寸：18.2cm×32.5cm

　　这种漂白过的孝帽，边缘缝有一条红色的棉布，与藏品 RV-1092-72 属于一套。

麻衫

外文题名：Bovenkleed van rouwkleding

馆藏编号：RV-1092-76

尺寸：105cm×175cm

　　这件麻衫属于斩衰服（一等孝服），制作的布料与藏品 RV-1092-78 相同，袖子短而宽，仅在葬礼、超度和其他一些主要的丧葬习俗中，由死者的妻子、儿子、女儿或儿媳穿。

麻裙

外文题名：Rok, gedragen tijdens
de rouw

馆藏编号：RV-1092-77

尺寸：66cm×150cm

　　这件麻裙的布料与藏品 RV-1092-78 相同，与藏品 RV-1092-76 属于一套。

麻赣

外文题名：Rouwkap

馆藏编号：RV-1092-78

尺寸：79.3cm×44cm

  这件女式麻赣，与藏品 RV-1092-76 属于一套。

女式麻盔

外文题名：Rouwkap

馆藏编号：RV-1092-79

尺寸：18.5cm×15cm×31cm

  这件女式麻盔与藏品 RV-1092-78 面料相同，与藏品 RV-1092-76 属于一套。

头赣

外文题名：Hoofddoek, gedragen tijdens rouw
馆藏编号：RV-1092-80
尺寸：60.3cm×13.5cm

    这件未漂白的亚麻头赣，由穿斩衰服的男性戴在麻盔下。

麻赣

外文题名：Rouwkap
馆藏编号：RV-1092-81
尺寸：94.7cm×54.6cm

    这种女式麻赣的形状与藏品 RV-1092-78 相似，但用更细的网状未漂白织物制成，有漂白的棉布内衬。

麻衫

外文题名：Rouwkleed
馆藏编号：RV-1092-82
尺寸：105cm×104cm

　　这件麻衫的材质与RV-1092-81的麻赣相同，有着短而宽的袖子。由服丧不满一年的女性在葬礼和重大祭礼上穿，这与男性服丧者的穿着非常相似。

上衣

外文题名：Rouwkleding; onderkleed
馆藏编号：RV-1092-83
尺寸：97cm×128.8cm

麻裙

外文题名：Rok, gedragen tijdens rouw
馆藏编号：RV-1092-84
尺寸：81cm×89cm

　　这件麻裙用粗麻布缝制，两端系有绳子。

麻衫

外文题名：Rouwkleding;
　　　　　bovenkleed
馆藏编号：RV-1092-85
尺寸：119cm×185cm

　　这件麻衫长度及膝，袖子宽大，前襟扣子边缘等处经过比较细心的缝制。

麻衫

外文题名：Rouwkleding; bovenkleed

馆藏编号：RV-1092-86

尺寸：108cm×171.3cm

麻盔

外文题名：Hoofddoek, gedragen tijdens rouw

馆藏编号：RV-1092-87

尺寸：31.5cm×35cm

　　这个麻盔是由丧家男性亲属佩戴的丧帽。麻盔呈暗黄色，其帽檐是用麻布包裹一粗草绳而成。有些麻盔的帽檐上绑有四块几寸见方的毛边麻布，从耳朵两侧和前额后脑处垂下去。

绳履

外文题名：Sandaal

馆藏编号：RV-1092-89

尺寸：7cm×11cm×27cm；7.5cm×10.5cm×27.5cm

　　这是出殡时孝男穿的草鞋。丧服等级为小功、缌麻的鞋，是用草绳编织的，而麻履则是为大功的人准备的。晚清厦门地区的贫民阶层不分男女老幼，平日里都是赤脚，只有出门时才会穿草鞋。后来，只有出殡时的孝男才穿草鞋。据学者考证，"早年闽南草鞋用旧布条和湿稻草搓成小指粗细的草索，以几条细麻绳为经线，编织成一个鞋底，鞋底的前后左右再编上'草鞋耳'，最后，用细麻绳把'草鞋耳'一并拢起。还有一种全用粗麻绳编织的'麻草鞋'，比草鞋更好穿也更耐穿"[①]。

　　① 陈丽芬编著：《闽南民间器物》，鹭江出版社，2009 年，第 111—112 页。

麻衫

外文题名：Rouwkleding:onderkleed

馆藏编号：RV-1092-90

尺寸：96.5cm×178.8cm

麻衫

外文题名：Rouwkleed

馆藏编号：RV-1092-91

尺寸：116.3cm×162cm

丧服外套，与藏品 RV-1092-90 可能是一套。

麻盔

外文题名：Muts, gedragen tijdens rouw
馆藏编号：RV-1092-92
尺寸：90.2cm×23cm

足袜

外文题名：Broek
馆藏编号：RV-1092-93
尺寸：81cm×31.4cm

足袜

外文题名：Kous

馆藏编号：RV-1092-94

尺寸：32.3cm×22.2cm

鞋子

外文题名：Paar schoenen

馆藏编号：RV-1092-95

尺寸：8cm×8.5cm×24cm；7.5cm×8.5cm×24.5cm

女式头巾

外文题名：Rouwkap
馆藏编号：RV-1092-96
尺寸：86.5cm×37.4cm

这件女式头巾由薄薄的未漂白的棉布制成。

女式头巾

外文题名：Rouwkap
馆藏编号：RV-1092-97
尺寸：101.5cm×38.6cm

这件女式头巾与藏品 RV-1092-96 相似，但材质更轻薄。

布帽

外文题名：Muts, gedragen
tijdens rouw

馆藏编号：RV-1092-98

尺寸：11cm×18cm

    这种黑色布帽由男性出
席重大丧礼等场合时佩戴。

丧帽

外文题名：Muts, gedragen
tijdens rouw

馆藏编号：RV-1092-99

尺寸：12.5cm×18.5cm

    这种棕色帽子类似于藏
品 RV-1092-98，由男性出
席丧礼等场合时佩戴。

女鞋

外文题名：Rouwschoen
馆藏编号：RV-1092-100
尺寸：11cm×4cm×11cm；
　　　11.5cm×4cm×11cm

　　一双女鞋，由未漂白的棉布制成，鞋口有蓝色的包边，鞋面绣有"卐"字，鞋跟是一块木头，上面覆盖着纸，仅用一个钉子固定在鞋子上。根据高延的描述，这双鞋子在轻丧时穿，而藏品 RV-1092-102 是在直系亲属的重丧时穿。

女鞋

外文题名：Rouwschoen
馆藏编号：RV-1092-101
尺寸：7cm×7.5cm×23.5cm；
　　　7cm×7cm×23cm

女鞋

外文题名：Rouwschoen
馆藏编号：RV-1092-102
尺寸：11cm×4cm×11cm;
　　　11.5cm×4cm×11.5cm

　　一双女鞋，鞋面由黑色棉布制成，绣有"卐"字，形状与藏品 RV-1092-100 相似。

圆帽

外文题名：Muts
馆藏编号：RV-1092-105
尺寸：10cm×17.5cm

　　这种蓝布制成的圆形帽子，由男性在参加丧礼时佩戴。

女鞋

外文题名：Paar schoenen voor
een vrouw
馆藏编号：RV-1092-107
尺寸：11cm×4cm×11cm；
11.5cm×4cm×11cm

圆帽

外文题名：Muts
馆藏编号：RV-1092-108
尺寸：12.5cm×19cm

这顶浅蓝色帽子，顶上
有黄色的棉纽扣，帽沿有黑
色镶边。

女
性
饰
品

　　高延藏品中有一些女性饰品，计有头饰、银压襟、银脚链、抹额、手镯等。其中馆藏编号 RV-971-21 至 RV-971-35 的金属头饰可以分为风格不同的两套：一套比较细长，色调偏蓝色，一端缀有细小的装饰物；另一套则镂刻在大片的金属上，呈金黄色。这些头饰都雕刻精致，属于达官贵人的饰品。高延也关注丧葬礼仪中头饰的运用，他提到厦门地区的丧家会准备一些精美的头饰和其他饰品，作为女性死者的陪葬品。达官贵人会将各种名贵的银簪和珠花装饰在死者的发髻上，黎民百姓则会给死者准备一些简单的饰品。在所有的陪葬饰品中，最特别的是被当地人称为"锡杖簪"的簪子。锡杖簪与佛教僧侣超度亡魂时使用的法杖类似，人们相信它可以驱邪并庇佑亡魂。锡杖簪的簪头串了一些小圆环，圆环上有银质的鸟兽小挂件，如乌龟、桃子、仙鹤、仙鹿等形状的小物件。在闰年制作的锡杖簪，灵力往往特别强大。每逢闰年，人们还会给已经制作好的簪子挂一个小圆环。高延还提到，富裕人家的男性死者和女性死者往往都有十三枚寿戒作为陪葬品，这些戒指也是在闰年打造的，来不及打造可以去银匠铺购买。①

---

　　① ［荷］高延：《中国的宗教系统及其古代形式、变迁、历史及现状》第1卷，林艾岑译，花城出版社，2018年，第49页。

银簪

外文题名：Haarpin

馆藏编号：RV-971-21

银簪

外文题名：Haarpin

馆藏编号：RV-971-22

尺寸：20cm

银簪

外文题名：Haarpin
馆藏编号：RV-971-23

银簪

外文题名：Haarpin
馆藏编号：RV-971-24

银簪

外文题名：Haarpin
馆藏编号：RV-971-25

锡杖簪

外文题名：Haarpin
馆藏编号：RV-971-26

锡杖簪

外文题名：Haarpin
馆藏编号：RV-971-27

银簪

外文题名：Haarpin
馆藏编号：RV-971-28

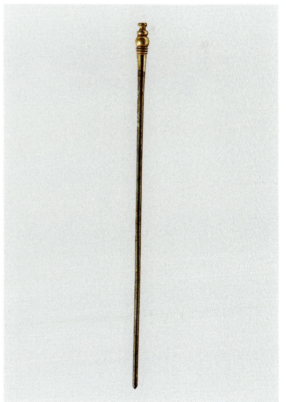

银簪

外文题名：Haarpinnen
馆藏编号：RV-971-29

银簪

外文题名：Haarpen
馆藏编号：RV-971-30

银簪

外文题名：Haarpin
馆藏编号：RV-971-31

银簪

外文题名：Haarpin
馆藏编号：RV-971-32

银簪

外文题名：Haarpin

馆藏编号：RV-971-33

尺寸：5cm×3cm×1cm

银簪（部分）

外文题名：Haarpin(fragment)

馆藏编号：RV-971-34

尺寸：4cm×1cm

簪子

外文题名：Haarpin

馆藏编号：RV-971-35

银压襟

外文题名：Toiletgerei

馆藏编号：RV-971-36

　　这件银压襟的主体部分是一条金鱼，鱼嘴、鱼肚和鱼尾分别连缀三条银链，各缀一物，分别是挖耳勺、锥子、钎子，这些东西方便用来整理仪容仪表。

银脚镯

外文题名：Enkelband
馆藏编号：RV-962-130
尺寸：直径 16cm

发箍

外文题名：Haargesp
馆藏编号：RV-1090-20
材料：银镀金

抹额

外文题名：Hoofdband

馆藏编号：RV-1090-33

尺寸：7.7cm×38.4cm

抹额

外文题名：Hoofdband

馆藏编号：RV-1090-34

尺寸：6.3cm×36.4cm

小手镯

外文题名：Armring

馆藏编号：RV-1092-4

春仔花

　　闽南地区流传有《年兜到》的童谣："年兜到，洗蚶炒土豆；烧灯猴，放大炮；甘蔗放门后，红柑摆桌头；家官端茶瓯，细囝讨红包；阿公点烟草，阿嬷插花头，又是一年春来到。"这首童谣描写了闽南人过春节的一些典型习俗，如炒豆子、烧旧灯笼、放鞭炮、准备甘蔗和柑子等活动，其中民俗主体阿嬷插花头所用到的头饰，在厦门地区也称为"春仔花"。

　　《厦门志·风俗记》记载妇女喜用绒花装饰，并以花馈赠亲友："岛中妇女，编花为龙凤、雀蝶诸形，插戴满头。《闽小记》所谓肉花盎也，以不簪花为异像。生花尤工巧，馈贻必用花。"① 春仔花也可作为供花，用于装饰祭祀的香炉等物件。高延《厦门岁时记》写春节的节俗物品时，也提到春仔花与过年菜、橘柑的植株及其他植物等一起出现。这些花朵、水果、植物等，象征着春天将来临。② 尽管高延没有直接说到春仔花作为头饰的作用，但是春仔花主要由女性在节庆、婚礼时佩戴。博物馆的专家在整理高延藏品时，仍将馆藏编号为 RV-1090-1 至 RV-1090-19 的春仔花，题名为"头饰"。

　　近代以来，在除夕佩戴春仔花的习俗逐渐式微，但是现在无论是官方还是民间，都非常重视保护传统文化，承载着特殊文化内涵的春仔花习俗，也早被列入厦门市的第一批市级非物质文化遗产名录。

① 〔清〕周凯修，〔清〕凌翰等纂：《厦门志》（据道光十九年刊本影印），成文出版社，1967年，第325页。

② J. J. M. de Groot, *Les Fêtes Annuellement Célébrées à Émoui (Amoy): Étude Concernant la Religion Populaire des Chinois*, trans. by C. G. Chavannes, Ernest Leroux, 1886, p. 25.

春仔花

外文题名：Haarsieraad

馆藏编号：RV-1090-1

春仔花

外文题名：Haarsieraad of haartooi

馆藏编号：RV-1090-3

春仔花

外文题名：Haarsieraad of haartooi

馆藏编号：RV-1090-5

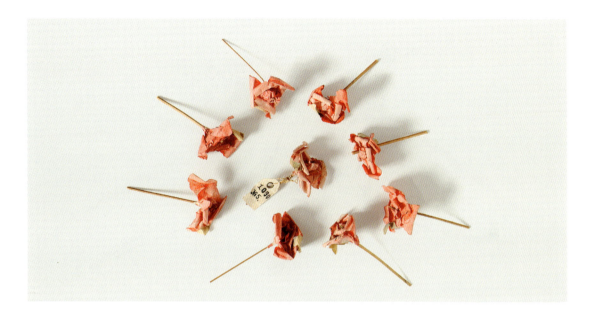

春仔花

外文题名：Haarsieraad of haartooi

馆藏编号：RV-1090-6

春仔花

外文题名：Haarsieraad of haartooi
馆藏编号：RV-1090-7

春仔花

外文题名：Haarsieraad of haartooi
馆藏编号：RV-1090-8

春仔花

外文题名：Haarsieraad of haartooi
馆藏编号：RV 1090-9

春仔花

外文题名：Haarsieraad of haartooi
馆藏编号：RV-1090-10

春仔花

外文题名：Haarsieraad of haartooi

馆藏编号：RV-1090-11

春仔花

外文题名：Haarsieraad of haartooi

馆藏编号：RV-1090-13

春仔花

外文题名：Haarsieraad of haartooi
馆藏编号：RV-1090-14

春仔花

外文题名：Haarsieraad of haartooi
馆藏编号：RV-1090-15

春仔花

外文题名：Haarsieraad of haartooi

馆藏编号：RV-1090-16

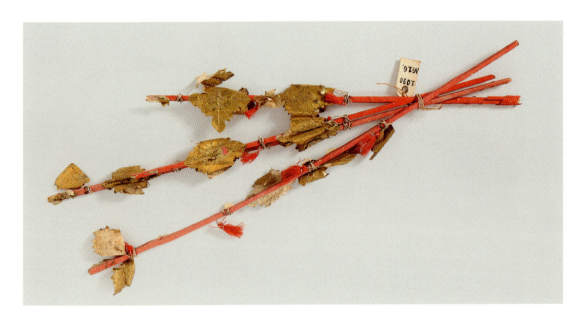

绒花

外文题名：Sieraad, ruiker

馆藏编号：RV-1090-17

绒花

外文题名：Sieraad
馆藏编号：RV-1090-18

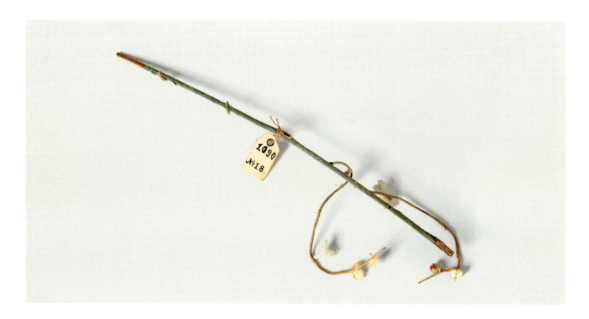

假花

外文题名：Versiering, bloem？
馆藏编号：RV-1092-0-6

妇人头型

外文题名：Beeld: vrouwenfiguur?
馆藏编号：RV-1090-19

　　这是高延请人用纸和面团做成的妇人头型，上面点缀着各种发饰，是厦门官家妇女的装扮。官家妇女往往喜欢在节日里盛装打扮自己。

足
服

　　19世纪，许多来华西方人注意到中国女性缠足的现象，并且把缠足看成中国社会不文明的表现之一。部分传教士等来华西方人开始提倡天足运动。其中厦门地区的天足运动影响相当大，也引起国内士人和民众的关注，已有相关研究梳理其过程与成效。①

　　在调查厦门地区的丧葬礼仪时，高延观察到不同性别在丧葬礼仪实践中的差异，比如对男女两性所穿鞋子的规定便非常不同。丧葬礼仪中基本没有特别规定女性的鞋子应如何穿，因为富庶之家的汉族女子，基本都缠足。当地称小脚女人穿的鞋为"弓鞋"②。

　　鞋、袜和裹脚布等穿着于足上的装束可称为足服，高延也收集了一些足服，其藏品中有一些缠足女性的鞋子以及裹腿布和裹脚布，鞋子通常有木底子，鞋面用红布或黑布缝制，并且绣有精美的图案。至于鞋子的制作方式，高延并没有提及。据学者研究，清代缠足妇女一般会购买街头小贩叫卖的各式配件，然后自己组装起来，鞋面也一般由女性按照特定的式样手工缝制。③

　　① 徐炳三：《基督教与近代福建女俗改良》，载《民俗研究》2006年第4期。
　　② 陈丽芬编著：《闽南民间器物》，鹭江出版社，2009年，第112页。
　　③ ［美］高彦颐：《缠足："金莲崇拜"盛极而衰的演变》，苗延威译，江苏人民出版社，2009年，第279—286页。

女鞋

外文题名：Damesschoen
馆藏编号：RV-1090-21
尺寸：7cm×10cm×9.5cm

女鞋

外文题名：Paar schoenen voor een vrouw
馆藏编号：RV-1090-22
尺寸：9cm×4.5cm×10.5cm；9cm×4.5cm×10.5cm

女鞋

外文题名：Damesschoen (paar)

馆藏编号：RV-1090-23

尺寸：13cm×4.5cm×10.5cm；12.5cm×4cm×10.5cm

女鞋

外文题名：Paar schoenen voor een vrouw

馆藏编号：RV-1090-24

尺寸：10.7cm×4cm×10cm；11cm×4cm×10cm

女鞋

外文题名：Paar schoenen voor een vrouw
馆藏编号：RV-1090-25
尺寸：9.2cm×6.5cm×9.5cm；10.5cm×6.5cm×9.5cm

女鞋

外文题名：Paar schoenen voor een vrouw
馆藏编号：RV-1090-26

女鞋

外文题名：Damesschoen
馆藏编号：RV-1090-27
尺寸：23.5cm×7.5cm×10cm

女鞋

外文题名：Damesschoen
馆藏编号：RV-1090-28
尺寸：23cm×6cm×9.5cm

裹腿布

外文题名：Onderkous

馆藏编号：RV-1090-29

尺寸：15.5cm×11.6cm；16.2cm×12.8cm

裹腿布

外文题名：Onderkous

馆藏编号：RV-1090-30

尺寸：16.2cm×11.5cm；16cm×11.7cm

裹腿布

外文题名：Onderkous

馆藏编号：RV-1090-31

尺寸：14.7cm×12cm；14.2cm×12cm

裹脚布

外文题名：Knieband

馆藏编号：RV-1090-32

尺寸：170cm×8cm；170cm×8cm；170cm×8cm；340cm×8cm

第五章

仪式用具

仪式用具既包括仪式专家如道士、和尚、巫觋等人举行仪式所使用的法器，也包括普通民众在人生礼仪、岁时节日中，以及祭祀神明、祖先、鬼魂时所使用的器具。

清末，扶乩是东南沿海地区常见的仪式，盛行于社会的各个阶层。多位来华西方人记录了中国人的扶乩活动。据当时的英文报纸报道，香港瘟疫肆虐之时，人们五次请关帝降临乩坛，每次神明的启示都不一样。巴色会传教士欧德里（Ernst Johannes Eitel，1838—1908）也说到广东人会用一根细木棍扶乩。[①] 美国传教士卢公明（Justus Doolittle，1824—1880）记述了福州的扶乩仪式："扶乩——即请神在沙盘上写字。所用的乩笔由两个部分组成，木料采自桑树、柳树或桃树均可。大的一根两尺多长，取自一截呈'V'字形的树枝，拐头雕刻成龙头的样子；小的一根约五六寸长，以适当的角度楔在龙头上。整个乩笔看起来像是一个只有一个齿的小耙子。"[②] 美国传教士何乐益（Lewis Hodous，1872—1949）也描写了20世纪初在福州观察到的扶乩习俗："求神降示的方法有两种，一种是把一支毛笔绑在一张悬在梁下的弓上（叫作'悬乩'），另一种是由两个人扶着一个丁字形的木架（叫作'扶乩'），在沙盘上写字，能够为人决疑治病，预示吉凶，甚至能和死去的人对话。这种形式的活动很普遍并有增长的趋势。"[③]

高延详细考察了厦门的扶乩活动，还收集了相关仪式的实物。在《中国的宗教系统》中，高延拍摄了出殡前祭祀亡魂用到的寿字形烛台、公婆炉、鹭鸶瓶、酒瓶、酒爵等祭祀用具[④]。可以说，高延非常关注仪式过程中器具的摆放、具体用法以及有关器具的禁忌等问题。

在高延藏品中，仪式专家所使用的器具有乩童的法器、道士的符箓、风水先生的罗盘等。普通民众所用到的仪式用具主要是与丧礼相关的各种器具。下面根据藏品内容，分神职人员的器具、烛台、陪嫁寿板、丧葬用具、纸钱和其他仪式用具六种，对仪式用具类藏品略作介绍。

---

① [荷] 高延：《中国的宗教系统及其古代形式、变迁、历史及现状》第6卷，芮传明译，花城出版社，2018年，第1845—1850页。

② [美] 卢公明：《中国人的社会生活：一个美国传教士的晚清福州见闻录》，陈泽平译，福建人民出版社，2009年，第289页。

③ 何乐益：《基督教以外的中国宗教》，见中华续行委办会调查特委会编：《1901—1920年中国基督教调查资料（修订）》，蔡詠春、文庸、段琦等译，中国社会科学出版社，2007年，第110页。

④ [荷] 高延：《中国的宗教系统及其古代形式、变迁、历史及现状》第1卷，林艾岑译，花城出版社，2018年，第132—133页。

在《中国的宗教系统》第 6 卷中，高延介绍了乩童产生的原因以及乩童请神治病的过程。乩童大多是青年，出生下层家庭，他们认为成为乩童是受到了神明的指引。民间认为体弱多病的乩童，往往生辰八字不好，甚至有死去的可能，但小寺庙中的附身鬼神又需要乩童供养，所以乩童与神明互相依赖。结合民俗文物，高延记录了乩童为病人降神驱邪的仪式，尤其是乩童借助不同的法器与鬼魅斗争的过程，而且随书附录有木雕乩童的照片。

高延提到，师公和乩童有时会一起在城隍庙、东岳庙等场所替人驱邪治病，这些仪式集合了古代的万物有灵信仰、宗教、巫术、医药等领域的要素。乩童总是将刀插入旧的伤疤中，伤口却从未流出过大量的血，乩童也总说伤口不是很痛。高延试图从西方医学的角度解释乩童自残而伤口不是很痛的原因——因为乩童通常是歇斯底里症患者，对伤口比较麻木。①

在高延藏品中，编号为 RV-962-62、RV-962-63、RV-1738-1 和 RV-1738-2 的藏品的使用主体是乩童，而编号为 RV-1092-31、RV-1738-3 的藏品是高延为记录厦门地区的扶乩习俗而收集的。

神职人员的器具

① [荷] 高延：《中国的宗教系统及其古代形式、变迁、历史及现状》第 6 卷，芮传明译，花城出版社，2018 年，第 1835—1836 页。

乩童及其助手

外文题名：Beeldengroep: Bezetene
en zijn begeleider

馆藏编号：RV-1092-31

尺寸：29cm×31cm×15.5 cm

　　左边为乩童，右边的小童子是其助手。降神的时候，助手会将乩童的衣服剥除，只剩下裤子和腰间的一条白麻布短裙，以及一块绣肚，绣肚上有龙纹图案。助手也会解开乩童的发辫，使之披头散发。乩童嘴衔法铃，右手拿驱邪剑，左手拿着约八寸长的莿球。助手则左手拿着五令旗，右手拎着驱魔锤。[①]

---

①［荷］高延：《中国的宗教系统及其古代形式、变迁、历史及现状》第 6 卷，芮传明译，花城出版社，2018 年，第 1824—1825 页。

一套军将头

外文题名：Wangpriemen)-
　　　　　junjiangtou

馆藏编号：RV-962-62

尺寸：高 31cm；宽 24.5cm；直
　　　径 11cm

材料：木材、漆、石灰、金属

　　高延指出乩童在降神的时候，用军将头刺脸颊、上臂或肩膀，军将头的刀柄是木质的天兵将帅头像。"一组五把这样的短刀并排地插在一个小木架上，随时备用。它见于一位降神者的祭坛上；但是他们在实际使用时，可能有更短的专门小刀。这些小刀所代表的将帅，乃是东、南、西、北、中五方的驱魔天神。正因为如此，故每个刀柄头像上都饰有丝绸缨穗，分别为青、白、红、黑、黄，以代表五方诸色。鬼魅最惧怕的敌人便是这些天神。所以，当他们的头像插在乩童的身上时，可以赋予他极大的祛邪威力；刀子插得越多，天神头像内所蕴藏的活力就会越多输入灵媒的体内，其祛邪能力也就越强大。"[1]

---

　　①［荷］高延：《中国的宗教系统及其古代形式、变迁、历史及现状》第 6 卷，芮传明译，花城出版社，2018 年，第 1826 页。

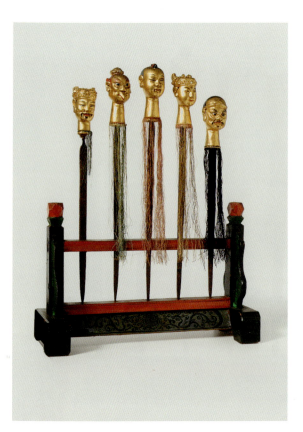

一套军将头

外文题名：Set "martelaarsnaalden"-
    junjiangtou

馆藏编号：RV-962-63

尺寸：高 32.4cm，宽 27cm，直径 11.5cm

材料：木材、漆、石灰、金属

军将头及其支架

外文题名：Dolk (set); rek

馆藏编号：RV-1738-1

尺寸：高 30.6cm，宽 25cm，直径 10.8cm

扶乩笔 （龙头）

外文题名：Schrijfstift
馆藏编号：RV-1738-2

　　扶乩笔被漆成红色，笔头上有精心雕刻的金龙。扶乩笔一般用桃木或者柳木制作，目的是让鬼魅远离，以免给出错误的神谕。在选取树枝时，往往先在树上贴几张符，然后选定吉日良辰锯下树枝，锯的时候要念诵咒语，以提高乩笔的灵验性。[①]请神之后，拿着扶乩笔在沙盘上写字或画符，这些字或图案被认为是神明的启示。

魁星

外文题名：Godenbeeld
馆藏编号：RV-1738-3
材料：木材、金漆

　　文昌帝君、关帝、吕洞宾、魁星和朱衣被称为"五文昌"。晚清时期的厦门读书人，通常用扶乩的方式向这些神明求教，祈求神明保佑他们有好运。

---

　　① [荷]高延：《中国的宗教系统及其古代形式、变迁、历史及现状》第6卷，芮传明译，花城出版社，2018年，第1840—1841页。

安厝符

外文题名：Taoistisch amulet-*an shi fu*

馆藏编号：RV-518-1

尺寸：27.4cm×15.5cm

收集时间：1876—1878 年 [①]

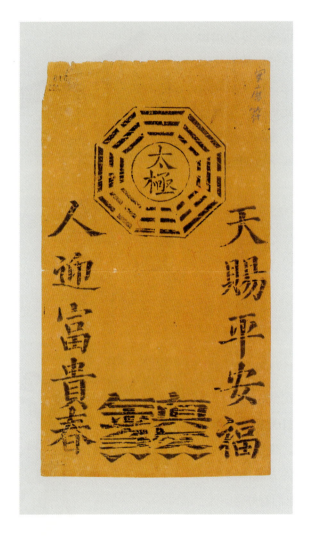

　　该符右上角写有"安厝符"三字，系民间用以镇宅的驱邪符。符上左右的文字为"天赐平安福，人迎富贵春"；上方有八卦图案，八卦图正中有"太极"二字；下方正中间竖着写有"镇煞"二字。

---

　　① 高延第一次来华收集的文物标注收集时间，第二次来华收集的文物收集时间为 1886—1890 年，不一一标注。特此说明。

罗盘

外文题名：Kompas van een waarzeggcr - *luopan*

馆藏编号：RV-518-3

收集时间：1876—1878 年

尺寸：厚 2cm，直径 13.8cm

  罗盘与风水信仰密切相关，是风水先生用以择日和确定坟墓、房屋乃至寺庙等建筑的吉利方向的工具。高延指出，风水学说的盛行，使得延迟落葬在厦门地区十分普遍，因为人们相信，落葬的日期、墓地的选择都会影响到子孙后代的福泽，因此不惜花费重金、耗费大量时间与风水师一起寻找适合的墓穴。[①]

---

  ① [荷] 高延：《中国的宗教系统及其古代形式、变迁、历史及现状》第 3 卷，邵小龙、邱轶皓、欧阳楠等译，花城出版社，2018 年，第 723—726 页。

日式罗盘

外文题名：Kompas en deksel
馆藏编号：RV-1092-5
材料：木材、金属、玻璃

　　这是一个日式的圆柱形航海罗盘，罗盘有一个木制的盖子，表盘镶嵌有玻璃，玻璃下面有指针，并且刻有天干和地支来代表方位。这个日式罗盘是高延在厦门购买的。17 世纪晚期以来，安徽休宁地区也生产折叠式的日盘或月盘，根据英国国立海事博物馆收藏的一批来自中国的藏品，学者程美宝指出海外一些博物馆的中国藏品，体现了历史上"西学东渐"的文化交流趋势。[①]

<hr>

　　① 程美宝：《从博物馆藏品看中国"近代"史》，载《近代史研究》2010 年第 2 期。

做仪式的三个僧人

外文题名：Beeld van groep

馆藏编号：RV-1092-17

尺寸：36cm ×42.5cm ×14.5cm

材料：陶瓷

　　高延曾聘请厦门的工匠为举行仪式的神职人员制作塑像，而且在其著作中介绍了神职人员举行仪式的过程。在这组文物中，位居中间的僧人身披袈裟，双手合十，头上戴有类似于藏品 RV-1092-43 的僧伽帽；位于左侧的僧人左手持木鱼，右手拿着敲打木鱼的木棒；位于右侧的僧人左手施无畏印，右手拿着法铃。

烛
台

　　高延藏品中有烛台 6 件，造型多样，装饰精美，制作的原料以锡或铜为主。在《厦门岁时记》中，高延说到除夕时，厦门人会在祭台上放上新灯，而竹制的旧灯会被扔到火里，一些人将旧灯分成十二份，观察竹子燃尽后的十二堆灰烬，以占卜整年的气候。这种习俗叫"烧灯猴"。关于烧灯的起源与意义，高延指出古代有燃沉香木的记录，他认为灯光象征着春天的阳光，春天是万物复苏的季节，灯火及其灰烬代表了某个月份太阳能量的多少，也就是晴天和雨天的数量。① 此外，烛台还出现在祭祖、丧葬礼仪和其他仪式中，被成对放置在祭桌上。

---

① J. J. M. de Groot, *Les Fêtes Annuellement Célébrées à Émoui (Amoy): Étude Concernant la Religion Populaire des Chinois*, trans. by C. G. Chavannes, Ernest Leroux, 1886, pp. 611-612.

仙鹤烛台

外文题名：Lantaarn

馆藏编号：RV-971-1

仙鹤烛台

外文题名：Lantaarn

馆藏编号：RV-971-1A

　　RV-971-1 和 RV-971-1A 这对烛台主体为仙鹤造型。仙鹤在中国有吉祥、忠贞、长寿的寓意，中国古代神话传说中有仙人骑乘和饲养鹤的内容。

仙鹿烛台

外文题名：Lantaarn

馆藏编号：RV-971-2

仙鹿烛台

外文题名：Lantaarn

馆藏编号：RV-971-2A

　　RV-971-2 和 RV-971-2A 这对烛台的主体为仙鹿造型。中国人认为仙鹿是一种吉祥动物。仙鹿在道教中也有特别的含义，南极仙翁的坐骑就是仙鹿。

莲花烛台

外文题名：Lantaarn
馆藏编号：RV-971-3

莲花烛台

外文题名：Lantaarn
馆藏编号：RV-971-3A

　　RV-971-3 和 RV-971-3A 这对烛台的雕饰异常精美，上部是一朵盛开的银色莲花，莲花下方的台基，其四角各有一条金龙，下部为多层的方形底座。

方形烛台

外文题名：Lantaarn

馆藏编号：RV-971-4

材料：锡

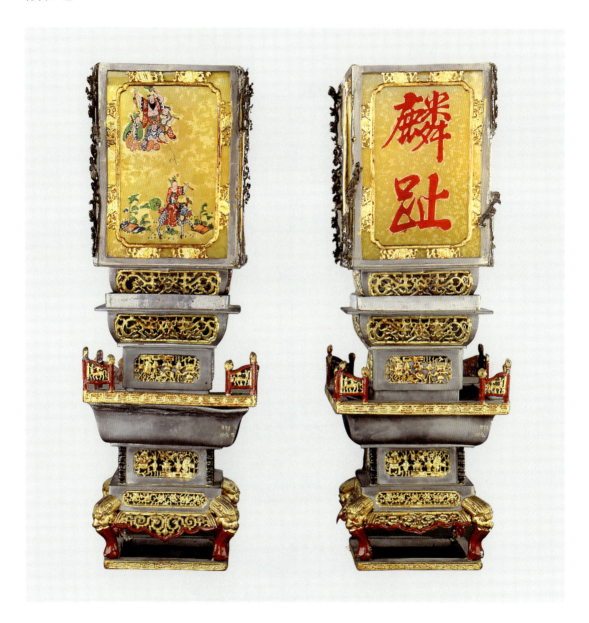

　　RV-971-4 和 RV-971-4A（见下页）这对烛台主体呈长方形，都绘有人物故事，其中 RV-971-4 漆有红色的"麟趾"二字，麟趾即是麒麟的足趾，RV-971-4A 漆有"凤毛"二字，即凤凰的羽毛。麒麟和凤凰是古代传说中的瑞兽，有吉祥、平安、生活美满之寓意。传说圣人降生的时候，民间会出现麒麟。

方形烛台

外文题名：Lantaarn

馆藏编号：RV-971-4A

材料：锡

六角烛台

外文题名：Lantaarn
馆藏编号：RV-971-5
材料：锡

六角烛台

外文题名：Lantaarn
馆藏编号：RV-971-5A
尺寸：5cm×5cm
材料：锡

　　RV-971-5 和 RV-971-5A 这对烛台的装饰异常精美。上部是一个六角形筒，每一面或题有诗句，或绘有风景图案。中间部分有四条金龙，托着上方的六角形筒。底座的边沿饰有木雕零件，两个方形的基座上，分别装饰和雕刻有中文诗句。

塔状烛台

外文题名：Lantaarn

馆藏编号：RV-971-6

材料：锡

　　此烛台上方为二层宝塔状，每层塔顶都饰有精美的木雕零件，下层的围栏内是一个六棱柱，柱子上绘有仕女图。下面的底座有开口，两侧有向上的弧形接管。

陪嫁寿板

在厦门，"板"就是棺材板的意思，人们觉得直呼"棺材"显得晦气，因而棺材往往被称为"寿板"。高延藏品中有两套可作为嫁妆的微型棺材，棺材里放置有草垫、七星板、男女两性的画像、梳子、毛笔等，然后用木制的棺钉固定，将棺盖板盖上，盖板上再盖一块白布（上面缝有一小块红布）。其中一套馆藏编号为 RV-962-64 系列，小棺材用木料制成，没有涂油漆，其中的画像，线条也较为简单，画中人身上的衣服有数颗星星，其头顶上方也画了七颗星星。另一套馆藏编号为 RV-962-66 系列，稍微精致，棺材涂了油漆。每样用品的具体摆放位置、用途、形态等，可以参考高延描述的丧礼中棺材的布置。[①] 除了陪嫁寿板，女子出嫁时的嫁妆也可能含有丧服。民间将生活用品齐全的嫁妆称为"半房嫁妆"，将包含山林田产、寿板的嫁妆，称为"全房嫁妆"。

《余姚六仓志·风俗》记载，在过去浙江宁波慈溪一带，嫁妆中"必预备凶服"。所谓"凶服"，即办丧事穿的缞衣和麻裙，是女子在将来公婆去世时要穿的丧服。广东大埔一带嫁妆中有陪嫁寿板，据《民国新修大埔县志》记载，当地嫁女，"上轿铺排妆奁等物，多者或至新人夫妇百年后所需之寿板均备，排列里余"[②]。同说闽南方言的潮汕地区，也有女子出嫁时要准备寿板作为嫁妆的习俗："嫁

---

① [荷]高延：《中国的宗教系统及其古代形式、变迁、历史及现状》第1卷，林艾岑译，花城出版社，2018年，第80—83页。

② 刘织超修，温廷敬等纂：《民国新修大埔县志·礼俗》，上海书店，2003年，第327页。

金嫁银嫁奴团（随嫁婢仆），嫁田嫁房嫁寿板（六片油上红漆的棺材板）。"[1] 此外，如果不方便以寿板作为陪嫁物品，有些地方会打制一只微型的金棺材当嫁妆。

高延也记载了厦门地区的相关习俗：

> 在中国，女儿出嫁时，父亲会在她的嫁妆里放上一只镀金银棺。这只微型棺材大概几寸长，会被新娘带到夫家，跟着她直到老死。父亲之所以这么做，是想表达一种愿望，希望自己不仅能为女儿婚后的生活出一份力，还能为她死后的幸福提供保障；为了达成第二个愿望，"送金棺"无疑是最有效也是最重要的方法。[2]

高延的观察非常细致。中国古代的富家女子出嫁，嫁妆中往往有田产、寿板、寿衣等物件。为什么过去的人用寿板做嫁妆呢？因为"棺"与"官"谐音，"材"与"财"谐音，父母希望女儿出嫁后能给夫家带来官运和财运。寿板表示女方家非常富有，出嫁的女子获得了丰厚的嫁妆，到死也不必用夫家的财产。

---

[1] 潮汕历史文化研究中心、汕头特区晚报社：《海滨邹鲁是潮阳》，潮汕历史文化研究中心、汕头特区晚报社，2000年，第447页。

[2] [荷] 高延：《中国的宗教系统及其古代形式、变迁、历史及现状》第1卷，林艾岑译，花城出版社，2018年，第281页。

微型寿板

外文题名：Model van een Chinese doodskist - *guan; shoucai*

馆藏编号：RV-962-64

尺寸：棺材长 51cm，宽 28cm，高 19.5cm；棺材盖长 51.5cm，宽 17.5cm，高 8.3cm

画像

外文题名：Portret

馆藏编号：RV-962-64a

尺寸：44cm×12.5cm

男性画像

外文题名：Model van een lijkkist: portret man

馆藏编号：RV-962-64d

尺寸：90.5 cm×29 cm

垫子

外文题名：Model van een lijkkist: mat

馆藏编号：RV-962-64b

尺寸：35.5cm×13cm

灯芯草席

外文题名：Model van een lijkkist: kaarsenlont

馆藏编号：RV-962-64c

尺寸：29.5cm×14cm

梳子

外文题名：Model van een lijkkist: kam

馆藏编号：RV-962-64e

尺寸：长 11cm，宽 4.5cm，厚 0.5cm

盖布

外文题名：Model van een lijkkist: lap

馆藏编号：RV-962-64f

尺寸：38cm×15cm

画笔

外文题名：Penseel

馆藏编号：RV-962-64h

尺寸：画笔长 16.5cm，直径 0.5cm；铁钉长 7cm，直径 0.8cm

微型寿板

外文题名：Model van een Chinese doodskist-*guan*; *shoucai*

馆藏编号：RV-962-66

尺寸：长 56cm，宽 25cm，高 23.5cm

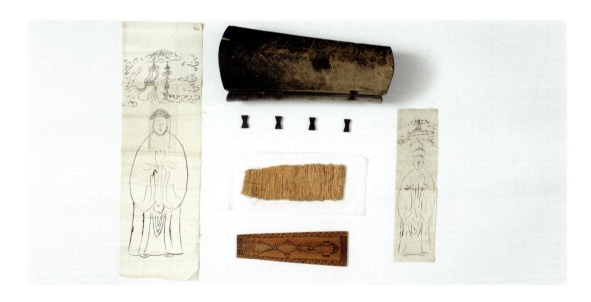

女性画像

外文题名：Model van een lijkkist:
                 portret vrouw
馆藏编号：RV-962-66a
尺寸：93cm×29cm

男性画像

外文题名：Model van een lijkkist:
                 portret man
馆藏编号：RV-962-66b
尺寸：55cm×14cm

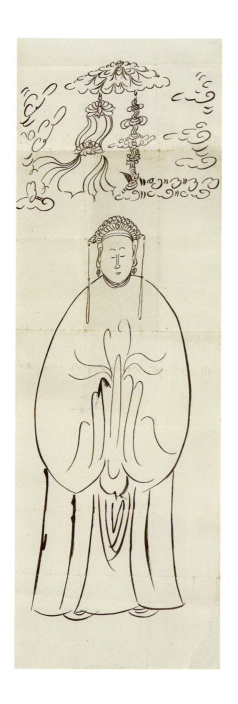

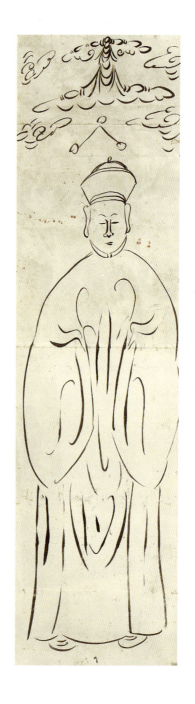

灯芯草席

外文题名：Model van een lijkkist: mat van lampepit

馆藏编号：RV-962-66c

尺寸：36cm×14cm

七星板

外文题名：Model van een lijkkist: plank

馆藏编号：RV-962-66d

尺寸：长40cm，宽13cm，厚1cm

高延有一段对七星板的描述，"七星板是棺木中一块垫放在遗体下方的木板，上面钻有七个圆孔，排成北斗七星状。中国人自古以来就将北斗七星视为一组重要的星宿，认为它们具有主宰四季和阴阳五行的神力。……甚至可以说，正是北斗七星主宰着天地的运转，从而生四时、移节度。难怪中国人喜欢在棺木上画日月星辰和四时之色，他们认为这样一来就能赋予棺材以灵力，这种灵力能运转乾坤，也是天地万物生命和福祉的源泉"[1]。

① ［荷］高延：《中国的宗教系统及其古代形式、变迁、历史及现状》第1卷，林艾岑译，花城出版社，2018年，第274—275页。

丧葬用具

高延曾提到，在厦门，有些人家在出殡时会用到魂亭、开路神亭子、诰封亭、客亭、灵旌等仪式用具。高延收集了诰封亭、客亭、灵车、灵旌等丧葬用具。

诰封亭

外文题名：Draagbaar met overkapping-*gao feng ting*

馆藏编号：RV-962-67

尺寸：高 105cm，宽 44cm，进深 44.5cm

材料：木材、刺绣、丝绸

　　装有诰命书的诰封亭与魂亭相似，区别是诰封亭的四壁有明黄色的绸布，顶上绣有花纹。有些人希望通过向朝廷捐纳钱物以取得爵位或官职（即捐官）。在其去世后，丧家会将诰书（或敕书）装进诰命亭，其作用是向众人展示丧家的荣威，而且可以威慑鬼怪，使它们敬而远之。高延这样描述诰命书："它被卷成一幅卷轴，两端饰以金花，外面以黄绢包裹，盛放在圣旨架（木底，形制近似小插屏，两侧立柱各设有一个向前伸出的龙头）上。"[①]

———————

　　①［荷］高延：《中国的宗教系统及其古代形式、变迁、历史及现状》第1卷，林艾岑译，花城出版社，2018年，第149—151页。

棺罩、棺架、灵床

外文题名：Model van een draagstel met een lijkkist-*guanzhao (huif over lijkkist);guanjia,*
lingchuang(katafalk)

馆藏编号：RV-962-68

尺寸：棺罩高 63cm，长 90cm，直径 54cm；支架长约 1.5m

材料：木材、刺绣、棉布、金属

　　此藏品包括带刺绣图案的棺罩和由十六人抬的棺架模型，藏品的尺寸是实际器物大小的三分之一。高延指出中国人有独特的抬棺方式，抬棺人数的多少关乎丧家的面子与排场，有四人、八人、十六人抬棺的，据说福建地区最多的是三十二人抬棺。[①]

---

　　①［荷］高延：《中国的宗教系统及其古代形式、变迁、历史及现状》第 1 卷，林艾岑译，花城出版社，2018 年，第 161—164 页。

僧人棺

外文题名：Model van een
　　　　　　lijkkist - *guan(?)*

馆藏编号：RV-962-69

材料：木材、刺绣、丝绸

　　这个箱子可将僧侣或尼姑的尸体运到火化的地点。箱子四面涂了红漆，顶部已褪色的红色绸布上绣有金丝盘龙。箱子四角垂下的流苏也已经褪色。箱子正面有两扇门，门上镶嵌有漆金的木雕，门两边还刻有八字对联。佛教僧侣的葬法有两种：土葬和火葬。土葬所使用的棺材和普通人一样，火葬则要将遗体弄成坐姿，然后放入方木箱中，最后将遗体和木箱一起火化。[1]

---

　　[1] [荷] 高延：《中国的宗教系统及其古代形式、变迁、历史及现状》第 1 卷，林艾岑译，花城出版社，2018 年，第 286 页。

灵旌（女性）

外文题名：Zielenvlag-*ling jing*

馆藏编号：RV-962-70

尺寸：360cm×50cm

材料：丝绸、木材

此灵旌主体为红色，长 3.6 米，宽 50 厘米，最上方有一块木制的饰板，饰板上绘有花纹，并系有绿色的带子，中间的红布上有黄色的文字："皇清诰封一品夫人五代大母享寿五十有九龄谥慈顺罗府宋太夫人之灵柩。内阁学士兼礼部侍郎衔加三级阳夫愚姪黄大猷顿首拜题。"[1] 高延的《中国的宗教系统》也详细描绘了灵旌的形状，而且抄写了男性和女性灵旌上的不同文字，指出灵旌是亡魂的化身，丧家一般会请官员写灵旌：

> 灵旌正中有一列竖写的大字，大致说明了死者的身份；旁边还有一列小字，内容通常是题字之人的姓名、头衔和官爵。所以，灵旌与魂帛一样，可以取代躺在棺材里的尸身，成为理想的安魂之所。我们逗留厦门期间，当地正好有位高官去世，在他的灵旌上写着这么两行字："皇清诰授通议大夫钦加知府四代大父享寿七十有二龄讳云龙邱公之铭旌。特授员外郎癸酉拔元礼部会试阳愚弟曾士玉顿首拜书。"

> 在中国，倘若某人受到朝廷诰封，则其正妻也将受到相应的诰封，一荣俱荣，在她的葬礼上也可以使用相应的灵旌。巧的是，前面那位高官的夫人在夫君过世不久后便也随他西去了，我们因而有幸亲眼目睹这位贵妇的丧礼。她的灵旌上写着："皇清诰封三品淑人四代大母享寿六十有八龄谥恭俭邱门黄太淑人之灵柩。特授员外郎礼部会试阳愚弟杨熊飞顿首拜题。"

> 这类题字通常采用"扁字"，即印刷体，这种字体方方正正，在宋朝广为流行，所以又称为"宋体字"。人们在黄色水彩里掺上一些糨糊，再用毛笔蘸着这种混合颜料在灵旌上题字；有时会用金粉来写，粉底金字，看上去格外漂亮。[2]

---

① 灵旌的图片也见 J. J. M. de Groot, *The Religious System of China:Its Ancient Forms, Evolution, History and Present Aspect, Manners, Customs and Social Institutions Connected Therewith*, Vol.1, Brill, 1892, p. 174.

② [荷] 高延：《中国的宗教系统及其古代形式、变迁、历史及现状》第 1 卷，林艾岑译，花城出版社，2018 年，第 157—158 页。

灵旌（男性）

外文题名：Zielenvlag-*ling jing*

馆藏编号：RV-962-71

尺寸：380cm×54cm

材料：丝绸、木材

此灵旌红布中间的大字为："皇清诰授光禄大夫都察院御史五代大父享寿六十有六龄敬堂罗公之铭旌"，左侧小字为："礼部尚书翰林院编修兼管内务府大臣阳愚姪龚图章颉首拜书"。高延指出，在落圹的时候，人们会把灵旌覆盖在棺材上，厦门人认为生者的名字埋进坟墓是不吉利的，因而要拿掉灵旌落款者的名字。"制作灵旌时，将一块小绸布虚贴在落款处，让画工把官员的名字写在这块小绸布上，落葬时只要把这块小绸布揭下来就行了。这种行为说明，在中国人眼里，名字和人是一一对应的，中国人似乎完全分不清表象、象征和实体之间的关系，这一点我们可以用大量的例子来证明。不过，官员的姓氏仍会留在灵旌上，因为在中国同姓的人多了去了，留着这个姓并不代表题写灵旌的这个官员。"[1]

---

①［荷］高延：《中国的宗教系统及其古代形式、变迁、历史及现状》第 1 卷，林艾岑译，花城出版社，2018 年，第 191 页。

棺罩、棺架、灵床

外文题名：Baar of draagjuk-*guanzhao (huif over lijkkist); guanjia, lingchuang (katafalk)*

馆藏编号：RV-962-72

材料：木材、金属

　　据高延描述，棺罩由竹片、顶盖、帷帘三部分组成，用以遮住棺材。顶盖的正中间有一只镀金的虎头木雕。顶盖一般用百褶布做成，有些人家也用绸布，帷帘则用四块绣有精美图案的纱布缝制而成。死者为男性时，棺罩的颜色用大红；死者为女性时，棺罩的颜色用藏青。①

①［荷］高延：《中国的宗教系统及其古代形式、变迁、历史及现状》第 1 卷，林艾岑译，花城出版社，2018 年，第 163 页。

魂帛

外文题名：Voorlopig zieletablet

馆藏编号：RV-1743-1

尺寸：高 46.3cm，宽 11.9 cm，厚 6.3 cm

材料：木材、绸缎、布、墨水

  此魂帛中间的文字为："皇清显妣诰封四品恭人享寿七十有二龄谥敬慎黄门叶恭人魂帛"；右侧的文字为："生于乾隆四十有三年岁次戊戌之十一月廿三日午时"；左侧的文字为："卒于道光二十有九年岁次之己酉春二月十一日丑时"。[1]在给死者供奉食物时，桌子上就要放上魂帛了："它是用一块薄木片做成的，宽约七至九厘米，高约半米；木片一头嵌在木块做的底座里，另一头削尖；所以前看后看，它都像一尊方尖碑。连同底座在内，牌位周身都裹有护套，护套通常以白绸为料，而穷人们往往只能用得起白麻布。牌位正面左右两侧各贴着一块窄布条，用料与护套相同，上面分别写着死者的出生与死亡的年月日和时辰。在牌位正中（两块窄布条之间）有一个方框，里面用正楷写着死者的姓名、称号和年龄，方框顶端贴着一个用红布或丝线做的小花饰。就这样，这个写着死者概况的牌位就成了中国人心目中理想的安魂之所。事实上，由于死者即将入土为安，那游离出尸身的亡魂势必会处于一种脆弱无依的状态，所以它急需找到一个'假主'，附身在其体内以强化自己，以免魂飞魄散。它找到的对象名叫'魂帛'"[2]。落圹的时候，魂帛会被放进坟墓中。有些贫穷的丧家会拆下魂帛的白绸护套，只把写有死者信息的一部分绸布放进坟墓中。[3]

---

  ① 魂帛的图片也见 J. J. M. de Groot, *The Religious System of China: Its Ancient Forms, Evolution, History and Present Aspect, Manners, Customs and Social Institutions Connected Therewith*, Vol. 1, Brill, 1892, p. 214.

  ② [荷] 高延：《中国的宗教系统及其古代形式、变迁、历史及现状》第1卷，林艾岑译，花城出版社，2018年，第63—64页。

  ③ [荷] 高延：《中国的宗教系统及其古代形式、变迁、历史及现状》第1卷，林艾岑译，花城出版社，2018年，第191页。

纸钱

编号为 RV-518-8 至 RV-518-14 的藏品都是纸钱。这些纸钱的收集时间在 1877—1878 年，即高延第一次来厦门之时。纸钱的长宽为 10 多厘米。厦门当地人使用多种类别的纸钱，其中供给神明的通常用金纸，供给死者的往往用银纸和库钱。纸钱被用于各种祭祀仪式中，在《中国的宗教系统》第 1 卷中，高延提到丧礼上亲朋好友在祭奠死者时，会焚烧各种纸钱。藏品中的纸钱，中间部分用植物染料涂黄，就成了"金纸"：

> 通常来说，"水床"前会摆上一个可以搬动的小香炉，称之为"金炉"，是给闻讯后陆陆续续赶来吊唁的亲朋好友"焚纸"祭奠用的。这些"纸"一面涂锡箔粉，按民间流行说法来讲，它们是烧给亡魂的，经过焚化变为冥府流通的"白银"，因而被称为"银纸"。大部分丧家喜欢事先将"银纸"折成"银锭"的样子，当地人称之为"银锆"。这道工序费时又费力，却使"银纸"身价百倍。此外还有一种习俗，就是将"冥纸"两面涂黄（染料来自于熏煎某种植物花朵），使其升级为代表黄金的"金纸"。同样，"金纸"也会被事先折成所谓的"金锆"，用来供奉当地的土地公神，关于这位庇护游魂的神仙，我们稍后会作详细介绍。值得一提的是，香炉在很多情况下都可以不要，人们会把"金锆""银锆"之类的往地上一摊，直接烧便是。[1]

① [荷] 高延：《中国的宗教系统及其古代形式、变迁、历史及现状》第 1 卷，林艾岑译，花城出版社，2018 年，第 23—24 页。

在 20 世纪 90 年代，荷兰莱顿民族学博物馆还收藏了一批来自厦门地区的纸钱（主要是印有"寿子财"的"寿金"）、神仙挂画、酒杯、茶杯、神灵塑像等民俗文物。将这些民俗文物与高延在一百年前收集的藏品做比较，或许可以窥见百年来厦门地区仪式用具的变化。[①]

① 馆藏编号为 RV-5836-52 系列的不同图案的纸钱，与百年前的纸钱不一样。荷兰国立世界文化博物馆：https://hdl.handle.net/20.500.11840/825100，查看日期：2020 年 12 月 3 日。

纸钱

外文题名：Offerpapier-*zhiqian*

馆藏编号：RV-518-8

收集时间：1876—1878 年

纸钱上写有中文字"金仔"。

纸钱

外文题名：Offerpapier-*zhiqian*

馆藏编号：RV-518-9

收集时间：1876—1878 年

纸钱上有高延写的中文字"寿金"。

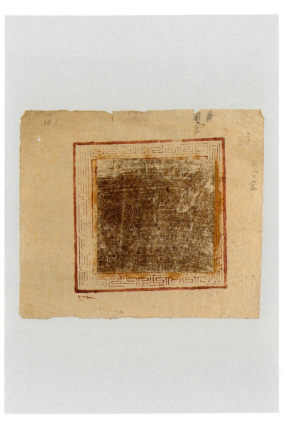

纸钱

外文题名：Offerpapier-*zhiqian*

馆藏编号：RV-518-10

收集时间：1876—1878 年

　　纸钱上有高延写的中文字"寿金"和"天公金"。

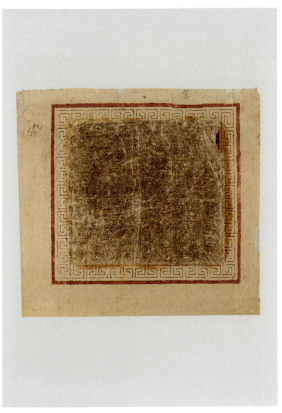

纸钱

外文题名：Offerpapier-*zhiqian*

馆藏编号：RV-518-11

收集时间：1876—1878 年

　　纸钱上有高延写的中文字"金"。

纸钱

外文题名：Offerpapier-*zhiqian*

馆藏编号：RV-518-12

收集时间：1876—1878 年

纸钱上写有中文字"金钱"。

纸钱

外文题名：Offerpapier-*zhiqian*

馆藏编号：RV-518-13

收集时间：1877 年

纸钱

外文题名：Offerpapier-*zhiqian*

馆藏编号：RV-518-14

收集时间：1876—1878 年

纸钱上写有中文字"印腰金"和"金仔"。

其他仪式用具主要有红龟印，李广将军箭，来自兴贤宫的金漆木雕和信众捐赠牌匾，以及锡水壶、香匙。

其他仪式用具

红龟印

外文题名：Bakvorm
馆藏编号：RV-518-2
收集时间：1876—1878 年

　　这是闽南地区常见的红龟印。龟印带有把手，表面被涂成红色，大的凹面雕刻有乌龟图案，乌龟的中间有一个"寿"字。逢年过节，厦门人用龟印等模具制作敬奉天公或其他神明的甜粿。龟印多数用木雕刻，有长方形、正方形、椭圆形、圆形等形状，可在单面或多面雕刻图案。传统的龟印往往一面雕乌龟，一面刻寿桃，两边的边沿还刻有铜钱、花纹、鱼等图案。目前，龟糕印技艺已列入厦门市的第四批市级非物质文化遗产名录，并且指定有传承人。[①]高延在《厦门岁时记》中记载，人们通常在天公生日前一天的晚上制作龟粿，然后在天公诞的当天将四十多个龟粿分装在四个盘子里，然后摆放在桌子的四个角落。制作龟粿需要用红色的染料为面团染色，以使龟粿的内外都是红色的，而且龟粿的正面通常印有"寿"字，因此，龟粿也被称为"寿龟"，代表了人们对长寿和幸福的期望。在老人生日，或者孩子三朝、满月、一百二十天的时候，主家与亲朋好友也会互送龟粿，但是一些贫穷的民众没有足够的钱财给所有人送龟粿，只做给祖父吃。[②]

---

　　① 《龟糕印技艺》，厦门文化馆：http://www.xmwhg.com.cn/fybh/fybhml/shij/201412/t20141206_22246.htm，2013年6月6日，查看日期：2020年9月1日。

　　② J. J. M. de Groot, *Les Fêtes Annuellement Célébrées à Émoui (Amoy): Étude Concernant la Religion Populaire des Chinois*, trans. by C. G. Chavannes, Ernest Leroux, 1886, pp. 49-50.

李广将军箭

外文题名：Plank met karakters

馆藏编号：RV-981-68

尺寸：36.5cm×17.2cm×1.5cm

材料：木材

这件藏品可分为三部分，上方是"李广将军箭"，中间是一个八卦图案，下方是一个狮头衔剑的图案，三部分是三种辟邪物，皆可驱邪保平安。最上方有文字"李广将军箭"。据记载，漳州曾出土了一个民国时期的高3米多的"李广将军箭"石块，这一辟邪物的设立目的在于镇压瘟疫等邪祟，使整个村庄平安，不受瘟疫的干扰。[1] 这证明闽南地区有以"李广将军箭"辟邪的习俗。中间的彩色八卦图案写有"太极"二字，八卦的四角有"元""亨""利""贞"四个字，左右两边还有"合家平安，祈求吉庆"的文字。下方的图案整体为一个狮头，狮子口衔一把刀，双目怒睁，绿色的狮毛偾张着，额上画有火焰，整个图案色彩明艳。闽南的年画也常绘狮子衔剑或大八卦，其中有些狮子口衔七星剑，颜色以绿色、蓝色、白色和红色为主。年画被贴在宅门的上方，或在船上、建房子时的梁上，以辟邪挡煞。[2] 与此类似，这件辟邪用具极有可能被挂在宅门的上方，以辟邪挡煞。

在福州传教的美国传教士卢公明，记载了福州"请将军箭"的习俗：

---

① 萧镇平、郑娟娟：《龙文农田里发现3米高"李广将军箭"碑　全国最大》，2012年7月4日，闽南网：http://zz.mnw.cn/news/128698-2.html，查看日期：2022年9月29日。

② 冯骥才主编：《中国木版年画集成·漳州卷》，中华书局，2010年，第72—79页。

如果家长得了重病，请医生看过并吃了药也不见好转，那就可以断定是被某种鬼祟纠缠住了，这就要请神灵帮助。他的妻子或子弟中的某个人披头散发，披一件白袍，到某个法力强大的神灵庙里去求助。这人手里拿着点燃的香火，在路上隔不远就跪下来哭一阵，表示情势危急。到了庙门前要先击鼓，此举是向神灵通报有人紧急求助。进入庙里，赶紧在神灵座前点上香烛，跪下陈述请求事项：某某人重病危在旦夕，家中有老有小都要靠他供养等等，恳求神灵发一支令箭救急。那支箭长不到两尺，上面写一个"令"字。它代表神灵的命令，令作祟的鬼怪快快离开受其困扰的病人。令箭带回家中，竖直地插在桌子中央的香炉里，或插在预先准备的架子上。然后每天烧香点烛祭拜，直到病人康复或病故。如果病人康复了，这家人就要准备一桌酒菜，连同那支令箭送到庙里谢神恩。如果令箭没有发挥作用，病人最终还是死了，也要把箭送回庙里，同时送一些对神灵表示敬意的香烛、纸钱，否则可能会惹神灵生气。酒菜则可以免了。

　　人们认为，人死了，有时鬼魂却仍在世上游荡。当这样的鬼魂遇到他（或她）生前的配偶，就会投附上身，导致她（或他）得重病。这个病因有时可以通过病人自己口中说出的话（或者应该说是鬼魂借病人之口说的话）得到确认。遇到这种情况，家里人就要发愿为鬼魂做一个超度，或是请一个巫师来家中捉拿作祟的鬼魂。如果做了这些都不见效，也要如上述介绍的那样去庙里"请将军箭"。①

---

　　① [美]卢公明：《中国人的社会生活：一个美国传教士的晚清福州见闻录》，陈泽平译，福建人民出版社，2009年，第77页。

香坛

外文题名：Wierookbrander
馆藏编号：RV-981-57

这件木雕上有"兴贤宫"字样。兴贤宫是鼓浪屿上最壮观的保生大帝宫庙，道光十九年（1839）刊刻的《厦门志》有关于兴贤宫的记载。兴贤宫原来祭祀关帝，1858年鼓浪屿经营船运的富商将温州的保生大帝请到兴贤宫，并且发动信众捐款重新修建兴贤宫。[①]高延等来华西方人居住在厦门的时候，兴贤宫香火兴旺。高延收集了兴贤宫的木雕件，并且为之题写了较长的文字说明。翟理斯在《鼓浪屿简史》中说：

> 岛上还有四个拜神的地方。其中最重要的是兴贤宫，它坐落在棒球场边上，在两棵繁茂的榕荫底下。
>
> 据说兴贤宫的历史可以追溯到遥远的元代，属于道教，有一个道号为清波的道士住在里面照看。奉祀的神是"保生大帝"。我们从庙中悬挂的一幅匾额得知，这位神的圣地原在青礁，从青礁再移到鼓浪屿。另一边对应的匾额我们看到的是"泽被苍生，慈济万民"。另一幅题词则记载着该庙最后重修于咸丰皇帝驾崩的1851年。

---

① 陈全忠：《法海院、兴贤宫、种德宫》，见中国人民政治协商会议厦门市鼓浪屿区委员会编：《鼓浪屿文史资料》第3辑，政协厦门市鼓浪屿区委员会，1998年，第127页；兴贤宫的历史图像，见周旻主编：《鼓浪屿百年影像》，厦门大学出版社，2017年，第144页。

中殿进口处的两侧各有一个不小的塔形炉，信众们可以把"字纸"的这些碎片拿到那里烧掉，要不然会在地上被脚踩踏，这是对使人类文明化的上天赋予的艺术品的最大亵渎。正对着神龛之处有一座固定戏台，在某些宗教节日里，猥亵的戏剧偶尔被商家雇来表演。在中国，宗教和戏剧的关系正如手和手套一样，直到现在，前者的道士们还是觉得和后者的戏迷们打成一片很合适，因为这样一来，这些圣徒们得到的钱财就会大为增多。戏台后面有两个门，分别标着"入相"和"出将"，这两扇门的宽度正好足以应付中国人演出的紧急需要。

兴贤宫的外墙贴着各种告示、官府布告和不具名的招贴等等，同时也公布各种庆典节日的捐款者的姓名以及每个人的捐款数额。[1]

---

① H. A. 翟理斯：《鼓浪屿简史》，何丙仲译，见周旻主编：《鼓浪屿研究》第1辑，厦门大学出版社，2015年，第209—210页。

兴贤宫牌匾

外文题名：Plank met karakters

馆藏编号：RV-981-58

尺寸：长107cm，宽47cm，厚3cm

材料：木材

　　这是一位信众捐给兴贤宫的牌匾，上面有"泽被海邦"四个大字，右边刻着"光绪丁亥吉旦"，左边刻着"弟子王寿椿谢"。高延为之题写了详细的文字说明："牌匾通常用一块长方形木板制作。木板的中间刻有赞美神明的话语，右边刻有牌匾的制作时间，左边刻有制匾信众的名字。牌匾的边框通常为红色，上面刻有缠枝纹，缠枝纹上涂有金漆。这些挂在寺庙里的牌匾表示神明会保护所有信众。"[1]

---

　　[1] J. J. M. de Groot, *Catalogue de Différentes Collections Ethnographiques Provenant de la China, et Appartenant à la Maison E. J. Brill à Leide*, E. J. Brill, 1890, p.15.

锡水壶

外文题名：Wijwaterbak
馆藏编号：RV-1092-1

香匙

外文题名：Wierookbak
馆藏编号：RV-1092-2

用来舀取香料的香匙，上面刻有"泉发"二字。

第六章

玩具

近代的来华西方人出版了一些有关中国儿童的研究成果，以记录中国儿童的生活、教育、娱乐、家庭喂养等方面的习俗和现象。其中，儿歌和儿童游戏是西方人关注的重点。① 相对于靠口头传播的儿歌和步骤多样的儿童游戏等，属于物品类的民间玩具，更形象立体地反映了中国儿童的生活世界，同时也体现了民间艺人的智慧与审美情趣。按制造所使用的材料分类，民间玩具可分为木玩具、竹玩具、泥玩具、陶瓷玩具等。高延藏品中就有一批由不同材料制成的民间玩具，有神态各异的面人、活泼的陶塑人偶、可爱的动物偶、陀螺、竹蜻蜓等。面人和陶塑在全国各地都流行，手艺精湛的艺人众多，一百多年前厦门地区的民间玩具也相当精美。

高延的藏品介绍中将馆藏编号 RV-1049-119 至 RV-1049-191 的藏品标示为玩具，包括动物塑像、人物塑像、人偶头和面具等。其中馆藏编号 RV-1049-112 至 RV-1049-118 的藏品是一些面具。在特定的节日，孩子们围着火堆，戴上面具跳舞以避邪，是中国的一项传统。高延也提到历代的中文文献，描述了孩子们在除夕之日戴"鬼脸"外出，而且老少都戴着面具的习俗。② 《榕城岁时记·花面壳》也记载："儿童未出痘疹者，除夕带花面壳避邪魔。"③ 20 世纪初在福州传教的何乐益在《中国的风俗》一书中说："除夕当晚，一些地方会在门前点燃火堆，燃烧木块。人们会燃烧旧的竹制灯笼或其他物件，往蹿起的火焰上撒盐，火堆就会发出噼里啪啦的响声。孩子们站在火堆周围，脸上戴着面具，据说这样可以保佑孩子不得天花。"④ 人类学家林耀华在《金翼——中国家族制度的社会学研究》一书中追忆民国时期福州的金翼之家，在除夕把木头放在大厅的锅中燃烧，并且"在小哥带领下，孩子们带（戴）上纸面具，围着火跳舞唱歌，直至木片烧尽后才许摘下面具，这会使他们去除疾病，尤其是天花"⑤。以上文字中孩子戴的面具，在福州等地很有可能被称为"花面壳"。尽管春节戴面具跳舞的习俗现在已基本消失，但是遗留下来的民俗文物和文字记录，证明了在晚清至民国时期的福州，这一习俗仍相当流行。此外，一些极有戏剧色彩的面具，尤其是描绘着和尚、猪、猴子的面具，也许是演戏时所戴。据《鹭江志》记载，厦门

---

① [美] 泰勒·何德兰、[英] 坎贝尔·布朗士：《孩提时代——两个传教士眼中的中国儿童生活》，魏长保、黄一九、宣方译，群言出版社，2000 年。

② [荷] 高延：《中国的宗教系统及其古代形式、变迁、历史及现状》第 6 卷，芮传明译，花城出版社，2018 年，第 1626 页。

③ [清] 戴成芬辑，[清] 黄煟订：《榕城岁时记》，福建师范大学图书馆古籍部藏，春麓斋抄本，第 85 页。

④ Lewis Hodous, *Folkways in China*, Arthur Probsthain, 1929, p. 5.

⑤ 林耀华：《金翼——中国家族制度的社会学研究》，庄孔韶、林余成译，生活·读书·新知三联书店，1989 年，第 60 页。

富裕之家在丧礼期间往往演戏，"每逢做七，礼佛拜忏，甚至打血盆地狱，以游手之人为猴与和尚，搭台唱戏，取笑男女。其尤甚者，用数十人妆鬼作神，同和尚猪猴搬〔扮〕演彻夜，名曰杂出"[①]。

下面分面人、花面壳、动物塑像、人物塑像和其他玩具五种类型，对玩具类藏品略作介绍。

①〔清〕薛起凤主纂，江林宣、李熙泰整理：《鹭江志（整理本）》，鹭江出版社，2020年，第72页。

面
人

编号为 RV-1049-188 的藏品是一整套面人，共 26 件，塑造的大多是历史、民间故事传说或民间戏曲中的人物，这些面人多数拿有武器或其他配件。面人都串有一根小竹棍，可以插在一个带孔的竹架子上。做面人的材料包括面粉、黏土、糨糊、竹子等。闽南地区称面人为"妆糕人""米粿雕""糯米尪仔"。据学者考证，清代泉州地区便有家族专门以制作、买卖"妆糕人"为生，面人在过去一般用作供品或殉葬品。① 另外，还有馆藏编号为 RV-1090-0-1、RV-1090-0-2、RV-1090-0-3 的 3 件面人。这些面人极有可能都用于祭祀神明。

---

① 黄坚：《闽南地区民间雕刻艺术研究》，厦门大学出版社，2013 年，第 185—186 页。

面人

外文题名：Deegpop

馆藏编号：RV-1049-188

面人

外文题名：Deegpop
馆藏编号：RV-1090-0-1

面人

外文题名：Deegpop
馆藏编号：RV-1090-0-2

面人

外文题名：Deegpop
馆藏编号：RV-1090-0-3

花
面
壳

　　高延收集的面具藏品有数张，从造型上看，我们还不能辨别每个面具所代表的角色。这些面具有些是纸糊的，有些是木头雕刻的，然后再涂上不同颜色的颜料。至于面具的实际使用场景，可能存在三种情况。其一，这些面具由小孩子在节日佩戴以驱邪。其二，这些面具可能是民间戏曲的演出道具，在富豪之家丧葬仪式的间隙，演员佩戴面具演戏。其三，高延在《厦门岁时记》中提及，正月十五厦门和漳州等地的民众会举行迎神赛会，尤其是抬出保生大帝神像的时候，一些村落会扎制火龙或蜈蚣等上街展示。这种叫"妆阁"的民间艺术往往非常壮观，有小孩扮演故事人物，而且会用到很多面具。[1]结合这些面具的造型和相关的文字记载，笔者认为它们用于戏剧演出的可能性较大。

　　① J. J. M. de Groot, *Les Fêtes Annuellement Célébrées à Émoui (Amoy): Étude Concernant la Religion Populaire des Chinois*, trans. by C. G. Chavannes, Ernest Leroux, 1886, pp.139-140.

花面壳

外文题名：Masker
馆藏编号：RV-1049-112
尺寸：14cm×19cm×6cm

花面壳

外文题名：Masker
馆藏编号：RV-1049-113
尺寸：18cm×15cm×10cm

这个面具的主体是黑色，其额头位置有一黄色的圆圈，里面画了一个红色的月牙，猪鼻子涂成红色，嘴巴位置开口很大。这也许是做七仪式中演员所戴的猪面具。这种戏剧在后世渐渐演变为打城戏。这个面具也可能用来表演木偶戏中的变脸，给木偶戴上以表演其他的角色。

花面壳

外文题名：Masker
馆藏编号：RV-1049-114
尺寸：18cm×11cm×14cm

这个面具的主体是白色，其眉毛是火焰波纹，眼睛的位置涂成红色，脸上有绿色的波纹。其整体造型像一个猴脸，也许是做七仪式中演员所戴的猴面具。

花面壳

外文题名：Masker
馆藏编号：RV-1049-115
尺寸：10cm×13.5cm×8cm

这个面具有多道红色的装饰纹，嘴巴很大。其额头光秃秃的，也许是一个和尚的造型，也许是做七仪式中演员所戴的和尚面具。

花面壳

外文题名：Masker
馆藏编号：RV-1049-116
尺寸：19cm×13cm×8cm

　　这个面具有多道装饰纹，最明显的特征是有一个尖尖的红色鹰嘴。这也许是丧礼演戏时演员所戴的面具。

花面壳

外文题名：Masker
馆藏编号：RV-1049-117
尺寸：18cm×13cm×8cm

　　这个面具有多道装饰纹，与民间戏曲的脸谱很相似，头戴一顶歪帽子，也许是丧礼演戏时演员所戴的面具。

花面壳

外文题名：Masker

馆藏编号：RV-1049-118

尺寸：23cm×17cm×7cm

　　这个面具造型富有戏曲元素，与猴脸有相似之处，也许是丧礼演戏时演员所戴的面具。

　　馆藏编号为 RV-1049-122 至 RV-1049-150 和 RV-1049-53、RV-1049-175 的藏品是动物塑像，大部分由陶土制成。塑像的外层有涂料，色彩鲜艳，引人注目，高度通常为 10 多厘米，小巧玲珑。这些造型奇特的动物塑像与真实的动物如老虎、水牛、兔子、狐狸、公鸡、仙鹤、青蛙、猪等颇为神似，个别塑像与寺庙里神灵的坐骑相似，体现了民间匠人灿烂的想象力与高超的塑像技艺。①

---

　　① 莱顿民族学博物馆在 2018 年也入藏了一批来自广东汕头民间作坊的动物玩偶和人物玩偶，这些制作于 1930—1940 年的玩具与高延在厦门收集的玩具很相似。据学者描述，要制作这些玩具，需要先用植物纸浆塑形，待模具干了之后，再在玩具的表面上色。参见 Pepplinghuizcn, Leo Haks, Frans Haks, *Celestial Art: Paper Offerings and Textiles from China, Collected by Leo Haks*, Snoeck-Ducaju & Zoon, 1997.

动物塑像（水牛）

外文题名：Speelgoeddier
馆藏编号：RV-1049-122
尺寸：8cm×11cm×5cm

动物塑像（黄牛）

外文题名：Speelgoeddier
馆藏编号：RV-1049-123
尺寸：7.5cm×11cm×5cm

动物塑像（无角黄牛）

外文题名：Speelgoeddier

馆藏编号：RV-1049-124

尺寸：7cm×10cm×5.5cm

动物塑像（小鹿）

外文题名：Speelgoeddier

馆藏编号：RV-1049-125

尺寸：11cm×10cm×5cm

动物塑像（小马）

外文题名：Speelgoeddier

馆藏编号：RV-1049-126

尺寸：10.5cm×13cm×5cm

　　这件小马塑像与木偶戏道具中的戏马非常相似。

动物塑像（白象）

外文题名：Speelgoeddier

馆藏编号：RV-1049-127

尺寸：9cm×10cm×9cm

动物塑像（老虎）

外文题名：Speelgoeddier

馆藏编号：RV-1049-128

尺寸：8.5cm×13cm×6cm

动物塑像（老虎）

外文题名：Speelgoeddier

馆藏编号：RV-1049-128-B

尺寸：9cm×10cm×5.5cm

　　这件老虎塑像与藏品 RV-1049-128 很相似，但是嘴巴不像，尾巴断了。

厦门地区多祭祀虎爷，虎爷的塑像与这两件老虎塑像颇为相似。民间也有关于虎爷的很多工艺品，例如虎的年画、纸糊的老虎、陶塑的虎爷。相关的岁时节日文献也记录了民众在除夕制作纸老虎的习俗，例如黄叔璥在《赤崁笔谈》中记载："除夕杀黑鸭以祭神，谓其压除一岁凶事。为纸虎，口内实以鸭血或猪血生肉，于门外烧之，以禳除不祥。"范咸在《焚虎》中记载："阶前金箔印於菟，燃火焚香达九衢。""於菟"是春秋时期楚国人对老虎的称呼。王亚南在《大除夕》中记载："爆竹声中笑语哗，儿烧纸虎女偷花。"[1]高延在《厦门岁时记》中提及，在正月十四日和十五日，厦门人往往会收集一些树枝、稻草等堆成一堆，放在寺庙或者港口的空地上，然后在十五夜点燃。参与的人几乎人人都举着一个小老虎（这种虎叫"虎圣公"），以驱赶路上可能遇到的邪祟。人们围绕火堆跳动，等火熄灭后，就拿一点火灰回家，他们相信这些灰烬具有辟邪的作用。寺庙中也经常有虎的神像，它们通常被称为虎爷、虎将爷、虎将等。[2]

---

　　[1] 转引自王晓戈、刘雅琴：《海峡两岸木版年画艺术口述史》，福建教育出版社，2018 年，第 160 页。

　　[2] J. J. M. de Groot, *Les Fêtes Annuellement Célébrées à Émoui (Amoy): Étude Concernant la Religion Populaire des Chinois*, trans. by C. G. Chavannes, Ernest Leroux, 1886, p. 133.

动物塑像

外文题名：Speelgoeddier

馆藏编号：RV-1049-129

尺寸：9cm×10cm×6cm

动物塑像

外文题名：Speelgoeddier

馆藏编号：RV-1049-130

尺寸：6cm×6.5cm×3.5cm

动物塑像

外文题名：Speelgoeddier

馆藏编号：RV-1049-130-B

尺寸：5.5cm×5.5cm×3.5cm

动物塑像

外文题名：Speelgoeddier

馆藏编号：RV-1049-130-C

尺寸：5.5cm×6.5cm×4cm

　　这三件动物塑像，似狗又非狗，似蟾蜍又不全像，其尾巴像一片心形的叶子。此动物经常作为神灵的坐骑与神像一起出现在寺庙中。

动物塑像

外文题名：Speelgoeddier
馆藏编号：RV-1049-131

动物塑像

外文题名：Speelgoeddier
馆藏编号：RV-1049-131-B
尺寸：9cm×16cm×8cm

动物塑像

外文题名：Speelgoeddier

馆藏编号：RV-1049-132

尺寸：13cm×12.5cm×6cm

动物塑像

外文题名：Speelgoeddier

馆藏编号：RV-1049-132-B

尺寸：11cm×13cm×6cm

动物塑像（白兔）

外文题名：Speelgoeddier
馆藏编号：RV-1049-133
尺寸：15cm×12.5cm×7cm

动物塑像（小猪）

外文题名：Speelgoeddier
馆藏编号：RV-1049-134
尺寸：6.5cm×10cm×9.5cm

动物塑像（老虎）

外文题名：Speelgoeddier
馆藏编号：RV-1049-135
尺寸：5.5cm×7.5cm×5.5cm

　　这是一件粉色的老虎塑像。厦门地区常见的虎爷塑像一般为黄色。

动物塑像（老虎）

外文题名：Speelgoeddier
馆藏编号：RV-1049-136
尺寸：7cm×5.5cm×4cm

动物塑像（老虎）

外文题名：Speelgoeddier
馆藏编号：RV-1049-137
尺寸：6cm×6.5cm×3cm

动物塑像

外文题名：Speelgoeddier
馆藏编号：RV-1049-138
尺寸：6cm×6cm×3.5cm

动物塑像

外文题名：Speelgoeddier

馆藏编号：RV-1049-139

尺寸：7cm×4.5cm×4.5cm

动物塑像（老虎）

外文题名：Speelgoeddier

馆藏编号：RV-1049-140

尺寸：6cm×6.5cm×4cm

动物塑像

外文题名：Speelgoeddier

馆藏编号：RV-1049-141

尺寸：3.5cm×6.5cm×3.5cm

动物塑像（小鸟）

外文题名：Speelgoeddier

馆藏编号：RV-1049-143

尺寸：5cm×7cm×3cm

动物塑像（小鸟）

外文题名：Speelgoeddier

馆藏编号：RV-1049-143-B

尺寸：5cm×7cm×3cm

　　此藏品有破损。

动物塑像（小鸟）

外文题名：Speelgoeddier

馆藏编号：RV-1049-144

尺寸：4.5cm×7.5cm×3.5cm

动物塑像（仙鹤）

外文题名：Speelgoeddier

馆藏编号：RV-1049-145

尺寸：11.5cm×9.5cm×4cm

　　仙鹤是长寿、吉祥的象征，经常出现在中国的神话传说中，或作为神灵的坐骑。

动物塑像（仙鹤）

外文题名：Speelgoeddier

馆藏编号：RV-1049-146

尺寸：8cm×6cm×5cm

动物塑像（仙鹤）

外文题名：Speelgoeddier
馆藏编号：RV-1049-147
尺寸：9cm×6cm×3.5cm

动物塑像（公鸡）

外文题名：Speelgoeddier
馆藏编号：RV-1049-148
尺寸：7.5cm×9cm×3.5cm

　　此公鸡塑像颜色鲜艳，鸡冠鲜红，头正对着下方的一朵花。高延多次提到厦门地区用公鸡血驱邪，无论是在葬礼上，还是在神职人员举行仪式时，公鸡都是很重要的驱邪工具。

动物塑像（两只公鸡）

外文题名：Speelgoeddier

馆藏编号：RV-1049-149

此藏品有破损。

虾公

外文题名：Speelgoeddier

馆藏编号：RV-1049-150

尺寸：4cm×14cm×7cm

动物塑像（水牛）

外文题名：Speelgoeddier
馆藏编号：RV-1049-153
尺寸：8cm×13cm×6cm

纸老虎

外文题名：Speelgoeddier
馆藏编号：RV-1049-175
尺寸：12cm×22cm×6cm

　　纸老虎，头尾可动，有黄色与黑色条纹。

人物塑像

　　馆藏编号为 RV-1049-154 至 RV-1049-167 的藏品是人物塑像。这些人物塑像大部分由陶土制成，有仙人、妖怪、官老爷、差役等造型，代表的多是经典戏曲或传说故事中的角色。馆藏编号为 RV-1049-151 的藏品人偶娃娃也归于此系列。值得注意的是，馆藏编号为 RV-1049-157 的藏品与这批人物塑像颇为不同，更像面人，但是博物馆在编号时将之归于这一系列。

人偶娃娃

外文题名：Speelpop
馆藏编号：RV-1049-151

　　人偶娃娃头上扎着辫子，脖子上戴着长命锁，身穿可以辟邪的红肚兜。

人物塑像

外文题名：Speelpop
馆藏编号：RV-1049-154

人物塑像

外文题名：Speelpop
馆藏编号：RV-1049-155

人物塑像

外文题名：Speelpop
馆藏编号：RV-1049-156

人物塑像

外文题名：Speelpop

馆藏编号：RV-1049-157

　　这件人物塑像刻画了从莲花中诞生的佛陀。塑像下面有一个木支架。

人物塑像

外文题名：Speelpop

馆藏编号：RV-1049-158

尺寸：8.5cm×5cm×5cm

人物塑像

外文题名：Speelpop

馆藏编号：RV-1049-159

尺寸：6.5cm×2.5cm×3cm

人物塑像

外文题名：Speelpop

馆藏编号：RV-1049-160

尺寸：6.5cm×2.5cm×3cm

人物塑像

外文题名：Speelpop

馆藏编号：RV-1049-161

尺寸：6cm×2.5cm×3cm

人物塑像

外文题名：Speelpop

馆藏编号：RV-1049-162

尺寸：6cm×2.5cm×2.5cm

人物塑像

外文题名：Speelpop

馆藏编号：RV-1049-163

尺寸：6.5cm×3cm×3cm

人物塑像

外文题名：Speelpop

馆藏编号：RV-1049-164

尺寸：6cm×3cm×3cm

人物塑像

外文题名：Speelpop

馆藏编号：RV-1049-164-B

尺寸：6cm×3cm×3cm

人物塑像

外文题名：Speelpop

馆藏编号：RV-1049-165

尺寸：6cm×2.5cm×3cm

人物塑像

外文题名：Speelpop

馆藏编号：RV-1049-166

人物塑像

外文题名：Speelpop

馆藏编号：RV-1049-166-B

人物塑像

外文题名：Speelpop

馆藏编号：RV-1049-167

尺寸：16.7cm×9cm×4cm

材料：衣服为皮革。

人物塑像

外文题名：Speelpop

馆藏编号：RV-1049-177

人物塑像

外文题名：Speelpop

馆藏编号：RV-1049-178

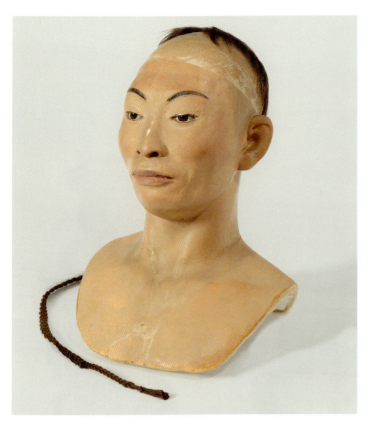

人体头部模型

外文题名：Hoofd van een
　　　　　mannequin
馆藏编号：RV-1092-0-2

人体头部模型

外文题名：Hoofd van een
　　　　　mannequin
馆藏编号：RV-1092-0-3

老乞丐

外文题名：Beeld: mannenfiguur
馆藏编号：RV-1092-6a
①老人的尺寸：15.9cm×11cm×10.3cm
②碗的尺寸：2.7cm×4.9cm×4.9cm

这件塑像刻画了一位蹲坐着
的老人，看样子是个乞丐。他穿
着紫色长袍与黄色裤子。左肘搭
在左腿上，手指残缺；右膝盖长
了很大的疮疤，搁在右腿上的右手，
正要用锤子敲击地上的破碗。

吸烟的女子

外文题名：Beeld: vrouwenfiguur
馆藏编号：RV-1092-7

这件塑像刻画了一位缠足女
子。她坐在一个圆凳上，头戴蓝
色抹额，上身穿蓝色长衫，外套
绿色褙子，下身穿红色裤子，脚
穿一双红色绣花鞋。右腿微微着
地，左腿盘在右膝盖上。左手拿
着一个水烟斗（藏品有破损），
右手拿着一个挑子。

　　高延也收集有陶土制作的南瓜玩具、竹蜻蜓、陀螺、毽子、拨浪鼓等儿童玩具。在《中国的宗教系统》一书中，高延提及在入殓的时候，如果死者是一个幼童，死者的母亲一般会在棺材里放入孩子喜欢的玩具作为陪葬品。[1]

---

[1] ［荷］高延：《中国的宗教系统及其古代形式、变迁、历史及现状》第1卷，林艾岑译，花城出版社，2018年，第82页。

南瓜玩具

外文题名：Speelgoed: vrucht

馆藏编号：RV-1049-119

南瓜玩具

外文题名：Speelgoed: vrucht

馆藏编号：RV-1049-120

南瓜玩具

外文题名：Speelgoed: vrucht
馆藏编号：RV-1049-121

臼杵模型

外文题名：Speelgoed: stamper
馆藏编号：RV-1049-180
材料：木材

竹制玩具

外文题名：Speelgoeddier

馆藏编号：RV-1049-183

竹制玩具

外文题名：Speelgoeddier

馆藏编号：RV-1049-184

竹制玩具

外文题名：Speelgoeddier
馆藏编号：RV-1049-185

竹制玩具

外文题名：Speelgoeddier
馆藏编号：RV-1049-186

竹制玩具

外文题名：Speelgoeddier
馆藏编号：RV-1049-187

木陀螺

外文题名：Taatstol
馆藏编号：RV-1092-13
尺寸：6cm×4.5cm

　　厦门地区把陀螺叫作"干碌"，也叫"手干碌"。陀螺的制作颇为不易："把千辛万苦寻来的木头削制成陀螺的形状，插上一根铁钉，钉头敲扁，磨利，绕上几圈细绳"[①]。孩童往往会比赛谁的陀螺转得快，或者拿自己的陀螺去碰别人的陀螺，所以陀螺的用料要够硬，表面要磨光滑，以免被对方的碰坏。

---

① 陈丽芬编著：《闽南民间器物》，鹭江出版社，2009年，第170页。

陀螺

外文题名：Taatstol

馆藏编号：RV-1092-14

尺寸：4cm×3.5cm

毽子

外文题名：Pluimbal-*jianzi*

馆藏编号：RV-1049-189

尺寸：27.5cm×10.5cm×12cm

毽子

外文题名：Speelgoedbal
馆藏编号：RV-1049-190
尺寸：24cm×12cm×10cm

这个毽子尺寸比编号为
RV-1049-189 的毽子小一点。

在 1843 年出版的《中央帝国》中，英国圣公会牧师乔治·N. 赖特（George N. Wright，约 1794—1877）描述道："中国人的童稚情结不限于放风筝。踢毽子在西方是登不得大雅之堂，只有未成年人特别是小女孩才感兴趣的游戏，中国人也能玩得不亦乐乎。伴随着毽子的上下翻飞和身体的辗转腾挪，劳苦终日的中国人也许从中体验到舒筋的无尽乐趣。中国人踢毽子真正当得上一个'踢'字：既不能用类似球拍的器具拍打，也不能用手抓挠触摸，脚底板是唯一可磕碰毽体的部位。中国人踢毽子通常打赤脚，不过穿一双笨重的木屐踢的情况也有。木屐触击毽子时会发出叮叮当当的脆响，宛若轻敲的鼓点鼓舞人心。踢毽子是一项有组织、有竞赛规则、有彩头的集体活动：六人一组同时起踢，谁的毽子先落地谁先被淘汰出局，踢到最后的一个便是赢家，尽得众人以赌注的形式质押的财物。"[1]未到过中国的英国画家托马斯·阿罗姆（Thomas Allom，1804—1872）还描绘了在街边一座高高的佛塔边，五个中国人踢毽子的情形。[2]

近代的来华传教士还披露，福建地区曾有在寒食节前后踢毽子的习俗。何乐益在《中国的风俗》中说："毽球，即如今学生当中十分流行的踢毽子，由黄帝（公元前 2697—前 2597 年）发明，可能也是源于寒食节的习俗。"[3]

① ［英］乔治·N. 赖特：《中央帝国》，何守源译，北京时代华文书局，2019 年，第 403 页。
② ［英］乔治·N. 赖特：《中央帝国》，何守源译，北京时代华文书局，2019 年，第 401 页。
③ Lewis Hodous, *Folkways in China*, Arthur Probsthain, 1929, p. 89.

拨浪鼓

外文题名：Speelgoed: rammelaar
馆藏编号：RV-1049-191

　　此物件带有木制的手柄，鼓面扁平，开有一个小口，鼓里似乎放有弹丸之类的东西，摇动时可发出声响。而常见的拨浪鼓，其两侧各缀小槌，旋转时小槌碰到鼓面，发出声响。

第七章

生活用具

生活用具是民众日常生活中所使用的器物。高延在《中国的宗教系统》中提到，死者生前使用过的生活用具，如饭碗、药瓶、烟杆、烟袋、茶杯、吸食鸦片的用具等，丧家都会扔掉。有价值的、还能使用的东西，往往会被街头乞丐捡去使用。[①]

在《两个文昌神和一个理发行业神》一文中，高延指出，剃头匠普遍以吕祖为行业守护神，并在吕祖诞的时候去庙里祭祀吕祖。科举考试有规定，在乡试中考中举人可以立有一个旗斗的旗杆，在殿试中考中进士可以竖有两个旗斗的旗杆，由于剃头匠的守护神吕祖是进士，所以剃头匠把有双旗斗的旗杆作为招牌。高延还将剃头匠竖旗杆的习俗与欧洲理发师挂旗子的习惯进行对比，指出其中有相似之处。[②]在第二次来华调查的时候，高延收集了一套街头剃头匠使用的工具。

除了剃头用具，高延对店铺里来自各地、用各种植物编织成的席子也表现出一定的兴趣。他在厦门的店铺购买了 7 张不同产地、用不同的材料以及不同方式编织出来的草席，并且记录了每种草席的中文名称、产地、编织技法、材料等信息。

高延藏品中有高延在华期间使用的一些印章以及印泥、印泥盒。荷兰汉学家高柏（Koos Kuiper）指出，高延的中文名字是 1877—1878 年到厦门时，中文教师赵少勋根据其外文名字的发音所起的，高延另有一枚印章刻有"高延琊峷行二"，"高延琊峷"为 Jan Jakob de Groot 的闽南语音译，"行二"指高延在家中排行第二。[③]除教授高延中文、给高延起中文名字外，赵少勋还是高延田野调查的重要合作伙伴。依靠赵少勋在厦门的人脉关系，高延得以观察多场丧葬礼仪，并抄录赵少勋及其亲友写给丧家的挽联以及灵旐上的文字。[④]从高延的两枚私印可以考证高延的中文名字来源，而从高延在华期间作为荷兰大使的专用章，可以窥见晚清外交公文的格式与规定等。

在高延收集的民俗物品中，还有 9 枚牙雕，以象牙为材料，雕刻有花朵和叶子，所雕花朵形态不一。据高延介绍，这些牙雕一共三组，每组由一个大的饰物和两个小的饰物组成，可作为胸针和耳环使用。

高延第二次来华进行田野调查时，也替东南亚的日里烟草种植园招募苦力。也许是为了更好地了解中国烟民的情况，高延也收集了一套吸食鸦片的用具。

以下分剃发用具、席子、印章、牙雕、烟具，对生活用具类藏品略作介绍。

---

① ［荷］高延：《中国的宗教系统及其古代形式、变迁、历史及现状》第 1 卷，林艾岑译，花城出版社，2018 年，第 87 页。

② J. J. M. de Groot, "Two Gods of Literature and a God of Barber", *China Review*, 1880, Vol. 9, pp. 188-190.

③ Koos Kuiper, *The Early Dutch Sinologists (1854-1900): Training in Holland and China, Functions in the Netherlands Indies*, Brill, 2017, p. 480.

④ J. J. M. de Groot, *Buddhist Masses for the Dead at Amoy*, E. J. Brill, 1884, p. 61.

　　据 19 世纪上半叶的英国传教士描述，清朝规定男子前半边头不能留发，而后脑勺的头发必须纹丝不乱地梳成辫子，由此催生了一个庞大的从业群体——剃头匠。剃头匠需要持有官府颁发的执照，私自营业的剃头匠会受到法令规定的惩罚。剃头匠有两种类型，一种挑着担子走街串巷，另一种则有固定的摊点，坐地经营。除了剃发，剃头匠的业务范围还包括编发、刮脸、按摩、清理耳毛和鼻毛、修甲等项目。以上所说的剃头匠，服务对象为男性，而日常居于闺房的女性，一般由女性亲属帮忙理发，或者邀请擅长此道的好友上门修剪头发或清洁面容。[1]

　　19 世纪下半叶在闽南地区传教的英国传教士陆一约（Edwin Joshua Dukes，1847—1930）描写过厦门街头的理发情况："他把全部家当挑在肩膀上的扁担上，四处寻访他的常规顾客，并传播镇上的新闻，仿佛英国的剃刀互助会一样。他的家当包括两副盒子或抽屉，其中一副用来存放现金和剃刀，并作为剃头者的座位；另一副则是个小台子，里面是口锅，炭火始终燃着，上面架着装有热水的脸盆。他挑着这些家什来来去去，就像鞋匠对脚感兴趣一样对别人的脑袋产生兴趣。通常人们不支付他现金，而是交给他某种实物，例如几把米，或几个土豆，或一点油，以感谢他付出辛劳让他们的脑袋油光发亮。"[2]令西方人非常感兴趣的是，在厦门街头理发一般不支付

---

　　① ［英］乔治·N. 赖特：《中央帝国》，何守源译，北京时代华文书局，2019 年，第 453—459 页。

　　② ［英］陆一约：《中国人的日常生活：福建河流及道路沿途风光》，张跃军、刘为洁译，厦门大学出版社，2018 年，第 19 页。

现金，而采取以日常用品换取服务的方式。

现存的一些外销画也有描绘街头理发师的。现藏荷兰莱顿民族学博物馆的罗也藏品中有三张命名为《剃头》的外销画（馆藏编号 RV-360-377i4、RV-360-378j10 和 RV-360-378k16）。大英图书馆收藏的外销画册《街头各行业人物》中有一张画描绘了街头的剃头匠，图中附有中英文注释，其中文为："此中国剃头之图，其人挑担游街市之上，间手持'唤头'穿走，每到大街，将挑放地，预备来往之人打辫剃头，方便之至。"①

---

① Chinese Export Album，馆藏编号：Add MS 1153，大英图书馆数字手稿：http://www.bl.uk/manuscripts/FullDisplay.aspx?ref=Or_11539，查看日期：2021 年 3 月 19 日。

剃头（罗也藏品）

外文题名：Schildering op papier van een Chinees bij de uitoefening van zijn beroep

馆藏编号：RV-360-377i4

收集时间：1773 —1776 年？

尺寸：25.5cm×24.5cm

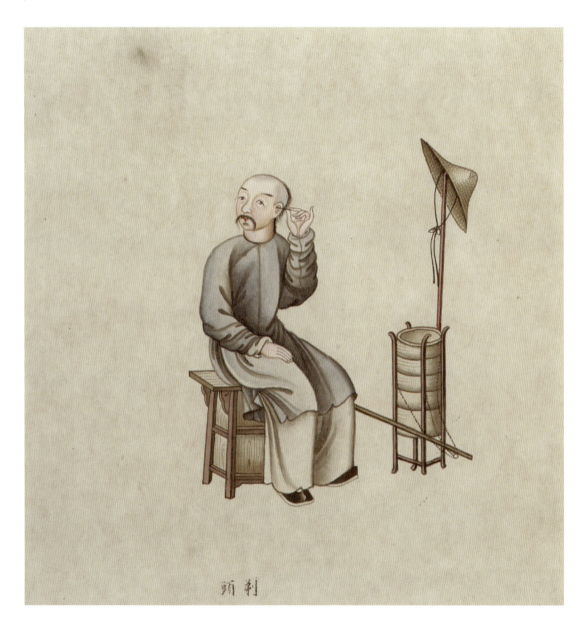

剃頭

剃头（罗也藏品）

外文题名：Schildering op papier van een Chinees bij de uitoefening van zijn beroep

馆藏编号：RV-360-378j10

收集时间：1773—1776 年

尺寸：29.7cm×33.8cm

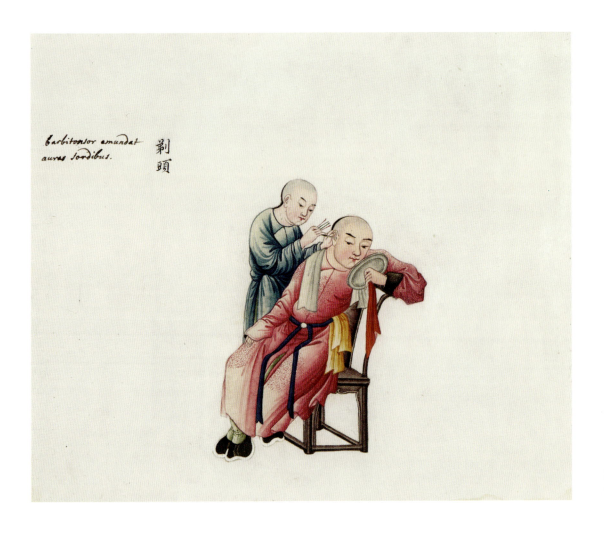

剃头（罗也藏品）

外文题名：Schildering op papier van een Chinees bij de uitoefening van zijn beroep

馆藏编号：RV-360-3/8k16

收集时间：1773—1776 年

尺寸：29.7cm×33.8cm

剃头担子

外文题名：Kappersgerei: ladenkast

馆藏编号：RV-1090-35-A

　　高延收集的这套剃头用具，剃头匠挑的担子被漆成了红色。一头的梯形板凳供客人就座，板凳上的多层抽屉（抽屉上镶有三枚铜拉环以及六枚乾隆通宝）中放有剃刀、刷子、毛巾、磨刀石等工具。另一头的木架子内置有精美的圆木桶，圆木桶上再架设火盆以烧热洗头水。因而民间有俗语谓："剃头担子一头热。"

刷子

外文题名：Kappersgerei: borstel
馆藏编号：RV-1090-35-B

篦子

外文题名：Kappersgerei: kam
馆藏编号：RV-1090-35-C

剃刀

外文题名：Kappersgerei: scheermes
馆藏编号：RV-1090-35-D

剃刀

外文题名：Kappersgerei: scheermes
馆藏编号：RV-1090-35-E

剃头巾

外文题名：Kappersgerei: handdoek
馆藏编号：RV-1090-35-F

剃头巾

外文题名：Kappersgerei: handdoek
馆藏编号：RV-1090-35-G

剃头巾

外文题名：Kappersgerei: handdoek
馆藏编号：RV-1090-35-H

穿耳用具

外文题名：Kappersgerei: koker
馆藏编号：RV-1090-35-I

磨刀石

外文题名：Kappersgerei: slijpsteen

馆藏编号：RV-1090-35-J

刷子

外文题名：Kappersgerei: scheerkwast

馆藏编号：RV-1090-35-K

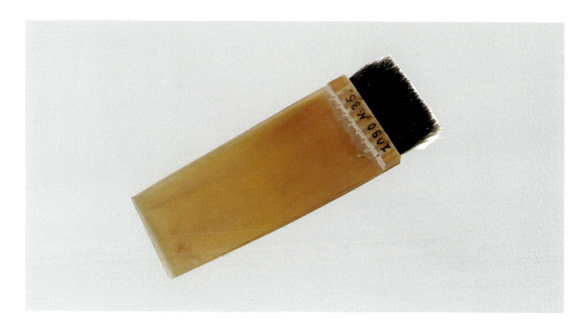

剃刀

外文题名：Kappersgerei: scheermes
馆藏编号：RV-1090-35-L

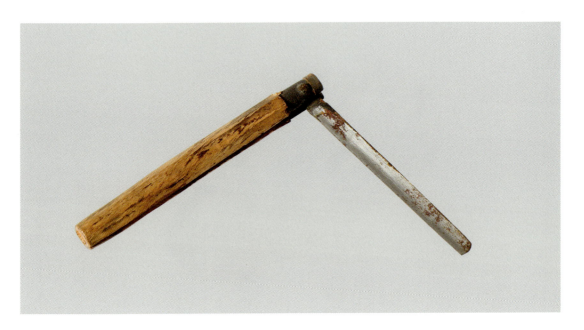

剃刀

外文题名：Kappersgerei: scheermes
馆藏编号：RV-1090-35-M

剃刀

外文题名：Kappersgerei: scheermes
馆藏编号：RV-1090-35-N

剃刀

外文题名：Kappersgerei: scheermes
馆藏编号：RV-1090-35-O

剃刀

外文题名：Kappersgerei: scheermes
馆藏编号：RV-1090-35-P

水壶

外文题名：Kappersgerei: waterkruik
馆藏编号：RV-1090-35-Q
尺寸：15.5cm×18cm×18cm

含双旗斗的旗杆

外文题名：Kappersgerei: kapstok ？

馆藏编号：RV-1090-35-R

扁担

外文题名：Kappersgerei: draagstok

馆藏编号：RV-1090-35-S

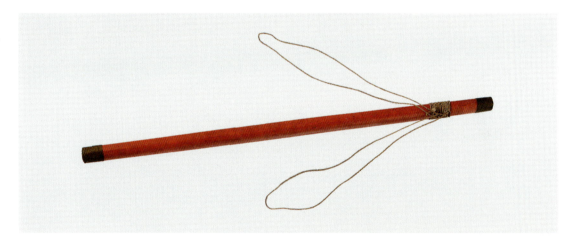

火盆

外文题名：Kappersgerei: komfoor

馆藏编号：RV-1090-35-T

席子

　　草席即草编席子，用途较广，在古代可用作船帆，也广泛应用在商业贸易中，如运输大米、瓷器等，在家庭生活中则可以用作卧具。高延收藏有不同材料编织而成的席子若干张，每张席子的边角都有手写的中文和荷兰文标签，介绍了席子的名称及制作材料等。在《中国的宗教系统》中，高延还提及在落圹的时候，人们通常在棺材上覆盖上油纸、稻草、席子或诸如此类的物品，然后再撒上一层混合了石灰的泥土以保护棺材。①

盐草席

外文题名：Mat
馆藏编号：RV-971-8
尺寸：169cm×132cm

　　席子出自厦门当地，用
生长在近海的盐水中的灯芯
草制成。灯芯草也叫蔺草，
是一种非常普遍的编草席的
植物。

莞草席

外文题名：Mat
馆藏编号：RV-971-9
尺寸：185cm×131cm

　　席子标签中的汉字字迹
模糊，疑为"莞草"。席子
出自厦门当地，用生长在淡
水中的灯芯草编成，其编织
方式与藏品RV-971-8相同。

灯芯席

外文题名：Mat
馆藏编号：RV-971-10
尺寸：185cm×129cm

　　席子产自厦门当地，标签上注有"灯心席"字样，其编织方式与藏品 RV-971-8 相同，但是更精细，而且质量更好。

宁波席

外文题名：Mat
馆藏编号：RV-971-11
尺寸：28cm×40.2cm

　　席子产自厦门以北地区，右上角的标签上注有"宁波席"字样。席子上还印有生产的店铺信息："角江恒生泰号，名机选织"。

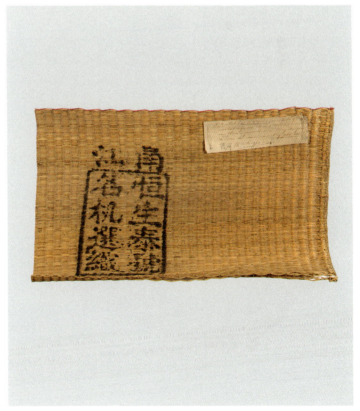

竹席

外文题名：Mat

馆藏编号：RV-971-12

尺寸：188cm×122cm

　　竹席出自厦门当地。席子上的标签字迹较模糊，只能看清一个"竹"字。

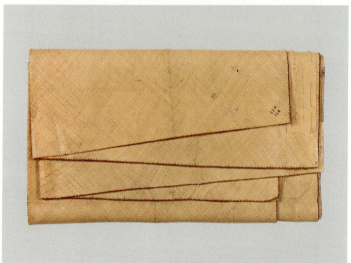

茭纹席

外文题名：Mat

馆藏编号：RV-971-13

尺寸：65cm×37.5cm

　　草席上的标签标明其叫"茭纹席"，产自厦门以南地区。

台湾席

外文题名：Mat

馆藏编号：RV-971-14

　　草席产自台湾，是厦门店铺出售的最好的草席。

印章

　　高延藏品中有印章 8 枚、砚池 1 个、印泥盒 1 个。这些藏品有使用过的痕迹，应为高延在华期间使用的办公用具。印章不仅仅是一种常用的办公用具，高延在《中国的宗教系统》中也观察到民众往往将带文字的印章作为驱邪的法宝，而且道士施展法术或画符箓也离不开印章。此外，印章也可以保佑新婚夫妇百年好合，为了辟邪，新娘出门时会偷偷藏一枚印章在口袋或衣服中。①

<hr>

① ［荷］高延:《中国的宗教系统及其古代形式、变迁、历史及现状》第 6 卷，芮传明译，花城出版社，2018 年，第 1750 页。

印章

外文题名：Stempel
馆藏编号：RV-1092-0-1

　　这枚印章没有注明收集的日期，印章上的印文似为"大和钦差委员图章"。

印章

外文题名：Zegelstempel
馆藏编号：RV-1092-8
材料：木材

　　欧洲驻华官员给大清官员写信时，会在信封上加盖印章。

印章

外文题名：Zegelstempel
馆藏编号：RV-1092-12
材料：石头
尺寸：5.5cm×2.5cm×1.1cm

　　印文可能为"翻译官高延印"。

高延的印章

外文题名：Zegelstempel
馆藏编号：RV-1092-9
材料：木材

　　这枚印章上的印文为"大和钦命驻劄中华钦差大臣委员高"。这枚印章应为高延在华期间所使用，用途一般是发送信函或公文时，将印章蘸上墨水盖在信封上作为落款。网络上有光绪三十四年（1908）大和国钦差手递庆亲王公文封，[①]信封右边竖写有清历以及和历，中间加盖"大和国钦差驻劄中华便宜行事署理全权大臣欧"的印章，接着加盖"公文赍至"的印章，左边手书"大清国钦命全权大臣总理外务部事务和硕庆亲王"，接着加盖"当堂开拆"的印章。

高延的印章

外文题名：Zegelstempel
馆藏编号：RV-1092-10
材料：木材

　　这枚印章刻有"高延"二字。

---

① 芝麻开门收藏艺术网：https://www.zmkm8.com/jingpin-61602.html，查看日期：2022年1月5日。

印章

外文题名：Zegelstempel

馆藏编号：RV-1092-11

材料：木材

寄送私人信件时，在信封上盖章，印章的印文为"护封"。

印章

外文题名：Brievenstempel-*yin*

馆藏编号：RV-518-6

收集时间：1876—1878 年

材料：梨木

这枚木印章的一面刻有八个中文字："别事另东，晋谒留名"。

砚池

外文题名：Inksteen met deksel-*yanchi*

馆藏编号：RV-518-4

收集时间：1876—1878 年

材料：石头

这块砚池为方形，砚池背面以行书写有"果然夺得锦标归"，诗句出自唐代卢肇的《竞渡诗》："石溪久住思端午，馆驿楼前看发机。鼙鼓动时雷隐隐，兽头凌处雪微微。冲波突出人齐譀，跃浪争先鸟退飞。向道是龙君不信，果然夺得锦标归。"砚池中间有一个圆形的凹槽，整个砚池有红色墨迹，有使用的痕迹，也许是高延的办公用品。

印泥盒

外文题名：Inktdoos-*yinni he*
馆藏编号：RV-518-5
收集时间：1876—1878 年
材料：木材、黄铜、玻璃

这个印泥盒上面有一个半圆形的提环，正面有一扇可开合、可拆卸的小门，门内侧刻有绿色的"鹭江戴氏督制"字样，印泥盒底部刻有"郁文斋八宝印色"字样。现在民间的私人收藏中也有鹭江戴氏督制的印泥盒，并在网络上出售。据描述，被出售的印泥木匣长宽皆 8.5 厘米，高 6 厘米，正面刻有"郁文斋八宝印色"字样，背面刻有"鹭江戴氏督制"字样。[1] 可能在晚清时期，厦门地区有戴氏家族善于制作此种印泥盒。

印章

外文题名：Zegelstempel-*yin*
馆藏编号：RV-1747-7
收集时间：1877 年
尺寸：8.3cm × 2.6cm × 2.5cm
材料：石头

这是高延的私人印章，印文为"高延琊崞行二"，与莱顿大学图书馆中的高延藏书中的"高延琊崞行二"印文相符。[2] 另有高延收藏的《推背图谶》一书上还盖有印文为"翻译官高延印"的章。

① 孔夫了旧书网·http://book.kongfz.com/39609/1111390259/，查看日期：2021 年 3 月 29 日。
② SINOL. VGK 1749.17，莱顿大学图书馆：https://catalogue.leidenuniv.nl/permalink/f/n95gpj/UBL_ALMA11364803960002711，查看日期：2022 年 1 月 4 日。

牙雕

　　在高延收集的民俗物品中，有 9 枚牙雕，形状为椭圆形或圆形，主要是花叶浮雕。据描述，这些精致的牙雕可作为女性的胸针和耳环。其中 RV-1090-51、RV-1090-51-b、RV-1090-51-i 是较大的牙雕，作为胸针使用；RV-1090-51-c 至 RV-1090-51-h 等 6 枚小牙雕可作为耳环使用。另外，还有一枚大的牙雕，上面刻画了很多异国人物。

牙雕

外文题名：Oorsieraad

馆藏编号：RV-1090-51

材料：象牙

牙雕

外文题名：Oorsieraad

馆藏编号：RV-1090-51-b

牙雕

外文题名：Oorsieraad

馆藏编号：RV-1090-51-c

材料：象牙

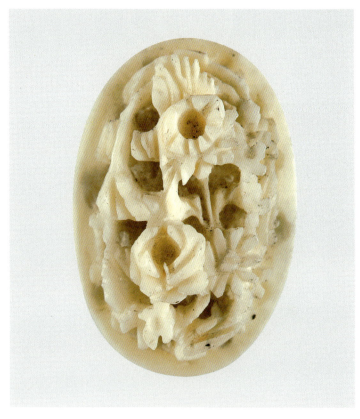

牙雕

外文题名：Oorsieraad

馆藏编号：RV-1090-51-d

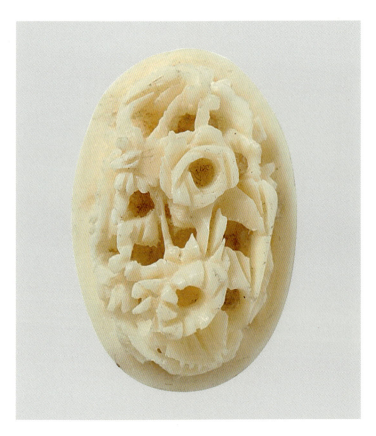

牙雕

外文题名：Oorsieraad

馆藏编号：RV-1090-51-e

牙雕

外文题名：Oorsieraad

馆藏编号：RV-1090-51-f

牙雕

外文题名：Oorsieraad
馆藏编号：RV-1090-51-g

牙雕

外文题名：Oorsieraad
馆藏编号：RV-1090-51-h

牙雕

外文题名：Oorsieraad
馆藏编号：RV-1090-51-i
材料：象牙

牙雕

外文题名：Versierde olifantstand
馆藏编号：RV-1092-113
尺寸：长 74cm，最大直径 14.5cm，
　　　最小直径 6.7cm
材料：象牙

鸦片战争之后，西方各国仍然大量向中国倾销鸦片。到了 1870 年，沿海的福建也开始大量生产鸦片，从达官贵人到平民百姓，不少人染上了吸食鸦片的恶习。一些人选择在客栈等公开场所吸食鸦片，另一些人则在家里吸食鸦片。清朝廷对种卖、吸食鸦片的行为发布了禁令，厦门的知识分子也意识到了鸦片的危害，并积极参与禁烟活动。《厦门志·风俗记》载："鸦片烟来自外夷，枯铄精髓，有性命之虞。新令尤严：买食者，杖一百，枷号两个月，不将贩卖之人指出者，满杖，职官及在官人役买食者，俱加一等，兴贩、种卖、煎熬者，充军，开设烟馆者，绞监候；地保邻右俱满徒，而愚民不醒，性命以之。其流弊有九，曰：丧威仪，失行检，掷光阴，废事业，耗精血，荡家资，亏国课，犯王章，毒子孙。"[1]

英国传教士陆一约曾记录："在私人住处很少能看到有人抽鸦片，而在客栈却很常见，且令人生厌，那味道难闻至极，令人作呕。几周前我住在一家很大的客栈，有点像商旅客栈，屋子很长，睡房从大厅向两侧排开。我往房间或走廊上上下下走了几趟，看到几乎每间房都有衣着体面的人在抽鸦片。一些房间还有两三个人侧躺在同一张床上抽。有些传教士对我说，在一些私人住处，如今也给客人提供烟枪，如同以前上茶一样。"[2] 这是陆一约 1877 年在福建游

① ［清］周凯修，［清］凌翰等纂：《厦门志》（据道光十九年刊本影印），成文出版社，1967 年，第 328 页。

② ［英］陆一约：《中国人的日常生活：福建河流及道路沿途风光》，张跃军、刘为洁译，厦门大学出版社，2018 年，第 183 页。

历时的见闻，作为一个传教士，他目睹了鸦片给福建人民造成的危害，讨厌鸦片的味道。

在厦门调查的高延也注意到了中国人吸食鸦片的情形，并且收集了一套吸食鸦片的用具，以及一些锡制和竹制的烟管。

一套吸鸦片的用具

外文题名：Opiumschuifstel

馆藏编号：RV-1090-42

　　这套吸食鸦片的用具包括大小两个托盘、烟架子、烟锅、烟嘴、烟枪、烟灯、烟刀、挑勺、烟签、烟盒等。

大托盘

外文题名：Opiumblad

馆藏编号：RV-1090-42-B

小托盘

外文题名：Opiumblad

馆藏编号：RV-1090-42-C

烟架子

外文题名：Pijpenkopstandaard van opiumschuifstel

馆藏编号：RV-1090-42-D

烟锅

外文题名：Pijpenkophouder van
opiumschuifstel

馆藏编号：RV-1090-42-E

烟嘴

外文题名：Pijpenkop van een
opiumschuifstel

馆藏编号：RV-1090-42-F

烟嘴

外文题名：Kop van een opiumpijp
馆藏编号：RV-1090-42-G
尺寸：6.8cm×4.5cm×4.5cm

烟嘴

外文题名：Kop van een opiumpijp
馆藏编号：RV-1090-42-H
尺寸：5.5cm×4.5cm×4.5cm

烟嘴

外文题名：Kop van een opiumpijp

馆藏编号：RV-1090-42-I

尺寸：6.3cm×5cm×5cm

烟锅

外文题名：Pijpenkophouder van
　　　　　 opiumschuifstel

馆藏编号：RV-1090-42-J

烟锅

外文题名：Waterbak van een
           opiumschuifstel
馆藏编号：RV-1090-42-K

烟枪

外文题名：Opiumpijp
馆藏编号：RV-1090-42-L

镂空铜烟灯

外文题名：Opiumlamp

馆藏编号：RV-1090-42-M

放烟刀等用具的筒子

外文题名：Opiumvaas

馆藏编号：RV-1090-42-N

筒子上竖刻有"延年益
寿""奇文欣赏""胜景当轩"
的文字。

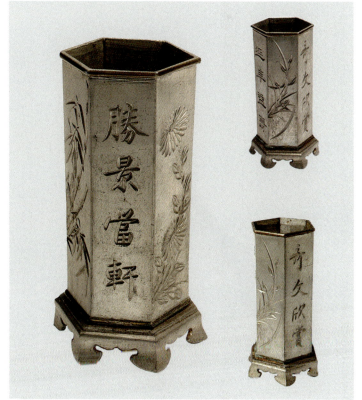

烟刀

外文题名：Pijpengarnituur van
          opiumschuifstel

馆藏编号：RV-1090-42-O

挑勺

外文题名：Pijpengarnituur van
          opiumschuifstel

馆藏编号：RV-1090-42-P

烟签

外文题名：Pijpengarnituur van
　　　　　opiumschuifstel
馆藏编号：RV-1090-42-Q

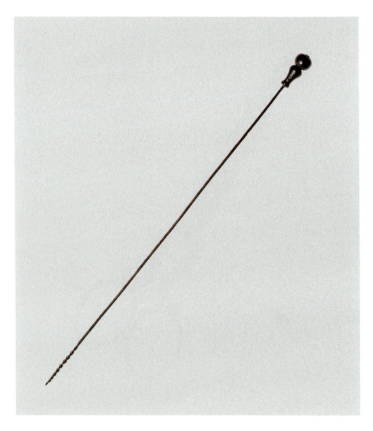

摆件

外文题名：Legger van een
　　　　　opiumschuifstel
馆藏编号：RV-1090-42-R

　　此摆件造型像一只猴子。

剪子

外文题名：Schaar van een
　　　　　opiumschuifstel
馆藏编号：RV-1090-42-S

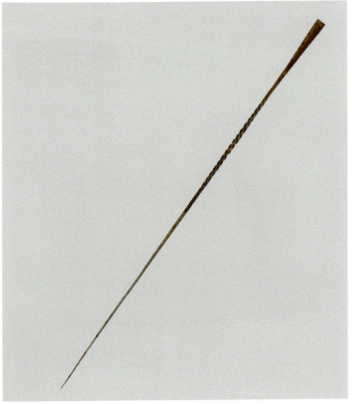

烟签

外文题名：Priem van een
　　　　　opiumschuifstel
馆藏编号：RV-1090-42-T

烟盒

外文题名：Opiumdoos

馆藏编号：RV-1090-42v

材料：金属

烟签

外文题名：Pijpenwroeter van
　　　　　opiumschuifstel

馆藏编号：RV-1090-42u

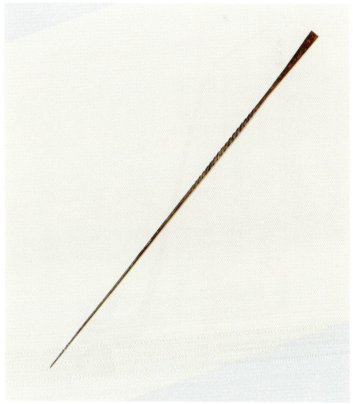

水烟斗

外文题名：Waterpijp

馆藏编号：RV-1090-43

材料：锡

　　锡制的水烟斗，烟斗上刻有中文字，装饰了流苏。

水烟斗

外文题名：Waterpijp

馆藏编号：RV-1090-44

　　这个水烟斗与藏品RV-1090-43相似，但放烟叶的地方呈锥形。

烟斗

外文题名：Tabakspijp

馆藏编号：RV-1090-45

材料：竹子

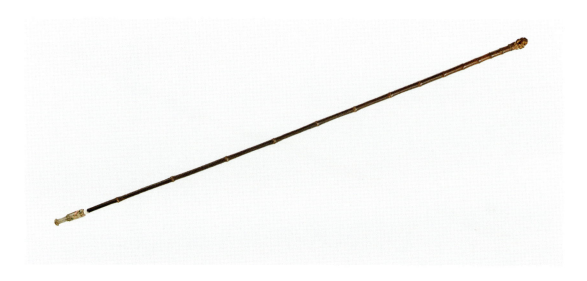

烟斗和烟袋

外文题名：Tabakspijp en tabakszak

馆藏编号：RV-1090-46

材料：竹子

烟斗

外文题名：Tabakspijp
馆藏编号：RV-1090-49
材料：竹子

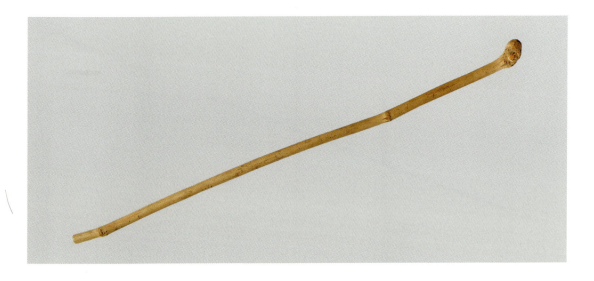

烟斗

外文题名：Tabakspijp
馆藏编号：RV-1090-50
材料：竹子

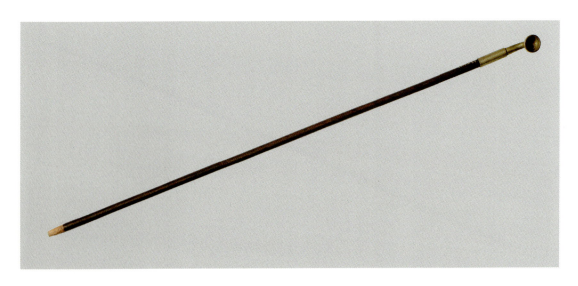

第八章
图像类藏品

高延在1877—1878年留居厦门的时候，收集了一些民俗物品，这些物品主要是便于携带、折叠的纸类物品，如纸钱、外销画、灶君年画、灶君司命小册子等。其中的9张外销画，分别描绘了9种不同的刑罚方式，其用色较为朴素浅淡。画中的犯人都赤着脚，身穿单薄衣裳，这似乎表示他们都来自穷困人家。

在第二次来华调查期间，高延也收集了一些可悬挂的装饰画。此外，他还在端午节的时候拍摄厦门人挂在门上、宅内的钟馗像，指出福建地区依然流行描画红色钟馗像的习俗，尤其是在五月五日，许多人不惜花费钱财请画工在正午画钟馗像，认为这样可以保佑家宅在整个夏天不受邪祟的影响。画钟馗像的时候，有些人家还会在画师的颜料里滴入取自鸡冠的血，或者让画师用毛笔蘸鸡血点钟馗的眼睛，以增强画像的威力。[①]

在评述美国传教士队克勋的《中国农民信仰》（*Chinese Peasant Cults*）一书时，日本学者泷本弘之指出近代一些西方学者重形态而不重用途，以"Paper God"即"纸绘的神像"来统称除描绘戏曲、小说场面的大幅年画之外的神仙画像和年画。[②]因为高延的民族志著作鲜少提及各类图像类藏品的相关信息，博物馆也没有描述这些藏品的内容与用途，所以笔者只能根据这些卷轴画的主题内容略作细分。属于神像画的，大致有关帝像、魁星像、观音像、佛教画、仙鹤图、仙鹿图、仙人图、五文昌图等。

卷轴画中有多幅彩色戏画，馆藏编号为RV-1090-38的戏画中有"普救寺"字样，结合有关《西厢记》的插图与版画等图像[③]，可以推断这些戏画描绘了《西厢记》崔莺莺与张生从相识、相会到分离的不同情境。

卷轴画中也有4幅诗竹画，均为黑底白画，描绘有竹子，画的周围有多段诗文，馆藏编号为RV-971-20的诗竹画上署有"田世渊敬刻"，这很可能来自关帝庙中的诗竹画碑，即高延请人拓印下来，然后制作成卷轴画。诗竹画是描画风雨天气中的竹子，并且藏诗歌文字于图画中的一种绘画。据民间传说，关夫子诗竹画的创作者是关羽。有学者认为关夫子诗竹画存在几种不同的形态，例如善本图书里的插图、各地关帝庙或其他庙宇的碑碣或拓本、木刻板等。[④]关夫子诗竹画可能与文人的降鸾扶乩活

①［荷］高延：《中国的宗教系统及其古代形式、变迁、历史及现状》第6卷，芮传明译，花城出版社，2018年，第1763—1764页。

②［日］泷本弘之：《纸马研究的开拓者——队克勋〈中国农民信仰〉中的纸马介绍》，韩雯译，见冯骥才主编：《年画研究》，中国戏剧出版社，2013年。

③［日］小林宏光：《明代版画的精华——关于科隆市立东亚艺术博物馆所藏崇祯十三年（1640）刊闵齐伋仿西厢记版画》，施帼玮译，载《美苑》2010年第5期。

④邹冬珍、卫文革：《关夫子诗竹画创作时代蠡考》，见山东大学《东方考古》编辑部编：《东方考古》，科学出版社，2020年，第170—194页。

动相关，因而获得了高延的关注。

　　卷轴画中有 4 幅是由鹭江放生社请人绘制的地狱画，馆藏编号为 RV-981-69 系列。这些描绘地狱图景的挂画反映了晚清厦门一些佛教慈善组织成员想象的地狱图景。4 幅地狱画的色彩不一样，但是构图与人物一致，而且画上方的题诗也一样。除了 RV-981-69 有"鹭江放生社敬绘全图"题款，其他 3 幅没有落款。这 4 幅地狱画的收集，表明高延在进行田野调查的时候，也关注到厦门岛的各种慈善组织，如掩骨会、放生会^① 等。

　　下面分外销画、年画、纸织画、戏画、诗竹画、地狱画六种类型，对图像类藏品略作介绍。

---

　　① 放生会起源可追溯至梁代，宋代的放生会只是举办放生活动的集会，而明末之后兴盛的放生会是一种较完备的结社组织。有关放生会（放生社）的历史发展情况，可参考 [日] 夫马进：《中国善会善堂史研究》，伍跃、杨文信、张学锋译，商务印书馆，2005 年，第 127—138 页。

中国的刑罚是近代来华西人关注的一个主题，他们在作品中记录了在街头看到的各种刑罚方式。荷兰莱顿民族学博物馆藏有大量的外销画，大部分外销画原是罗也的收藏。高延收藏的外销画有9张，馆藏编号为 RV-518-21 系列，画于通草纸上。[①] 除 RV-518-21e 外，这些外销画描绘的主要是捆押、审讯嫌犯的情形，而非古代的各种酷刑。或许刑罚类外销画的收集与高延研究中国民间信仰有关，高延多次引用《大清律例》所规定的守丧行为，提到民众若违背朝廷规定的守丧条例，就会受到处罚。[②] 高延也关注中国人关于地狱和来世的观念，人们相信人死后都要到地狱接受神灵的审判，在阴间所受到的惩罚与人间的刑罚有许多相似之处。

高延于厦门收集的外销画也与其他西方人收集的外销画颇为相似。[③] 例如罗也购买的外销画中也有 7 张描绘犯人的，画上配有汉字说明，分别是"托架犯人""囚犯""校犯""锁脚犯人""捵[④]

① Rosalien van der Poel, *Made for Trade-Made in China, Chinese Export Paintings in Dutch Collections: Art and Commodity*, the Editing Company, 2016, p. 268.

② [荷] 高延：《中国的宗教系统及其古代形式、变迁、历史及现状》第？卷，王樾译，花城出版社，2018 年，第 439—440 页。

③ [英] 伊凡·威廉斯：《广州制作——欧美藏十九世纪中国通草画》，程美宝译编，岭南美术出版社，2014 年。

④ 捵，即"搜"。

耳游刑""斩犯""老槛贼"。^①英国汉学家乔治·亨利·梅森（George Henry Mason，1770—1851）在 1801 年出版的《中国刑罚》中有 22 张专门介绍两广地区的刑罚方式的图像，这些图像由蒲呱绘制。^②这些外销画，尤其是没有标注画师姓名的刑罚图，很可能是画师按照西方人的订单绘制的，而非画师个人随意创作。这些着力渲染中国古代刑罚残酷性的图像，真实性颇值得怀疑。因为刑罚类主题外销画的收藏，一方面满足了西方人对中国刑罚的好奇，另一方面西方人也把来自中国的血腥刑罚图像当作既有事实，进而形成中国民族性有残暴一面的刻板印象。

① 它们的馆藏编号是 RV-360-378g18 至 RV-360-378g24，荷兰国立世界文化博物馆：https://collectie.wereldculturen.nl/#/query/1e8690fd-ca7c-400a-a757-135f468ff685，查看日期：2021 年 11 月 30 日。

② George Henry Mason, *The Punishments of China*, Printed for William Miller, 1801.

囚笼押送

外文题名：Schildering op "rijstpapier"
　　　　　van lijfstraf
馆藏编号：RV-518-21a
收集时间：1876—1878 年
尺寸：10.2cm×6.7cm
材料：通草纸

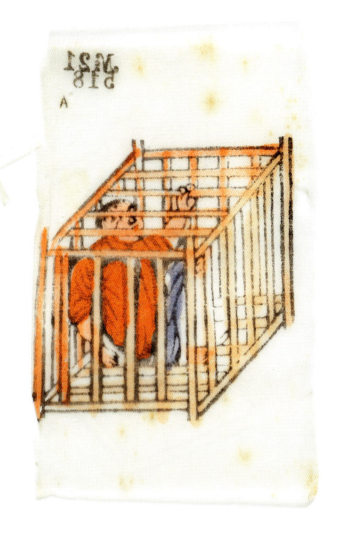

　　图中的犯人被关在一个窄小的笼子里。犯人的姿势颇为古怪，其左手抓住木牢笼上方的木条，右手垂放在木牢笼的下方，一只脚抬起，另一只脚踩着木笼下面的木条。

夹棍

外文题名：Schildering op "rijstpapier"
　　　　　van lijfstraf
馆藏编号：RV-518-21b
收集时间：1876—1878 年
尺寸：10cm×6.5cm

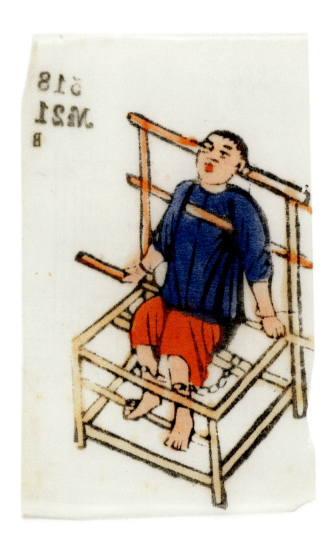

　　图中的犯人双手和双脚都被铁链锁在木条上，犯人上身夹有几根棍子。梅森认为这类刑罚的目的是让犯人招供，如果犯人一直抵抗，夹棍会越夹越紧，直至犯人骨头碎裂，痛苦异常。[①]

---

　　① ［英］乔治·亨利·梅森等：《西洋镜：清代风俗人物图鉴》，赵省伟、于洋洋编译，台海出版社，2017 年，第 74 页。

负柱铐链

外文题名：Schildering op "rijstpapier"
        van lijfstraf
馆藏编号：RV-518-21c
收集时间：1876—1878 年
尺寸：10.7cm×6cm

　　图中的犯人一手拿着扇子，双脚脚踝被铁链锁在一根柱子上，其脖子也被铁链锁住，这限制了犯人的自由行动。梅森也收录有类似的外销画。[1]

　　[1] ［英］乔治·亨利·梅森：《西洋镜：清代风俗人物图鉴》，赵省伟、于洋洋编译，台海出版社，2017 年，第 80 页。

上枷待决

外文题名：Schildering op "rijstpapier" van lijfstraf

馆藏编号：RV-518-21d

收集时间：1876—1878 年

尺寸：10.8cm×6.9cm

　　图中犯人的脖子被木枷牢牢锁住。这种方形木枷有轻有重，会根据犯人所犯罪行的性质和犯人的力气决定给其佩戴不同重量的木枷。图中的木枷看着有些厚重，因此犯人不得不双手托着木枷。套上这个木枷的犯人，不能看到自己的手和脚，致使行动非常不便，而且吃不到饭。长期在厦门传教的英国传教士麦高温也记录了在街头看到的刑罚。"通常，对小偷或入室抢劫者的处罚是给他戴上一个木枷或木制项圈，这是一块三英尺宽、四英尺长的粗糙木板，中间有一个供罪犯活动脖子的洞，木板可以从中间分开，使之能够戴在罪犯的脖子上，两部分合在一起后再用挂锁锁住。有一根铁链固定在木板上，它的另一端铐在犯人的脚上、手上或脖子上"，从链子所系的位置，可以看出犯人所犯之罪的轻重。[1]

---

① ［英］麦嘉湖：《中国人生活的明与暗》，朱涛、倪静译，中华书局，2006 年，第 138—139 页。

石灰腌目

外文题名：Schildering op "rijstpapier"
　　　　　van lijfstraf

馆藏编号：RV-518-21e

收集时间：1876—1878 年

尺寸：10.5cm×6.9cm

　　图中的犯人被悬空绑在一个木架子上，其双脚脚踝上方被铁链锁住，上半身也被绳子绑着，血从受伤的双眼和嘴巴处流出来。这幅画描绘的可能是犯人经历过酷刑石灰腌目后的情形。梅森也收录有石灰腌目的外销画。①

① [英] 乔治·亨利·梅森等：《西洋镜：清代风俗人物图鉴》，赵省伟、于洋洋编译，台海出版社，2017 年，第 78 页。

押赴收监

外文题名：Schildering op "rijstpapier"
　　　　　van lijfstraf

馆藏编号：RV-518-21f

收集时间：1876—1878 年

尺寸：10.3cm×7cm

　　图中的犯人正被押往官府受审，犯人双手被反绑着，脑袋两侧靠近耳朵的地方，分别插有一面红色的小旗子，小旗子标示了犯人的身份，可吸引围观人群的注意。罗也收藏的一张类似的外销画（馆藏编号 RV-360-378g22）上，有到访过欧洲的中国人王嘉禄（Carolus Wang）写的"捭耳游刑"。[①] 据梅森描述，在前往衙门的路上，"前面有一个衙役鸣锣开道，以此来吸引民众围观。犯人身后还跟着两个衙役，其中一个衙役手持藤条，确保犯人沿途始终抬起脑袋"[②]。

---

① 荷兰国立世界文化博物馆: https://hdl.handle.net/20.500.11840/1223541，查看日期: 2021 年 11 月 30 日。

② [英] 乔治·亨利·梅森等:《西洋镜: 清代风俗人物图鉴》，赵省伟、于洋洋编译，台海出版社，2017 年，第 63 页。

反绑四肢

外文题名：Schildering op "rijstpapier"
　　　　　　van lijfstraf

馆藏编号：RV-518-21g

收集时间：1876—1878 年

尺寸：10.7cm×6.7cm

　　图中犯人的双手与双脚都被反绑在一条木板凳上。这种刑罚方式在外销画中比较少见。

悬空吊刑

外文题名：Schildering op "rijstpapier"
　　　　　van lijfstraf

馆藏编号：RV-518-21h

收集时间：1876—1878 年

尺寸：10.8cm×7cm

　　图中的犯人头朝地，双手和双脚都被绑在后背上，整个人被吊在一个木架子上。据梅森描述，这是审问犯人的方式之一：负责审问的衙役"准备好了笔墨纸砚，时刻准备记录下犯人的口供。悬吊和前面的拧耳朵，惩罚对象主要是那些从事商业欺诈、偷税漏税以及其他非法贸易的商人"①。

---

① [英] 乔治·亨利·梅森等：《西洋镜：清代风俗人物图鉴》，赵省伟、于洋洋编译，台海出版社，2017 年，第 68 页。

拖木禁行

外文题名：Schildering op "rijstpapier"
van lijfstraf

馆藏编号：RV-518-21i

收集时间：1876—1878 年

尺寸：10.3cm×7cm

　　图中犯人的脖子被铁链锁着，铁链的另一端系有一个大块重物，如此犯人就不能逃跑了。梅森也收集了类似的外销画。[1]

---

　　[1]［英］乔治·亨利·梅森等：《西洋镜．清代风俗人物图鉴》，赵省伟、于洋洋编译，台海出版社，2017 年，第 84 页。

　　高延藏品中有灶君年画 1 张、灶君司命小册子 1 份。高延的专著《中国的宗教系统》第 6 卷，收录了高延在厦门拍摄的两张钟馗像的照片——《钟馗杀鬼》和《钟馗吃鬼》。《钟馗杀鬼》中的钟馗全身武士装扮，怒目圆睁，手拿利剑，一脚踏在一只小鬼身上，另一只小鬼吓得落荒而逃，图的右上方还画有一只蝙蝠，寓意福从天降。[①]《钟馗吃鬼》中的钟馗作金鸡独立之状，一脚踏着一只正在求饶的小鬼，双手捉住一只小鬼，正要将其吃掉，而图的右上方画有一只似蜘蛛的动物，寓意喜从天降。[②]此外，高延还拍摄了厦门人家端午挂天师图的照片，并指出张天师的画像与钟馗像经常被一起用于装饰家庭。[③]

　　高延也收集有多幅描绘民间神灵的年画，年画中的神灵包括观音、关帝、五文昌，以及仙鹤、仙鹿等祥禽瑞兽。

---

　　① 《钟馗杀鬼》是该书的扉页插图。J. J. M. de Groot, *The Religious System of China: Its Ancient Forms, Evolution, History and Present Aspect, Manners, Customs and Social Institutions Connected Therewith*, Vol. 6, Brill, 1910, Pl. VIII(Frontispiece).

　　② 《钟馗吃鬼》在该书的第 1178 与 1179 页之间。J. J. M. de Groot, *The Religious System of China: Its Ancient Forms, Evolution, History and Present Aspect, Manners, Customs and Social Institutions Connected Therewith*, Vol. 6, Brill, 1910, Pl. XV.

　　③ J. J. M. de Groot, *The Religious System of China: Its Ancient Forms, Evolution, History and Present Aspect, Manners, Customs and Social Institutions Connected Therewith*, Vol. 6, Brill, 1910, p. 1184.

司命灶君年画

外文题名：Vel papier-*nianhua?*

馆藏编号：RV-518-17

收集时间：1876—1878 年

尺寸：25.6cm×14.7cm

　　这是祭祀灶君时贴在灶头的年画，整体为红色，上方中间有文字："司命灶君"，右边和左边分别有"合家平安"和"六畜兴旺"字样。年画中间画有灶君像，旁边还有两个神明和两个童子，下方画着一位女神以及诸多牲畜。闽南地区习惯在农历十二月二十三日送灶，正月初四迎灶神回家。送迎灶神也叫"送尫""接尫"。年画与纸马的区别在于，年画是贴在门上或墙上的，纸马是烧掉的。在《厦门岁时记》中，高延记录了厦门人在八月初三日和十二月二十四日祭祀灶神的仪式过程，并且指出了不同材料中的灶神形象有所不同，有时候灶神是一位老人，有时候灶神是一个年轻人，有时候灶神还伴随着一位女神。[1]

---

① J. J. M. de Groot, *Les Fêtes Annuellement Célébrées à Émoui (Amoy): Étude Concernant la Religion Populaire des Chinois*, trans. by C. G. Chavannes, Ernest Leroux, 1886, pp. 461-462.

灶君司命小册子

外文题名：Pamflet-*xiao cezi*
馆藏编号：RV-518-18
收集时间：1876—1878 年

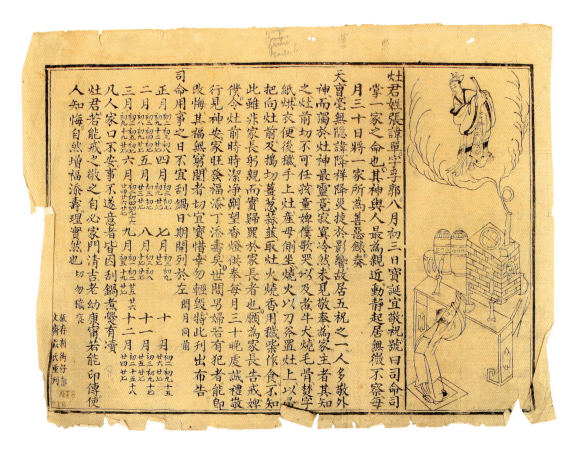

　　这张小册子的右侧描绘了一个人祭祀灶君的情形，左侧是有关灶君的生平和劝人祭拜灶君的文字，左下角有印刷小册子的出处"郁文斋戴氏"。高延藏品中出自郁文斋戴氏的还有一个印泥盒。小册子上面的文字写着：

　　灶君姓张，讳单，字孚郭。八月初三日宝诞，宜敬祝。号曰司命，司掌一家之命也。其神与人最为亲近，动静起居无微不察。每月三十日将一家所为善恶录奏天曹，毫无隐讳，降祥降灾捷于影响。故居五祝之一，人多敬外神，而独于灶神最灵。竟寂寞冷然，未见敬奉。为家主者其知之，灶前切不可任孩童婢仆歌哭，以及煮牛犬、烧毛骨、焚字纸、烘衣、便后秽手上灶、产母侧坐、烧火以刀斧置灶上、以帚把向灶前及捣切姜葱蒜韭、取竹火烧香、用秽柴作食，不知此，虽非家长躬亲而实归罪于家长者也。愿为家长告戒（同"诫"字）婢仆，令灶前时时洁净，朔望香灯供奉，每月三十晚虔诚礼敬。行见神安、家旺发福、添丁添寿矣。世间男妇若有犯者能即改悔，其福无穷。阅者切宜宝惜，幸勿轻毁。特此刊出布告。

司命用事之日不宜刮锅，日期开列于左。闰月同前

正月初二初三初八初九十二廿七

二月初三初四初七初八初九廿七

三月初三初五初七初九十九廿七

四月初三初七初九廿七

五月初三初七廿三廿七

六月初二初四初九十六廿四廿六廿七

七月初三初九廿七

八月初三初八十七廿七

九月初一初二初五十九廿五廿六廿七

十月初二初九十五廿六廿七

十一月初三初九十七廿五廿七

十二月初二十五十八廿四廿七

凡人家口不安、事不遂意者，皆因刮锅煮爨有渎灶君。若能戒之敬之，自必家门清吉，老幼康宁。若能印传，使人知悔，自然增福添寿。理实然也。切勿秽亵。

板存新街仔郁文斋戴氏重刊

在《厦门岁时记》中，高延提到他在厦门街头收集了积德行善之人分发的灶神小册子，并收录了册子上的文字。①

---

① J. J. M. de Groot, *Les Fêtes Annuellement Célébrées à Émoui (Amoy): Étude Concernant la Religion Populaire des Chinois*, trans. by C. G. Chavannes, Ernest Leroux, 1886, pp. 458-460.

观音像

外文题名：Schildering
馆藏编号：RV-518-19
收集时间：1876—1878 年

　　画中的观音立在一朵莲花上，头戴蓝色头巾，身上的衣饰较为朴素，颇似寻常妇人装扮。其双手托着一卷佛经，身后有一名侍女龙女，龙女手持一只红色的花瓶，花瓶里插有柳枝。左上方是一只衔着红绳子的鸟，左下方是一个戴有红肚兜、披帛的童子善财，其双手虔诚地前屈，似要接过观音手中的佛经。

关帝像

外文题名：Hangrolschildering
馆藏编号：RV-962-124
尺寸：170cm×70cm×2cm；
　　　 138.5cm×58cm（画幅）

　　画中坐着的是关公，头戴蓝巾，身穿青绿色长袍，留有长须。画的左边立有青龙偃月刀，后面站着一名侍从。

南海观音像

外文题名：Hangrolschildering
馆藏编号：RV-962-126
尺寸：155.5cm×67.7cm×2.3cm;
　　　119.5cm×59.4cm（画幅）

　　画中观音坐在莲花台上，一手执如意，一手抱有婴儿，背后有一轮圆月或背光。观音的左边有一名童子，右边有一名侍女。画的上方有两件吉祥物，周围盖有三方红色的大印，从右往左分别是金印、玉印、龙印，其中龙印上的印文为"南海观音宝印"。高延在调查的时候听中国人反映，厦门的已婚妇女非常虔诚地敬拜观音，约有70%的妇女坚持着不同的吃斋习惯，其中"食三六九"指的是每逢农历的初三、初六、初九、十三、十六、十九、廿三、廿六、廿九吃素，"食初一十五"是农历的初一和十五吃素，"食长斋"是每一餐绝对不吃肉和鱼。此外，每天早上吃素或什么都不吃的叫"食早斋"，而每天晚餐都吃素的叫"减大顿"。①

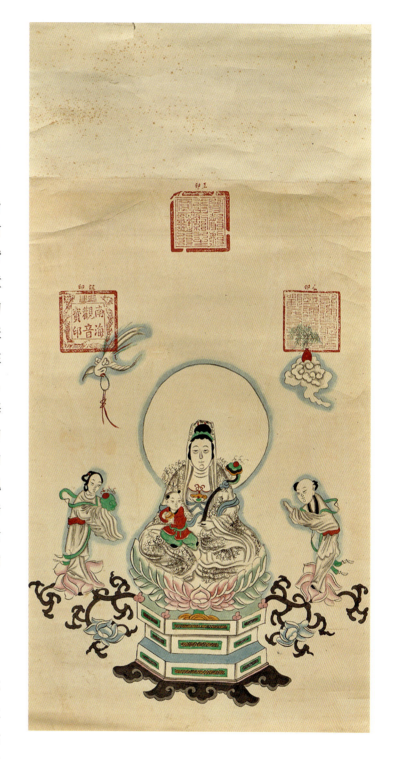

---

　　① J. J. M. de Groot, *Les Fetes Annuellement Célébrées à Émoui (Amoy): Étude Concernant la Religion Populaire des Chinois*, trans. by C. G. Chavannes, Ernest Leroux, 1886, p. 200.

千手千眼无碍大悲心陀罗尼

外文题名：Hangrolschildering

馆藏编号：RV-962-127

尺寸：149cm×67cm×2cm；
　　　122.8cm×59.7cm（画幅）

　　挂画中间坐着的是千手千眼观音，其身后有硕大的背光，周围还有一些小的佛像。画上方的文字是《千手千眼无碍大悲心陀罗尼》（即《大悲咒》）的经文。

仙鹤图

外文题名：Hangrolschildering

馆藏编号：RV-962-128

尺寸：260cm×107.5cm（不含卷
　　　轴）；117cm×3.5cm（卷
　　　轴）；
　　　3.5cm（卷轴直径）；
　　　159cm×85.5cm（画幅）

　　画中站着两只仙鹤，其中一只似引颈而歌，另一只单脚而立，脖子向下弯曲。画的左上方，一轮红日从松树上升起。仙鹤是长寿的象征。

仙鹿图

外文题名：Hangrolschildering

馆藏编号：RV-962-129

尺寸：260cm×116cm×3.5cm；
　　　159.5cm×85.5cm（画幅）

　　画中有两只仙鹿互相依偎，画的左侧有一棵松树，右上方有一轮圆月。鹿与蝙蝠作为装饰图案，经常一起出现，其谐音为"禄"和"福"。

仙人和童子图

外文题名：Hangrolschildering

馆藏编号：RV-971-15

尺寸：217cm×108cm×3cm；

147.5cm×81.3cm（画幅）

　　画中绘有仙人和童子，童子双手捧着插满鲜花的花瓶，仰望着仙人，仙人也侧身望着童子。

五文昌

外文题名：Hangrolschildering

馆藏编号：RV-1090-40

　　画中人物有五文昌，其中手执如意的白衣仙人为文昌帝君，文昌帝君后面右边有两个童子，左边穿绿衣的为关羽，关羽后面的侍从手持青龙偃月刀。此外，手拿令旗的黄衣仙人是吕洞宾，手拿朱笔、凌空踢斗的是魁星，手拿考卷的红衣仙人是朱衣。

　　纸织画源自泉州永春县，多描画山水、人物、花鸟等图案，可悬于厅堂或书房供人欣赏。纸织画历史悠久，清乾隆五十二年（1787）的《永春州志》记载："纸织画，出永春，先以纸描就山水、人物、花鸟，劈作条缕，更切白纸为纬而织之，柔滑如绫，工细绝伦。《香祖笔记》载：'钮玉樵云：有王秋山者，工为鞏画，凡人物楼台山水花木，皆于纸上，用指甲及细针鞏出，设色浓淡，布境浅深，一法古名画。（按鞏，当作巩音，築字书以手鞏物也。）近闽中有织画乃破纸为条成之，山水人物花鸟，布置设色种种，臻妙与刺绣无异，亦奇技也。'按此则织画由来已久，历考闽中他郡，无此工艺，惟永春传授者四五家，男妇皆习为业云。"[①]纸织画的制作过程颇为复杂，主要工序有绘画、裁剪、编织、裱褙四项。2011年，永春纸织画被列入国家级非物质文化遗产代表性项目名录。

　　高延藏品中有两幅画属于纸织画。一幅绘有手执朱笔的魁星，另一幅绘有身处山林的仙人与童子。

---

① 〔清〕郑一崧修，〔清〕颜瓙纂：《永春州志》（据乾隆五十二年刊本影印），成文出版社，1974年，第698—699页。

魁星像

外文题名：Hangrolschildering
馆藏编号：RV-962-125
尺寸：124cm×56.5cm×2cm；
　　　91cm×49.5cm（画幅）

　　画中间是站立的魁星。闽南民间的魁星像大多为执笔点斗的造型。此魁星也右手执朱笔，回望上空的金斗，已瘸的左腿凌空，而右脚踏在一长有龙头的动物头上。19世纪中叶，在创作小说《儿女英雄传》时，满族作家文康细致地描绘过魁星的形象："赤发蓝面，锯齿獠牙，努着一身的筋疙瘩，跷着条腿，两只圆眼睛……"[1]高延在《厦门岁时记》中也描述过魁星："神像站立，一只脚向后抬起，另一只脚踏在类似鳌鱼的物体上，象征着他作为北斗七星之一的尊严。但是，如果将魁星画在墙上或纸上，则通常会在他旁边或上方以七个圆圈显示北斗，代表该星座的七颗星。"虽然魁星是五文昌中的第四位，但是据高延的观察，厦门人非常尊崇魁星，并且选择在九月九日祭祀魁星。[2]

---

① ［清］文康：《儿女英雄传》（下），华文出版社，2018年，第597页。

② J. J. M. de Groot, *Les Fêtes Annuellement Célébrées à Émoui (Amoy): Étude Concernant la Religion Populaire des Chinois*, trans. by C. G. Chavannes, Ernest Leroux, 1886, pp. 174-175.

仙人和童子图

外文题名：Hangrolschildering

馆藏编号：RV-971-16

尺寸：124cm×57cm×2.3cm；

91cm×50cm（画幅）

　　画中绘有一位仙人和一个童子。

高延收藏的 4 幅戏画均为挂画，均有玫红色边框，画中描绘了才子佳人，背景多为花园、假山、亭台、楼阁等。笔者判定这些卷轴画描绘的是《西厢记》中张生与莺莺相识、相会、分离的不同情境。

戏画

外文题名：Hangrolschildering

馆藏编号：左 RV-1090-38a,

右 RV-1090-38b

　　画中背景为普救寺，描绘了《西厢记》中张生请惠明和尚送信给杜确将军的情境。画中一道墙将画面一分为二，画下方右手拿一封信的是张生，张生前面手握一根铁棒的和尚是惠明，而画上方隔帘眺望的二人则是莺莺与红娘。

戏画

外文题名：Hangrolschildering

馆藏编号：左 RV-1090-39a,
          右 RV-1090-39b

此画描绘了《西厢记》中张生跳墙与莺莺相会的情境。画中有一轮圆月，张生攀上了墙头，而莺莺与红娘则在花园里烧香。

戏画

外文题名：Hangrolschildering

馆藏编号：RV-1090-37a

　　此画描绘了《西厢记》中莺莺夜听张生抚琴的情境。画中一道墙将画面一分为二，画上方抚琴的蓝衣书生是张生，画下方是花园里的莺莺和红娘二人。

戏画

外文题名：Hangrolschildering

馆藏编号：左 RV-1090-36a，
　　　　　　右 RV-1090-36b

　　此画描绘了《西厢记》中张生夜宿草桥店梦到莺莺私奔而来的情境。张生及书童伏在书案前，云烟表示梦境，草桥上的女子便是私奔而来的莺莺。

　　高延收集了4幅诗竹画，均为黑底白画，画有竹子，题写有诗文，而且裱装成卷轴。

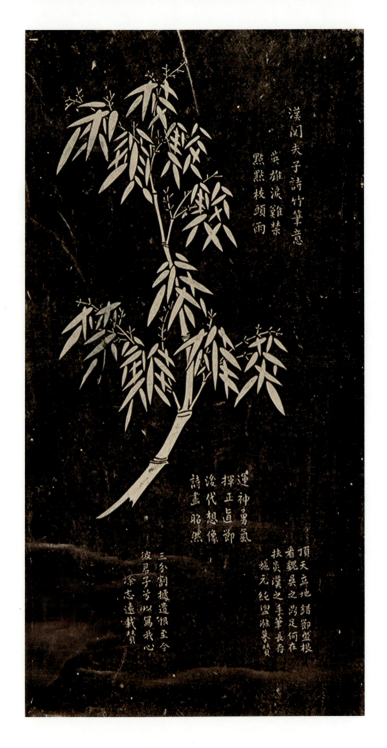

关夫子诗竹画

外文题名：Hangrolschildering

馆藏编号：RV-971-17

尺寸：131.5cm×36cm×2.3cm；

　　　57cm×29cm（画幅）

　　此画右上角的文字为："汉关夫子诗竹笔意：英雄泪难禁，点点枝头雨。"下方的诗文从右到左分别是："顶天立地，错节盘根。看魏吴之，鼎足何在。扶炎汉之，手笔长存。施元纯盥涤摹赞。""运神勇气，挥正直节。后代想像，诗画昭然。""三分割据，遗恨至今。彼君子兮，以写我心。涂志远载赞。"

关夫子诗竹画

外文题名：Hangrolschildering

馆藏编号：RV-971-18

尺寸：131.5cm×36cm×2.2cm；

　　　57cm×29cm（画幅）

　　此画右上角的文字为"汉关夫子笔"，下方中间的诗文为："莫嫌孤叶淡，终久不凋零。"右下角的诗文为："兹仪若凤，兹笔若龙。矫矣壮节，谡然雄风。董大成载赞。"左下角的诗文为："其构奇，其笔古，其意深且远，真神物也。宝之。陈江丁元翼书，安平沈俊岳刊。"

关夫子诗竹画

外文题名：Hangrolschildering

馆藏编号：RV-971-19

尺寸：132cm×36.2cm×2.2cm；

      56.9cm×29.2cm（画幅）

    此画右上角的文字为"汉关夫子笔"，下方中间的诗文为："不谢东君意，丹青独立名。"右下角的诗文为："画中有诗，诗中有意。维公之标，植立天地。四明董大晟敬赞。"左下角的诗文为："公气塞天地，忠悬日月。墨竹诗意，尤见贞心。摹石于庙，以伸瞻仰。安平沈俊岳谨识。"

关夫子诗竹画

外文题名：Hangrolschildering

馆藏编号：RV-971-20

尺寸：132cm×36.3cm×2cm；
57cm×29cm（画幅）

　　此画右上角的文字为："汉关夫子诗竹笔意：大业修不然，鼎足势如许。"下方中间的诗文为："志图一统，业恨三分。意到笔随，手与心会。"右下角的诗文为："不赋不诗，不画不奇。非手非笔，非墨非意。一片丹心，千古莫移。郑志彩轩赞，五峰山人联句。"左下角的诗文为："郁郁精忠，班班热血。万古正心，千秋大节。晋水涂志远敬赞，田世渊敬刻。"

　　高延收集了 4 幅地狱画，均为卷轴画，画的正中间都是阎罗王坐在地狱审判普通人，周围是人死后在各层地狱受苦受难的情境以及简单的文字说明。4 幅地狱画上半部分的左端都题有"右咏七言绝诗十六首，绍袁氏薰沐敬题"，题款下有两枚印章，印文为"诸恶莫作"和"众善奉行"。十六首七言绝句讲述了地狱的阴森可怖，并且劝导人们行善：

　　　　　地狱分明点化人，如何一见便生瞋。
　　　　　阴阳果报无殊理，自作自当总此身。

　　　　　人生一霎即无常，何苦横行若虎狼。
　　　　　地狱重重君莫讶，从前积孽理须偿。

　　　　　阴谋暗算害人家，天眼光明自不花。
　　　　　剑树刀山经历后，始知昔日念头差。

　　　　　狰狞鬼判列丹墀，恶作前生悔莫追。
　　　　　试把画图来检点，纵无错处也危疑。

　　　　　阴诛冥罚本非轻，按律施刑定罪名。
　　　　　任尔百般来抵饰，阎罗铁面不徇情。

湛湛青天不可欺，未曾举念已先知。
劝君莫作亏心事，孽镜台前放过谁。

森罗铁案积山丘，善恶纷纭费运筹。
如谓阴司无果报，请君到此试探头。

平居作事说无妨，没后方知果报彰。
革面洗心天必佑，奚辞苦口作慈航。

城称枉死鬼悲号，台筑望乡百尺高。
到此善人应绝迹，可怜余众苦难熬。

抽肠挖目血淋淋，号痛声中恨愈深。
炮烙身成灰烬处，奸雄到此也寒心。

积恶亦知误此生，既知何不早权衡。
天堂有路无人走，狱底长埋泪暗倾。

池中血污臭难闻，刀锯磨舂体立分。
烈火寒冰消受处，诸般痛楚总由君。

人生百岁只须臾，祸福无门我自趋。
最是夜台凄惨地，怕听风雨泣呱呱。

奈河桥上景凄清，马面牛头左右迎。
地狱天堂从此判，问君欲向那条行。

阴律虽严意实宽，回头是岸鬼神欢。
放生念佛修持后，一旦无常心也安。

神明纠察本无私，一念精诚在自持。
苦口药言君记否，染将血泪写新诗。

地狱画

外文题名：Boeddhistische hel

馆藏编号：RV-981-69

尺寸：138cm×145cm（画框）；

2cm（画轴直径）；

6cm（卷起时画轴的直径）；

108.6cm×130.7cm（画幅）

　　此画的左下角，画师用朱笔写有落款"鹭江放生社敬绘全图"。

烈火寒冰消受處諸般痛楚總由君

人生百歲只須更史禍福無門我自趨

最是夜臺淒慘地怕聽風雨泣呱呱

奈河橋上景淒清馬面牛頭左右迎

地獄天堂從此判問君欲向那條行

陰律雖嚴意實寬回頭是岸鬼神歡

放生念佛修持後一旦無常心也安

神明糾察本無私一念精誠在自持

苦口藥言君記否染將血淚寫新詩

右詠七言絕詩十六首

紹袁氏薰沐敬題

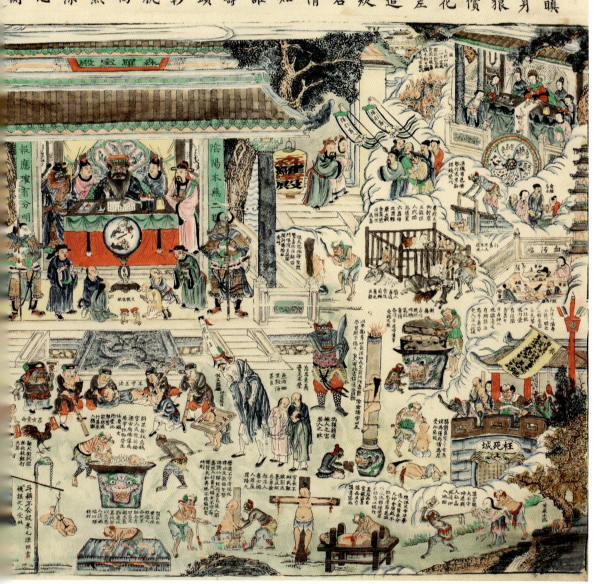

地獄分明點化人如何一見便生瞋
陰陽果報無殊理自作自當總此身
人生一霎卽無常何苦橫行若虎狼
地獄重重君莫訝從前積孽理須償
陰謀暗算害人家天眼光明自不花
劍樹刀山經歷後始知昔日念頭差
獰猙鬼判列丹墀惡作前生悔莫追
試把畫圖來檢點縱無錯處也危疑
陰誅冥罰本非輕未曾舉念已先知
任爾百般來抵飾閻羅鐵面不徇情
湛湛青天不可欺未曾舉念已先知
勸君莫作虧心事孽鏡臺前放過誰
森羅鐵案積山邱善惡紛紜費運籌
如謂陰司無果報請君到此試探頭
平居作事說無妨沒後方知果報彰
草面洗心天必佑美辭苦口作慈航
城稱枉死冤鬼號臺築望鄉百尺高
到此善人應絕迹可憐餘眾苦難熬
抽腸挖目血淋淋號痛聲中恨愈深
炮烙身成灰燼處姦雄到此也寒心
積惡亦知誤此生旣知何不早權衡

地狱画

外文题名：Boeddhistische hel

馆藏编号：RV-981-69b

尺寸：136.6cm×144.8cm（画框）；
　　　3cm（画轴直径）；
　　　107.8cm×130.5cm（画幅）

地獄分明點化人　如何一見便生瞋
陰陽果報無殊理　自作自當總此身
人生一霎卽無常　何苦橫行若虎狼
地獄重重君莫訝　從前積孽理須償
陰謀暗算害人家　天眼光明自不花
劍樹刀山經歷後　始知昔日念頭差
獰猙鬼判列丹墀　惡作前生悔莫追
試把畫圖來檢點　縱無錯處也危疑
陰誅冥罰本非輕　按律施刑定罪名
任爾百般來抵飾　閻羅鐵面不徇情
湛湛青天不可欺　未曾舉念已先知
勸君莫作虧心事　鏡臺前放過誰
森羅鐵案積山邱　善惡紛紜費運籌
如謂陰司無果報　請君到此試探頭
平居作事說無妨　沒後方知果報彰
草面洗心天必佑　莫辭苦口作慈航
城稱枉死鬼悲號　臺築望鄉百尺高
到此善人應絕迹　可憐餘眾苦難熬
抽腸挖目血淋淋　號痛聲中恨愈深
炮烙身成灰燼處　姦雄到此也寒心
積惡亦知誤此生　既知何不早權衡

地狱画

外文题名：Boeddhistische hel

馆藏编号：RV-981-69c

尺寸：136cm×144.5cm（画框）；

　　　3.4cm（画轴直径）；

　　　102.5cm×130.2cm（画幅）

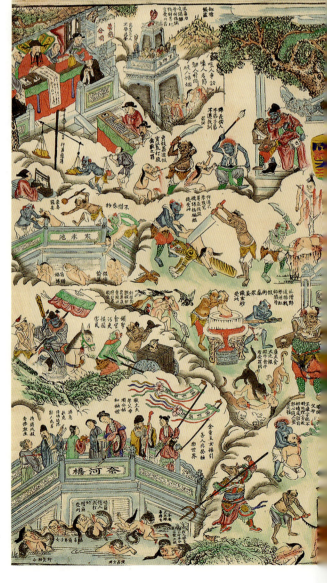

烈火寒氷消受處諸般痛楚總由君

人生百歲只須申史禍福無門我自趨

最是夜臺淒慘地怕聽風雨泣呱呱

奈河橋上景淒清馬面牛頭左右迎

地獄天堂從此判問君欲向那條行

陰律雖嚴意實寬回頭是岸鬼神歡

放生念佛修持後一旦無常心也安

神明糾察本無私一念精誠在自持

苦口藥言君記否將血淚寫新詩

右詠七言絕詩十六首

紹袁氏薰沐敬題

地獄分明點化人如何一見便生瞋
陰陽果報無殊理自作自當總此身
人生一霎卽無常何苦橫行若虎狼
地獄重重君莫訝從前積孽理須償
陰謀暗算害人家天眼光明自不花
劍樹刀山經歷後始知昔日念頭差
猙獰鬼判列丹墀惡作前生悔莫追
試把畫圖來檢點縱無錯處也危疑
陰誅冥罰本非輕按律施刑定罪名
任爾百般來抵飾閻羅鐵面不徇情
湛湛青天不可欺未曾舉念已先知
勸君莫作虧心事鐵臺前放過誰
森羅鐵案積山邱善惡紛紜費運籌
如謂陰司無果報請君到此試探頭
平居作事說無妨沒後方知果報彰
草面洗心天必佑美辭苦口作慈航
城稱枉死鬼悲號臺築望鄉百尺高
到此善人應絕迹可憐餘眾苦難熬
抽腸挖目血淋淋號痛聲中恨愈深
炮烙身成灰爐處姦雄到此也寒心
積惡亦知誤此生旣知何不早權衡

地狱画

外文题名：Boeddhistische hel

馆藏编号：RV-981-69d

尺寸：137.5cm×143.5cm（画框）；

3cm（画轴直径）；

108cm×131cm（画幅）

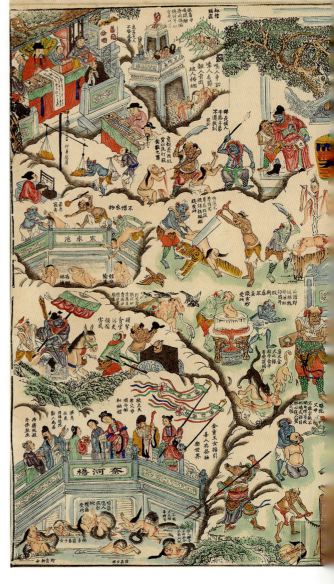

烈火寒冰消受處諸般痛楚總由君
人生百歲只須史禍福無門我自趨
最是夜臺淒慘地怕聽風雨泣呱呱
奈河橋上景淒清馬面牛頭左右迎
地獄天堂從此判問君欲向那條行
陰律雖嚴意實寬回頭是岸鬼神歡
放生念佛持修後一旦無常心也安
神明糺察本無私一念精誠在自持
苦口藥言君記否染將血淚寫新詩
右詠七言絕詩十六首
紹袁氏薰沐敬題

地獄分明點化人如何一見便生瞋
陰陽果報無殊理自作當總此身
人生一霎卽無常何苦橫行若虎狼
地獄重重君莫訝從前積孽理須償
陰謀暗算害人家天眼光明自不花
劍樹刀山經歷後始知昔日念頭差
獰猙鬼判列丹墀惡作前生悔莫追
試把畫圖來檢點縱無錯處也危疑
陰誅冥罰本非輕按律施刑定罪名
任爾百般來抵飾閻羅鐵面不徇情
湛湛青天不可欺未曾舉念已先知
勸君莫作虧心事孽鏡臺前放過誰
森羅鐵案積山邱善惡紛紜費運籌
如謂陰司無果報請君到此試探頭
平居作事說無妨沒後方知果報彰
草向洗心天必佑美辭苦口作慈航
城稱枉死鬼悲號臺築望鄉百尺高
到此善人應絕迹可憐餘眾苦難熬
抽腸挖目血淋淋號痛聲中恨愈深
炮烙身成灰燼處姦雄到此也寒心
積惡亦知誤此生旣知何不早權衡

573

第九章
文本类藏品

学界一般将顾颉刚、孙伏园、容庚、容肇祖、庄慕陵五人于 1925 年 4 月 30 日至 5 月 2 日到妙峰山考察碧霞元君诞辰活动作为中国民俗学田野调查的开端。在有几千香客朝顶进香的民俗现场，顾颉刚已意识到会启等文字资料对于研究香会组织的关键作用，想将它们抄录、拍摄下来，印成一册供大家研究。① 如果顾先生发现高延在中国调查时也曾关注到田野调查中的各种文字信息对于研究中国社会习俗的作用，会不会将高延引为知己？

1877 年 2 月至 1878 年 2 月，第一次留居厦门的时候，高延便收集了一些民俗物品，文本类的有通书、考卷等。高延的第一本专著《厦门岁时记》提及他曾收集有《关帝桃园明圣经解》《南海观音全传》等小册子。根据《关帝桃园明圣经解》，高延解释了人们选择在正月十三日以及五月十三日祭祀关帝的原因。关帝的生日在六月二十四日，而作为关帝儿子的关平生日在五月十三日，但是对于遵从孝道的中国人来说，儿子生日早于父亲难以接受，因而信众选择在五月十三日祭祀关帝，甚至在正月祭祀天公、土地神之后便祭祀关羽。② 《南海观音全传》是高延途经澳门的时候收集的，他在《厦门岁时记》中几乎翻译并复述了宝卷中记载的妙善传说，然后指出这本宝卷是佛教与道教竞相宣传各自教义的产物。③ 在东南亚坤甸任职时，高延也通过与当地华人的深入接触，获得了有关华人创办的兰芳公司的文献资料《兰芳公司历代年册》（手抄副本），并依据其文本了解华南的客家人、潮汕人和闽南人等不同民系的社会组织与宗族结构。④

1886 年 6 月至 1890 年 4 月，在第二次来华进行科学调查期间，高延收集的文本类藏品有婚书和信件等。在《中国的宗教系统》中，高延也提到他收集过一些契约文书、宣传禁止杀婴的小册子、算卦师手抄的手册等，并且将其中一些内容译成英文加以分析。厦门人称买卖土地以作为墓地的文书为"山关"或"风水契"，这些文书的措辞与交易手续都较为简约，因为人们畏惧死者的心理以及国家颁布的法律会防止道德败坏之人从中牟利。⑤ 厦门的育婴堂往往免费发放的小册子外形像一本书，里面讲述的

① 顾颉刚：《顾颉刚民俗论文集》卷二，中华书局，2011 年，第 331—332 页。

② J. J. M. de Groot, *Les Fêtes Annuellement Célébrées à Émoui (Amoy): Étude Concernant la Religion Populaire des Chinois*, trans. by C. G. Chavannes, Ernest Leroux, 1886, pp. 122-123.

③ J. J. M. de Groot, *Les Fêtes Annuellement Célébrées à Émoui (Amoy): Étude Concernant la Religion Populaire des Chinois*, trans. by C. G. Chavannes, Ernest Leroux, 1886, p. 188.

④［荷］高延：《婆罗洲华人公司制度》，袁冰凌译，"中央研究院"近代史研究所，1996 年，第 8 页。

⑤［荷］高延：《中国的宗教系统及其古代形式、变迁、历史及现状》第 3 卷，邵小龙、邱轶皓、欧阳楠等译，花城出版社，2018 年，第 767 页。

每一个故事都附有木刻版画，因而不识字的民众也可以大致猜测故事的内容，当然，他们也可以请识字之人读给他们听。这些故事的内容往往带有佛教色彩，与佛教不杀生的戒律密切相关，并且描绘了杀婴的父母或产婆遭到鬼魂报复或下地狱的惨状。①而福建东南部的民众一旦发现自己被鬼叫名字时，往往会求助算卦师帮忙。算卦师的小册子大小似手掌，有的是印刷的，有的是手抄的，里面记录了历代算卦师传承的重要知识，算卦师正是依据这些知识给出禳解的办法。②

　　高延也提到，留居中国厦门和东南亚的华人聚居地之时，他曾收集过一些小册子，如厦门海岸集文书坊刊印的《阿弥陀佛接引念佛善人往生西方》、龙华会信众烧给阿弥陀佛的《归家文单》等。在《中国的宗教教派与宗教迫害》一书中，高延提到为了获得厦门地区民间教派的资料，他与一位民间教派成员有着深入的交往，在官府打压民间教派之际，这位感到害怕的民间教派成员将有关龙华会的笔记资料交给了高延，之后还频繁回答他有关民间教派的内在组织形式与活动的提问。在这位教派成员的帮助下，高延也尝试将这些文本翻译成了英文。③这些文本很可能被高延摘译到了其著作中，例如高延对《太上三祖行脚因由总录》等宝卷的翻译④，但是博物馆公布的藏品中未见此类藏品。或许这些小册子与高延的一些中文藏书被一起归入了莱顿大学汉学图书馆；或许在高延前往德国柏林大学任教之后，这些宝卷到了德国的收藏机构；又或许在多次搬家的过程中，这些宝卷已丢失。尽管有种种可能，遗憾的是目前这些藏品的下落仍未知晓。

　　① [荷] 高延：《中国的宗教系统及其古代形式、变迁、历史及现状》第 4 卷，邓菲、董少新译，花城出版社，2018 年，第 1285—1288 页。

　　② [荷] 高延：《中国的宗教系统及其古代形式、变迁、历史及现状》第 5 卷，孙英刚译，花城出版社，2018 年，第 1320 页。

　　③ J. J. M. de Groot, *Sectarianism and Religious Persecution in China: A Page in the History of Religions*, Johannes Müller, 1903, pp. 230-234, 173-174, 197.

　　④ 据出海披露，高延有关民间教派文本的翻译手稿在 1999 年已经对外开放，参见 Barend J. ter Haar, "Reviewed Work(s): The Beaten Track of Science: The Life and Work of J. J. M. de Groot by R. J. Zwi Werblowsky and Hartmut Walravens", *T'oung Pao*, 2006, Vol. 92, pp. 540-560。

通书

　　有清一代，福建民间有各种通书流通。由泉州洪氏家族继成堂发行的通书在福建影响最大，洪潮和在 18 世纪末便编撰了《趋避通书》，至今仍有洪氏后人的弟子在编撰民间通书。[①] 高延在《中国的宗教系统》中指出通书在中国非常流行，花上几个铜板就可以在厦门的街头买到一本通书。人们依据通书占卜吉凶，判断哪些日子适宜动土、修房、出行、修坟、嫁娶、安葬等。[②] 通书也具有辟邪的作用，因为通书教导人们要顺应自然、顺应无形的天道，所以通书也是驱邪仪式中的一件法宝。

　　高延藏品中有一本 1878 年的时宪书。时宪书往往包括几个部分的内容：最开始的两页为"都城顺天府节气时刻"，记载京城二十四节气所在的时刻与时辰；接着的两页是"年神方位之图"，用以指导择日、堪舆等民俗活动；之后是准确反映清朝各省节气的时刻表；然后是月历，每个月的月历占据两页；月历之后附有一张"纪年表"；通书的最后两页，刊刻钦天监主要官员的姓名。

---

① 参见陈进国：《民间通书的流行与风水术的民俗化——以闽台洪潮和通书为例》，载《台湾宗教研究通讯》2002 年第 4 期。

② ［荷］高延：《中国的宗教系统及其古代形式、变迁、历史及现状》第 1 卷，林艾岑译，花城出版社，2018 年，第 89 页。

通书

外文题名：Almanak-*tongshu*

馆藏编号：RV-518-20

收集时间：1876—1878 年

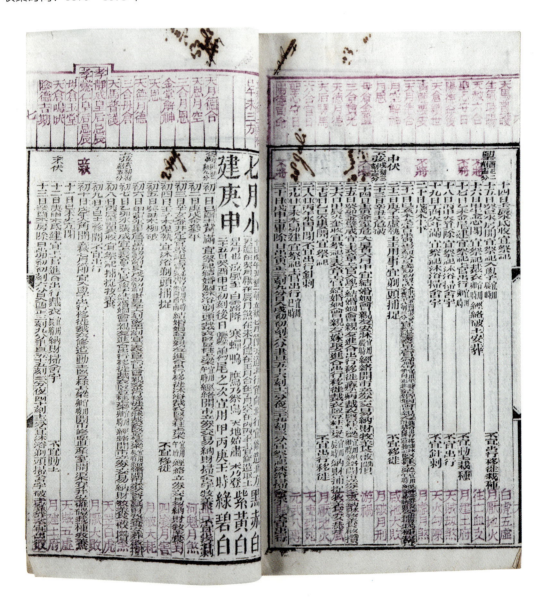

　　这本通书四孔线装，红色封面，黄色封底，四周双边，黑口，双鱼尾。封面中间刻有"钦天监钦遵、御制数理精蕴印造时宪书、颁行天下"，封皮左侧书有"大清光绪四年时宪书"。通书采用双色套印的方式，月历正文为黑色，月历上下边的紫色批注，标明了吉神、凶神以及皇帝、皇后的忌辰等事项。

考 卷

　　作为西方汉学家，高延也关注中国的科举考试制度以及士绅阶层对文昌帝君、魁星等神明的信仰。[1]高延藏品中有晋江县考卷两张。无论是乡试还是殿试，考卷都有严格的格式，要在特定的地方写考生籍贯、姓名，然后从右往左竖排书写。从卷面看，编号为RV-518-15的考卷没有被使用过的痕迹，而编号为RV-518-16的考卷则写有文字，盖了红印，记录有考生的名次。由于资料缺乏，我们不知道高延是如何购买到这两张考卷的。但是明清时期，科举考试制度允许落榜的考生领回自己的考卷，而且考生可以看到考官写的批语。高延很可能是购买了晋江县一名落榜考生的考卷。

　　[1] J. J. M. de Groot, "Two Gods of Literature and a God of Barber", *China Review*, 1880, Vol. 9, pp. 188-190.

考卷

外文题名：Examenformulier-*kaojuan*
馆藏编号：RV-518-15
收集时间：1876—1878 年
尺寸：26cm×69cm

这张考卷一共九折，第一折的右端有"第等第"字样，第二折的右端有一个"批"字，其他七折的卷面印有格子，可从右往左竖排书写。

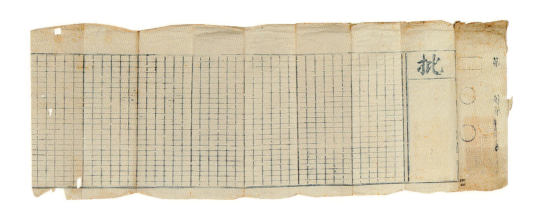

考卷

外文题名：Examenformulier-*kaojuan*
馆藏编号：RV-518-16
收集时间：1876—1878 年
尺寸：29.9cm×86cm

这是一张正卷，左端印有蓝色的字样如"晋江县""正卷""名"等，以提示考生在相应的地方写上个人信息，名次的地方供考官写考生的名次，考卷上还加盖了考官的印章。这名落榜的考生考了第"一千三百五七"名。正卷的一行文字为"迫之以推科而损无利初无利治"，字迹清秀。

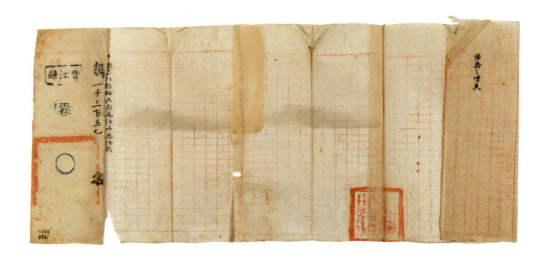

　　婚书有相对固定的格式，一般为手写，多是红色宣纸，行体墨书，包括庚帖、求婚帖、允婚帖和礼单等，上面一般写有男女双方的生辰、介绍人、主婚人、订婚人、结婚人以及父母的名字等。[①] 有清一代，纳采阶段的婚书也称为乾坤书，是合法婚姻的重要凭证。男女两家在开庚帖之后，若有意合婚，则男方先送乾书，女方回以坤书。交换乾坤书，意味着订婚。待拜堂成亲之日，将两书置于供桌上，这叫"合乾坤"。尽管高延并未详细记录厦门人的婚礼习俗，但是在论述丧礼仪式和分析各种驱邪方式时，提到厦门人在结婚时会有一些特别的仪式。这些仪式的目的在于使婚礼顺利进行，避免邪祟，表达对新人婚后生活的祝福。

　　高延还提到："在纳彩的同时双方交换婚约文书也是必不可少的一个仪式。在交换婚约时，双方的主婚宣布他们同意这宗婚事并致力维护婚约。按照习俗，婚书要有华丽夸张的辞藻，其中穿插有合适的双关隐喻和固定用语。"[②]

　　高延收藏的两件婚书，单从婚书上的时间"乙丑年十月"，还难以判断其写作日期。从形态上看，这两件婚书经过了装裱，因为仪式中的婚书并没有卷轴与青色画框，而且一般被叠成六折或八折，

---

① 郭松义、定宜庄：《清代民间婚书研究》，人民出版社，2005 年，第 14—15 页。

② ［荷］高延：《中国的宗教系统及其古代形式、变迁、历史及现状》第 2 卷，王樾译，花城出版社，2018 年，第 554 页。

有烫金图案与大字的一面作为封页。从遣词造句与格式上看，这两张婚书与晚清时期闽台地区的婚书非常相似。①

---

① 台湾银行经济研究室编：《台湾私法人事编》，台湾大通书局，1987 年，第 369—379 页。

婚书

外文题名：Huwelijkscontract

馆藏编号：RV-1092-16a

尺寸：63.5cm×29.3cm×2cm；50.8cm×18.8cm（画幅）

　　这张婚书，右端有"二姓合婚"四个大字。从婚书的内容看，这是男方遣媒人送给女方的求婚帖。女方收到求婚帖，若同意合婚就回以允婚帖。这张求婚帖的内容为：

　　姻弟陈观光薰沐顿首拜

　　书上

　　大德望光瑞王府尊姻翁老先生老大人执事：伏以华烛锦帷降王母于宫掖，银河羽驾会织女于星垣。恭惟高门三公指日，四杰称时，忠臣孝子之门芳承杰出，圣主贤臣之颂美济前开。尊姻翁老大人，温良持己令德珪璋齐辉，忠恕待人闻望斗山并重。猥以长令媛金枝官，配及大小豚焕文者。美四德之素优终温且惠，愧五车之未富深致永怀。雅结周亲天公启其作合，谊通世讲月老系以良缘。际孟秋而缔盟仪羞不腆，藉微物以展素终马允藏。鼓以瑟鼓以琴惟祈好合，螽斯诜螽斯揖定卜光昌。统翼尊慈俯赐鉴亮，不宣。

时龙飞岁次己丑年十月谷旦，观再顿首百拜

光前

婚书

外文题名：Huwelijkscontract

馆藏编号：RV-1092-16b

尺寸：64cm×30cm×2cm；51cm×18.5cm（画幅）

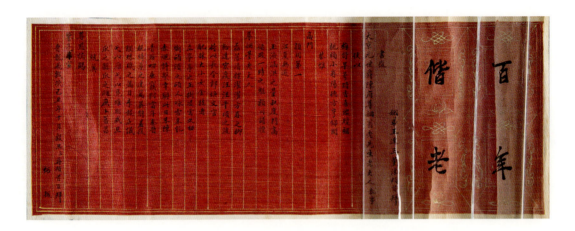

这张婚书右端有"百年偕老"四个大字。这是女方家庭回复男方的允婚帖，也称为坤书。其内容为：

姻弟王达三薰沐顿首拜

书复

大京元世爵陈府尊姻翁老先生老大人执事：伏以梅舒早萼暗香喜缀琼裾，桃绚小春阳德方亨锦阆。恭惟高门颖川第一，江夏无逾，玉液涵洪之量叔度门高，循政一时之魁颖川谱擅。尊姻台老大人，磊落清标濯濯方春之柳，豁达宏度汪汪千顷之波。荷以长令郎焕文官，配采大小女金枝者。立亭亭之玉树凌云久切，惭顸顸之硕人咏雪未能。赤绳许系幸联此日朱陈，青盼叨垂窃附当年秦晋。睹绮藻之连篇芜辞羞复，触珠玑之满目李报之仪。弋以雁弋以兔维期戒旦，瓜之绵瓜之瓞庶卜蕃昌。统冀尊慈俯赐鉴亮，弗宣。

时龙飞岁次己丑年十月谷旦，三再顿百拜

裕后

　　高延藏品中有两封讣音帖,其《中国的宗教系统》第 1 卷也收录了另一张讣音帖,并且提及讣音帖一般写在褐色、黄色或白色的纸卡上,宽 20—30 厘米,长 1 米左右。讣音帖上的文字通常是黑色或蓝色,其中皇帝的年号以及重要人物的名字则是红色。讣音帖一般装在与讣音帖同颜色的信封里,信封的正面贴上蓝色的长纸条,然后再在蓝纸条上贴一张红纸条,并在红纸条上写上收信人的名字。如果死者是一位读书人或官员,信封里往往还有一个小信封,里面装着讣告。讣告通常印在红纸上,陈述了死者的生平及一生之丰功伟绩。①

　　① [荷]高延:《中国的宗教系统及其古代形式、变迁、历史及现状》第 1 卷,林艾岑译,花城出版社,2018 年,第 100—101 页。

讣音帖

外文题名：Rouwkaart

馆藏编号：RV-1079-1

尺寸：25cm×16cm（装讣音帖的信封）；43.4cm×102cm（讣音帖）

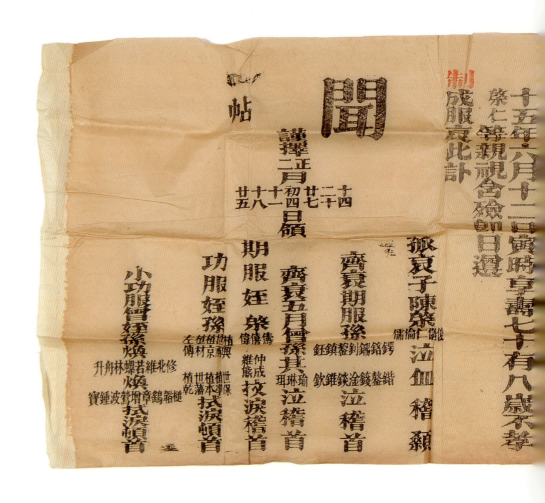

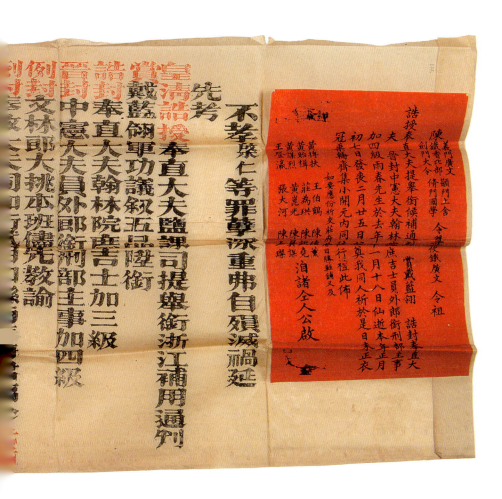

皇清誥授

先考

誥授奉直大夫

賞戴藍翎軍功議敘五品銜

誥封奉直大夫翰林院庶吉士加三級

晉封中憲大夫員外郎衙刑部主事加四級

例封文林郎大挑本班儒學教諭

不孝榮仁等罪孽深重弗自殞滅禍延

羅授奉直大夫提舉候補通判

陳鐵齋比部 顯門廣文 令弟後鐵廣文 令祖
義門廣文 顯門上舍 偹門國學

夫晉封中憲大夫翰林院庶吉士員外郎衙刑部主事
加四級雨春先生於去年一月十八日仙逝本年正月
初七日發炎二月廿五日奠我同人祈於是日孝正衣
冠乘輪齊集小開元內同此行程此佈

如要應份祈交駐為日購鞋舖及

王伯鶴 陳伯黃
黃獅扶 莊為琪 陳桂堯 黃貽楫 黃觉光 陳肄諜 王萱瀛 張大河 陳大璘

泊諸全人公啟

例封文林郎大桃本班儒學教諭

信封上贴有红色纸条，纸条上用黑色墨水写着收信人的名号："海舍　宝记洋行"[1]。

这封讣音帖的死者是陈雨春，死亡日期是光绪十三年（1887）十一月十八日，讣音帖内容如下：

不孝荣仁等罪孽深重，弗自殒灭，祸延先考，皇清诰授奉直大夫盐课司提举衔浙江补用通判、赏戴蓝翎军功议叙五品升衔、诰封奉直大夫翰林院庶吉士加三级、晋封中宪大夫员外郎衔刑部主事加四级、例封文林郎大挑本班尽先教谕、例封奉政大夫同知衔试用知县雨春府君，痛于光绪十三年十一月十八日亥时，寿终正寝。距生嘉庆十五年六月十二日寅时，享寿七十有八岁。不孝荣仁等亲视含殓，即日遵制成服，哀此讣闻。谨择正月十四、二十、廿七，二月初四、十一、十八、廿五日领。孤哀子陈荣俊、荣仪、荣仁、荣伦、荣儒泣血稽颡，齐衰期服孙锷锴、铭鏊、鐊钱、钊淦、鋆铗、镇锥、钰钦泣稽首，齐衰五月曾孙其瑜、其琳、其珥泣稽首，期服侄荣俦、荣僖、荣伟、仲成、维熊扰泪稽首，功服侄孙植兴、世禄、植京、植材、左传、世保、植准、植本、世藩、植乾拭泪顿首，小功服曾侄孙、焕修、焕北、焕维、焕若、焕螺、焕林、焕舟、焕升、焕槌、焕韬、焕鹞、焕章、焕增、焕莺、焕波、焕钟、焕宝拭泪顿首。

在收到死者家属送来的讣音帖后，收信人应尽早确定前往吊唁的方式。下面的一则帖子是众人打算在死者出殡后的七七四十九天祭奠死者：

陈义门广文、铁香比部、吁门上舍、剑门大令、修门国学：令尊筱铁广文，令祖诰授奉直大夫提举衔候补通判、赏戴蓝翎、诰封奉直大夫、晋封中宪大夫翰林院庶吉士员外郎衔刑部主事加四级雨春先生，于去年十一月十八日仙逝，本年正月初七日发丧，二月廿五日公奠。我同人祈于是日，未正衣冠，乘轿齐集小开元内，同往行礼，此佈。如要应份祈交庄府巷日胜鞋铺又及，黄扶扶、黄贻楫、黄谋烈、王登瀛、王伯鹤、庄为珙、黄崑光、张大河、陈德熏、陈钦尧、陈翼谋、陈玉璨，洎诸仝人公启。

---

① 信封上的"海舍"二字到底是一句套话，还是一个外国人的中文名字，未知。在近代，宝记洋行（Pasedag & Co.）是德国商人驻扎在厦门鼓浪屿上的企业，其业务包括招募中国劳工去海外等。厦门的荷兰领事馆与宝记洋行颇有渊源。1863 年，由德记洋行老板兼任荷兰驻厦门领事，之后又由德商宝记洋行代理，至 1890 年荷兰领事馆才正式建馆。所以高延 1886—1890 年留居厦门的时候，或许避免不了要与宝记洋行打交道。参见厦门市地方志编纂委员会编：《厦门市志》第 2 册，方志出版社，2004 年，第 1592 页。

讣音帖

外文题名：Rouwkaart

馆藏编号：RV-1079-2

尺寸：27.1cm×53.5cm（哀启）；25.1cm×93.5cm（讣音帖）；

26.5cm×11cm（装哀启的信封）；25.2cm×14cm（装讣音帖的信封）

这封讣音帖附有高延写的文字说明：信封比编号为 RV-1079-1 的更小，讣音帖写在一张黄色纸上，而白纸上的哀启则写有死者的生平信息。黄纸上的信封写有"陈相公　篆　翊清"，因而这封讣音帖是写给陈翊清的。

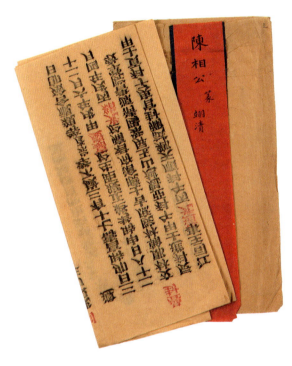

参考文献

[1] 戴成芬，黄煴.榕城岁时记［M］.春璧斋抄本.

[2] 陈耕，周长楫.闽南童谣纵横谈［M］.厦门：鹭江出版社，2008.

[3] 陈丽芬.闽南民间器物［M］.厦门：鹭江出版社，2009.

[4] 潮汕历史文化研究中心，汕头特区晚报社.海滨邹鲁是潮阳［M］.汕头：潮汕历史文化研究中心，2000.

[5] 冯骥才.中国木版年画集成：漳州卷［M］.北京：中华书局，2010.

[6] 美国哥伦比亚大学史带东亚图书馆.美国哥伦比亚大学史带东亚图书馆藏门神纸马图录［M］.北京：中华书局，2018.

[7] 龚晓田.溢彩年华：漳州年画与漳州民俗［M］.郑州：中州古籍出版社，2018.

[8] 顾炎武，黄汝成.日知录集释［M］.栾保群，校点.北京：中华书局，2020.

[9] 顾颉刚.顾颉刚民俗论文集［M］.北京：中华书局，2011.

[10] 郭松义，定宜庄.清代民间婚书研究［M］.北京：人民出版社，2005.

[11] 黄少龙，王景贤.泉州提线木偶戏［M］.北京：文化艺术出版社，2012.

[12] 黄曾恒，庄南燕.蔡氏漆线雕［M］.北京：文化艺术出版社，2012.

[13] 林耀华.金翼：中国家族制度的社会学研究［M］.庄孔韶，林余成，译.北京：生活・读书・新知三联书店，1989.

[14] 刘织超，温廷敬，等.民国新修大埔县志［M］.上海：上海书店，2003.

[15] 清华大学艺术博物馆，洛文希尔收藏.世相与映像：洛文希尔摄影收藏中的19世纪中国［M］.北京：清华大学出版社，2018.

[16] 王晓戈，刘雅琴.海峡两岸木版年画艺术口述史［M］.福州：福建教育出版社，2018.

[17] 文康.儿女英雄传：下［M］.北京：华文出版社，2018.

[18] 徐家宁.中国历史影像：早期摄影家作品集：托马斯・查尔德［M］.郑州：文心出版社，2017.

[19] 徐艺乙.中国民俗文物概论：民间物质文化的研究［M］.南京：江苏凤凰美术出版社，2021.

[20] 台湾省文献委员会.台湾省通志：6［M］.台北：台湾省文献委员会，

1970.

［21］厦门市地方志编纂委员会.厦门市志：第 2 册［M］.北京：方志出版社，
2004.

［22］徐珂.清稗类钞［M］.北京：中华书局，2010.

［23］薛起凤，江林宣，李熙泰.鹭江志：整理本［M］.厦门：鹭江出版社，
2020.

［24］虞愚，释寄尘.厦门南普陀寺志［M］.厦门南普陀寺排印本，1933.

［25］厦门南普陀寺.南普陀寺志［M］.上海：上海辞书出版社，2011.

［26］熊文华.荷兰汉学史［M］.北京：学苑出版社，2012.

［27］郑长铃，王珊.南音［M］.杭州：浙江人民出版社，2005.

［28］郑一崧，颜璹.永春州志：据乾隆五十二年刊本影印［M］.台北：成文
出版社，1974.

［29］中华续行委办会调查特委会.1901—1920 年中国基督教调查资料（修订）
［M］.蔡詠春，文庸，段琦，等译.北京：中国社会科学出版社，2007.

［30］周凯，凌翰，等.厦门志：据道光十九年刊本影印［M］.台北：成文出版社，
1967.

［31］但尼士，欧德理，等.中国评论［M］.北京：国家图书馆出版社，2010.

［32］上海图书馆.皇家亚洲文会北华支会会刊（1858—1948）：导论·索引·附
录［M］.上海：上海科学技术文献出版社，2013.

［33］劳佛尔.中国篮子［M］.叶胜男，郑晨，译.杭州：西泠印社出版社，
2014.

［34］杜赫德.耶稣会士中国书简集：中国回忆录：第 2 卷［M］.郑德弟，朱静，
等译.郑州：大象出版社，2001.

［35］毕腓力.厦门纵横：一个中国首批开埠城市的史事［M］.何丙仲，译.厦
门：厦门大学出版社，2009.

［36］恩斯特·柏石曼.普陀山建筑艺术与宗教文化［M］.史良，张希晅，译.北
京：商务印书馆，2017.

［37］高延.婆罗洲华人公司制度［M］.袁冰凌，译.台北："中央研究院"近
代史研究所，1996.

［38］高延.中国的宗教系统及其古代形式、变迁、历史及现状：第 1 卷［M］.
林艾岑，译.广州：花城出版社，2018.

［39］高延.中国的宗教系统及其古代形式、变迁、历史及现状：第 2 卷［M］.

王樾，译.广州：花城出版社，2018.

[40]高延.中国的宗教系统及其古代形式、变迁、历史及现状：第3卷[M].邵小龙，邱轶皓，欧阳楠，等译.广州：花城出版社，2018.

[41]高延.中国的宗教系统及其古代形式、变迁、历史及现状：第4卷[M].邓菲，董少新，译.广州：花城出版社，2018.

[42]高延.中国的宗教系统及其古代形式、变迁、历史及现状：第5卷[M].孙英刚，译.广州：花城出版社，2018.

[43]高延.中国的宗教系统及其古代形式、变迁、历史及现状：第6卷[M].芮传明，译.广州：花城出版社，2018.

[44]高彦颐.缠足："金莲崇拜"盛极而衰的演变[M].苗延威，译.南京：江苏人民出版社，2009.

[45]夫马进.中国善会善堂史研究[M].伍跃，杨文信，张学锋，译.北京：商务印书馆，2005.

[46]卢公明.中国人的社会生活：一个美国传教士的晚清福州见闻录[M].陈泽平，译.福州：福建人民出版社，2009.

[47]禄是遒.中国民间崇拜：第2卷 咒术概观[M].程群，译.上海：上海科学技术文献出版社，2014.

[48]陆一约.中国人的日常生活：福建河流及道路沿途风光[M].张跃军，刘为洁，译.厦门：厦门大学出版社，2018.

[49]麦嘉湖.中国人生活的明与暗[M].朱涛，倪静，译.北京：中华书局，2006.

[50]乔治·亨利·梅森，等.西洋镜：清代风俗人物图鉴[M].赵省伟，于洋洋，编译.北京：台海出版社，2017.

[51]乔治·N.赖特.中央帝国[M].何守源，译.北京：北京时代华文书局，2019.

[52]泰勒·何德兰，坎贝尔·布朗士.孩提时代：两个传教士眼中的中国儿童生活[M].魏长保，黄一九，宣方，译.北京：群言出版社，2000.

[53]伊凡·威廉斯.广州制作：欧美藏十九世纪中国通纸画[M].程美宝，译编.广州：岭南美术出版社，2014.

[54]伊维德.荷兰的中国研究：过去、现在与未来[M].耿勇，刘晶，侯喆，译.上海：上海社会科学院出版社，2021.

[55]庄士敦.狮龙共舞：一个英国人笔下的威海卫与中国传统文化[M].刘

本森，译.南京：江苏人民出版社，2014.

[56] 包罗史.拓荒者和引水者：莱顿大学的早期汉学家（1853—1911）［M］王筱云，译 // 任继愈.国际汉学：第 3 辑.郑州：大象出版社，1999.

[57] 泷本弘之.纸马研究的开拓者：队克勋《中国农民信仰》中的纸马介绍［M］.韩雯，译 // 冯骥才.年画研究.北京：中国戏剧出版社，2013.

[58] H. A. 翟理斯.鼓浪屿简史［M］.何丙仲，译 // 周旻.鼓浪屿研究：第 1 辑.厦门：厦门大学出版社，2015.

[59] 陈全忠.法海院、兴贤宫、种德宫［M］// 中国人民政治协商会议厦门市鼓浪屿区委员会.鼓浪屿文史资料：第 3 辑.厦门：政协厦门市鼓浪屿区委员会，1998.

[60] 杨玉君.俄罗斯汉学家阿理克的不愠斋笔记：年画研究的宝库［M］// 冯骥才.年画研究.北京：文化艺术出版社，2020：46-58.

[61] 小林宏光.明代版画的精华：关于科隆市立东亚艺术博物馆所藏崇祯十三年（1640）刊闵齐伋西厢记版画［J］.施帼玮，译.美苑，2010（5）：32-38.

[62] 陈国强.厦门城与厦门城隍［J］.福建史志，1996（S）.

[63] 程美宝.从博物馆藏品看中国"近代"史［J］.近代史研究，2010（2）：21-24.

[64] 杜辉.民族学博物馆之未来：民族学博物馆发展的再思考［J］.东南文化，2014（2）：123-126.

[65] 宫宏宇.基督教新教传教士与中国音乐：以李太郭为例［J］.中国音乐，2013（1）：43-50.

[66] 顾颉刚.东岳庙的七十二司［J］.歌谣周刊，1924（50）：1-3.

[67] 胡家瑜.离散的收藏与拼接的记忆［J］.博物馆与文化，2012（3）：3-28.

[68] 李生柱.神像：民间信仰的象征与实践：基于冀南洗马村的田野考察［J］.民俗研究，2014（2）：144-153.

[69] 陆仲雁.知识汇集的殿堂：汇流博物馆纪游［J］.艺术品，2016（6）：94-97.

[70] 牛海洋.美国汉学家巴托尔德·劳费尔的首次中国考察［J］.国际汉学，2020（1）：37-42.

[71] 唐君娴.国立民族学博物馆（荷兰）［J］.博闻，2011（9）：98-103.

[72] 王晓青.神像灵性的视觉建构：以南海神庙波罗诞庙会的"五子朝王"仪式为例［J］.民族艺术，2016（5）：45-52.

[73] 王舒俐.多元现代性：当代荷兰博物馆的去殖民化［J］.上海艺术评论，

2019（1）：83-85.

［74］王霄冰.海外藏珍稀民俗义献与文物资料研究的构想与思路[J].学术研究，2018（7）：145-153.

［75］吴松弟.走向世界：中国参加早期世界博览会的历史研究：以中国旧海关出版物为中心［J］.史林，2009（2）：42-51.

［76］徐炳三.基督教与近代福建女俗改良［J］.民俗研究，2006（4）：214-221.

［77］叶可佳，波莉娜.俄罗斯汉学家阿理克1912年赴华收集的民间宗教文书及图象［J］.民俗曲艺，2020（1）：255-299.

［78］ARRAULT A. A history of cultic images in China：the domestic statuary of Hunan ［M］.Trans. by Lina Verchery. Hong Kong：The Chinese University of Hong Kong Press，2020.

［79］ANONYMOUS. Illustrated catalogue of the Chinese collection of exhibits for the International Health Exhibition ［M］. London：William Clowes，1884.

［80］DAY C B. Chinese peasant cults：being a study of Chinese paper Gods ［M］. Shanghai：Kelly and Walsh，Limited，1940.

［81］EMMONS D. Dieux de Chine：Le panthéon populaire du Fujian de J. J. M. de Groot ［M］. Lyon：Muséum d'Histoire Naturelle de Lyon, Un, Deux... Quatre Editions, 2003.

［82］MASON G H. The punishments of China ［M］. London: Printed for William Miller，1801.

［83］GROOT J J M. Les fêtes annuellement célébrées à Émoui(Amoy)：Étude concernant la religion populaire des Chinois ［M］. Trans. by C. G. Chavannes. Paris：Ernest Leroux，1886.

［84］GROOT J J M. Les fêtes annuellement célébrées à Émoui(Amoy)：Étude concernant la religion populaire des Chinois ［M］. San Francisco： Chinese Materials Center，1977.

［85］GROOT J J M. Buddhist masses for the dead at Amoy ［M］. Leyde：E. J. Brill，1884.

［86］GROOT J J M. Sectarianism and religious persecution in China：a page in the history of religions ［M］. Amsterdam： Johannes Müller， 1903-1904.

［87］GROOT J J M. The religious system of China: its ancient forms, evolution, history and present aspect, manner, customs and social institutions connected therewith [M]. Leiden: E. J. Brill, 1892-1910.

[88] GROOT J J M. The religion of the Chinese [M] . New York: Macmillan, 1910.

[89] GROOT J J M. Religion in China, Universism: a key to the study of Taoism and Confucianism [M] . New York: G. P. Putnam's Sons, 1912.

[90] BREDON J, MITROPHANOW I. The moon year: a record of Chinese customs and festivals [M] . Shanghai: Kelly & Walsh, 1927.

[91] KUIPER K. The early Dutch sinologists (1854-1900): training in Holland and China, functions in the Netherlands Indies [M] . Leiden: Brill, 2017.

[92] HODOUS L. Folk ways in China [M] . London: Arthur Probsthain, 1929.

[93] IDEMA W L. Chinese studies in the Netherlands: past, present and future[M]. Leiden: Brill, 2013.

[94] DUNN N.Ten thousand Chinese things: a descriptive catalogue of the Chinese collection in Philadelphia [M] . Philadelphia: Printed for the Proprietor, 1839.

[95] DENNYS N B.The folk-lore of China, and its affinities with that of the Aryan and Semitic Races [M] . London: Trübner, 1876.

[96] WERBLOWSKY R J Z. The beaten track of science: the life and work of J. J. M. de Groot [M] . Wiesbaden: Harrassowitz Verlag, 2002.

[97] RUIZENDAAL R. Marionette theatre in Quanzhou [M] . Leiden: Brill, 2006.

[98] POEL R. Made for trade-made in China, Chinese export paintings in Dutch collections: art and commodity [M] . Proefschrift: the Editing Company, 2016.

[99] WESTSTEIJN T. Foreign devils and philosophers: cultural encounters between the Chinese, the Dutch, and other Europeans, 1590-1800 [M] . Leiden: Brill, 2020.

[100] LANGDON W B. Ten thousand Chinese things: a descriptive catalogue of the Chinese collection now Exhibiting at St. George's Place, Hyde Park Corner [M] . London: Printed for the Proprietor, 1842.

[101] LANGDON W B. Ten thousand Chinese things relating to China and the Chinese [M] . London: Printed for the Proprietor, 1842.

[102] HAAR B J. Reviewed work(s): the beaten track of science: the life and

work of J. J. M. de Groot by R. J. Zwi Werblowsky and Hartmut Walravens [J] .T'oung pao, 2006（9）: 540-560.

[103] BOAS F. Reviewed work(s): internationales archiv für ethnographie. Vol. I, 1888, by J. D. E. Schmeltz [J] .American anthropologist, 1889（2）: 181-182.

[104] STEVENS K. Altar images from Hunan and Kiangsi [J] . Journal of the Hong Kong branch of the royal Asiatic society, 1978（18）: 41-48.

[105] GROOT J J M. Chinese antiquity [J] .China review, 1877（6）: 139-141.

[106] GROOT J J M. The idol Kwoh Shing Wang [J] .China review, 1878（7）: 91-98.

[107] GROOT J J M. A bit of folklore about candles, lamp and fire [J] .China review, 1878（7）: 202-204.

[108] GROOT J J M. Two gods of literature and a god of barber [J] .China review, 1880（7）: 188-190.

[109] GROOT J J M. Militant spirit of the buddhist clergy in China [J] .T'oung pao, 1891（2）: 127-139.

[110] GROOT J J M. The wedding garments of a Chinese woman [J] . Internationales archiv für ethnograohie, 1891（4）: 182-184.

[111] DAVID L. Histoire du Muséum d'Histoire Naturelle de Lyon [J] . Nouvelles archives du Muséum d'Histoire Naturelle de Lyon, 1997（35）: 5-56.

[112] WERBLOWSKY R J Z. Catalogue of the pantheon of Fujian popular religion [J] . Journal of south central and east Asian religions, 2001（12）: 95-192.

附录一　高延学术年表

1854 年 2 月 18 日，出生在荷兰斯希丹一个天主教家庭。

中学就读于一所法语学校（Monsieur W. L. Combé's French School）。

1869 年，参加荷兰皇家海军（Dutch Royal Navy）的考试，失败后到一所文法学校学习。

1870 年，参加海军学校学员考试失败。

1871 年，第三次参加海军军官学校考试，因视力不佳而失败。后来入读代尔夫特殖民学校。

1873 年 9 月，进入莱顿大学学习中文。

1874 年，因神父对家庭的干扰，脱离天主教。

1876 年 12 月，从法国马赛起航前往中国。

1877 年 2 月 2 日，到达厦门。后在厦门学习中文，调查厦门地区的岁时节日民俗，在福建各地旅行。

1878 年 2 月，到荷属东印度殖民地爪哇任中文翻译官，成为巴达维亚艺术和科学协会（Batavian Society of Arts and Sciences）会员。

1880 年，转到西婆罗洲坤甸任翻译官。

1882 年，在巴达维亚出版《厦门岁时记》（荷兰文）。

1883 年 3 月离开东南亚，9 月参加在海牙召开的第六届国际东方学家大会（the Sixth International Congress of Orientalists），发表《佛教丧葬仪式》，并在会上结识法国吉美博物馆创始人吉美。

1884 年 12 月 5 日，因《厦门岁时记》而获得莱比锡大学博士学位。同年出版《厦门地区的丧葬礼仪》。

1885 年，出版《婆罗洲华人公司制度》（荷兰文），申请赴中国的调查计划获荷兰政府批准。将 1877—1878 年在中国收集的藏品捐给莱顿民族学博物馆，同期在中国购买的 49 本中文书则卖给莱顿大学图书馆。

1886 年 1 月，离开欧洲，经巴达维亚参观日里烟草种植园，并在 6 月到达厦门。同年，《厦门岁时记》法译本在巴黎出版。

1887 年，成为荷兰皇家科学院通讯会员。同年加入英国皇家亚洲文会北华支会。

1888 年，因替吉美博物馆收集藏品，被授予法国荣誉军团勋章（Chevalier de la Légion d'Honneur）。

1889 年，到福州的鼓山寺调查佛教僧侣生活，并在福建进行广泛的游历。

1890 年春，到华北进行短暂调查，4 月离开中国。途经日本和美国回到荷兰，9 月接受阿姆斯特丹一所商学院汉语与马来语的教职。

1891 年 10 月，转任莱顿大学东南亚民族学与地理学教授。

1892 年 4 月，《中国的宗教系统》第 1 卷出版。

1893 年，出版《中国大乘佛教律典》（法文）。

1894 年，因《中国大乘佛教律典》获法国法兰西文学院颁发的儒莲奖。同年《中国的宗教系统》第 2 卷出版。

1897 年，《中国的宗教系统》第 3 卷出版。

1898 年，因《中国的宗教系统》第 1—3 卷再次获儒莲奖。同年 8 月被授予荷兰狮勋章（Knight in the Order of the Netherlands Lion）。

1900 年 1 月至 8 月，给荷兰女王威廉明娜介绍荷属东南亚殖民地的风土人情。

1901 年，《中国的宗教系统》第 4 卷出版。

1902 年，拒绝任柏林大学汉学教授的邀请，之后被荷兰女王授予奥兰治 - 拿骚司令勋章（Commander in the Order of Orange-Nassau）。

1903 年，因《中国的宗教系统》第 4 卷第三次获儒莲奖，出版《中国的宗教教派与宗教迫害》第 1 卷。

1904 年，1 月转任莱顿大学汉学教授。同年出版《中国的宗教教派与宗教迫害》第 2 卷。卷入"荷兰人学习俗"风波：高延严厉批评在学生中盛行的新生入学受戏弄的野蛮习俗，然而同事和学生们都不理解他并且不愿打破陈规，争执持续了几年，高延变得孤独而声誉扫地。

1907 年，《中国的宗教系统》第 5 卷出版。

1908 年，访问美国，为哈特福德神学院（Hartford Theological Seminary）的学生介绍中国人的宗教信仰情况。9 月，参加在英国牛津举办的第三届国际宗教史大会。

1910 年，第二次访问美国，在哈佛、耶鲁、巴尔的摩、波士顿、芝加哥等大学讲授中国宗教史。《中国的宗教系统》第 6 卷出版。《中国人的宗教》在纽约出版。

1911 年，第三次访问美国，获普林斯顿大学荣誉博士学位。同年离开莱顿，接受柏林大学汉学教授一职。

1912 年，出版《中国的宗教：天人合一——研究道教和儒教的关键》。

1914 年，获德国二级皇冠勋章（Kronenorden 2. Klasse）。

1918 年，出版《天人合一：中国宗教伦理、政治及各学科的基础》（德文），获德国战争援助功勋十字勋章（Verdienstkreuz für Kriegshilfe）。

1919 年，出版《佛塔：中国佛教的圣地》（德文）。

1921 年 9 月 24 日，因病在柏林去世。同年出版《中国文献中的亚洲史：公元前的匈奴》第 1 卷（德文）。

附录二　高延著述目录 [①]

一、著作

1. *Jaarlijksche Feesten en Gebruiken van de Emoy-Chineezen*, W. Bruning & Co.,1882. 荷兰文版《厦门岁时记》

2. *Buddhist Masses for the Dead at Amoy*, E. J. Brill,1884.《厦门地区的丧葬礼仪》

3. *Het Kongsiwezen van Borneo. Eene verhandeling over den Hrondslag en den aard der Chineesche Politieke Vereenigingen in de Koloniën; Met eene Chineesche Geschiedenis van de Kongsi Lanfong*, Hague: Martinus Nijhoff, 1885. 中译本：《婆罗洲华人公司制度》，袁冰凌译，"中央研究院"近代史研究所，1996 年。

4. *Les Fêtes Annuellement Célébrées à Émoui (Amoy):Étude Concernant la Religion Populaire des Chinois*, trans. by C. G. Chavannes, Ernest Leroux, 1886. 法文版《厦门岁时记》

5. *Le code du Mahaâyaâna en Chine*：*Son Influence sur la vie Monacale et sur le Monde Laïque*, Johannes Müller, 1893.《中国大乘佛教律典：其对寺院生活和世俗社会的影响》（法文）

6. *The Religious System of China: Its Ancient Forms, Evolution, History and Present Aspect, Manners, Customs and Social Institutions Connected Therewith*, Brill, 1892-1910 (published with a subvention by the Dutch Colonial Government) ,6v. 中译本：《中国的宗教系统及其古代形式、变迁、历史及现状》6 卷，芮传明等译，花城出版社，2018 年；第 1 卷有日译本：《中国宗教制度》，清水金二郎、荻野目博道译，大雅堂，1946 年。

7. *Sectarianism and Religious Persecution in China: A Page in the History of Religions*, Johannes Müller, 1903-1904, 2v.《中国的宗教教派与宗教迫害》，有日译本：《中国における宗教受难史》，牧尾良海译，国书刊行会，1980 年。

8. *The Religion of the Chinese*, Macmillan, 1910.《中国人的宗教》

[①] 根据 R. J. Zwi Werblowsky 所写的高延传记、亨利·考狄和袁同礼的《西方汉学书目正续编》（上海社会科学院出版社，2016 年）以及当时的期刊《中国评论》、上海图书馆主编的《皇家亚洲文会北华支会会刊（1858—1948）：导论·索引·附录》（上海科学技术文献出版社，2013 年）等资料整理。

9.*Religion in China: Universism: A Key to the Study of Taoism and Confucianism*, G. P. Putnam's Sons,1912.《中国的宗教：天人合一——研究道教和儒教的关键》，有日译本：《タオ（＝道）·宇宙の秩序》，牧尾良海译，平河出版社，1987 年。

10. *Universismus:die Grundlage der Religion und Ethik, des Staatswesens und der Wissenschaften Chinas*, Georg Reimer, 1918.《天人合一：中国宗教伦理、政治及各学科的基础》

11. *Der thūpa: das Heiligste Heiligtum des Buddhismus in China:Ein Beitrag zur Kenntnis der Esoterischen Lehre des Mahaāyaāna*, Akademie der Wissenschaften,1919.《佛塔：中国佛教的圣地》

12.*Chinesische Urkunden zur Geschichte Asiens: Die Hunnen der Vorchristlichen Zeit*, Erster Teil, Vereinigung wissensch, Verleger, 1921.《中国文献中的亚洲史：公元前的匈奴》第 1 卷

二、文章

1. "Chinese Antiquity", *China Review*, 1877, Vol. 6, pp. 139-141.《中国古俗》

2. "The Idol Kwoh Shing Wang", *China Review*, 1878, Vol. 7, pp. 91-98.《郭圣王崇拜》

3. "A Bit of Folklore About Candles, Lamp and Fire", *China Review*, 1878, Vol. 7, pp. 202-204.《关于蜡烛、灯笼、火的一些民俗》

4. "Inscriptions on Red Paper, Pictures etc: On Chinese Street-doors", *China Review*, 1880, Vol. 9, pp. 20-28.《中国的门神和对联》

5. "Two Gods of Literature and a God of Barber", *China Review*, 1880, Vol. 9, pp.188-190.《两个文昌神和一个理发行业神》

6. "On Chinese Oaths in Western Borneo and Java", *China Review*, 1881, Vol. 10, pp. 212-218.《西婆罗洲和爪哇华人的立誓》

7. "On Chinese Divination by Dissecting Written Characters", *T'oung Pao*, 1890, Vol. 1, No. 3, pp. 239-247.《论中国的拆字占卜》

8. "Militant Spirit of the Buddhist Clergy in China",*T'oung Pao*, 1891, Vol.2, No. 2, pp. 127-139；也见于 *Journal of the North China Branch Royal Asiatic Society*, 1902, pp. 108-120.《中国佛教僧侣的好战精神》

9. "The Wedding Garments of a Chinese Woman", *Internationales Archiv für Ethnograohie*, 1891, Vol. 4, pp. 182-184.《中国女性的嫁衣》

10. "Ethnographical Sketches. I: The Demise of an Amoy Gentleman", *China Review*, 1891, Vol. 19, pp. 281-284.《民族志框架（一）：一个厦门绅士的葬礼》

11. "Is There Religious Liberty in China？", *Mittelungen des Seminars für Orientalische Sprachen*, 1902, Vol. V, pp. 103-151.《中国有无宗教自由？》

12. "On the Origin of the Taoist Church", *Transactions of the Third International Congress for the History of Religions*, Clarendon Press, 1908, Vol. I, pp. 138-149.《论道教教会的起源》

三、其他

1. *Eenige Aanteekeningen Omtrent Chineesche Gerechtelijke Eeden in de Koloniën: Een Poging tot Oplossing van de Vraag, Welke eed Aldaar den Chineezen voor de Rechtbanken Behoort te Worden Afgenomen*, Bruining & Co, 1883.《有关荷兰殖民地的华人立誓的研究：试图解决华人在法庭上立誓的问题》

2. *Rapport der Commissie van Advies betreffende's Rijks Ethnographisch Museum*, Commissie van Advies betreffende's Rijks Ethnographisch Museum, 1903.《咨询委员会关于莱顿民族学博物馆的报告》

3. *Over het belang der kennis van China voor onze koloniën, uit een politiek en wetenschappelijk oogpunt: Inaugureele rede bij de aanvaarding van het hoogleeraarsambt te Leiden* (9 Dec. 1891), Brill, 1891.《从政治和科学的角度了解中国对荷兰殖民地的重要性——接受莱顿大学教授职位时的就职演说》（1891 年 12 月 9 日）

4. *De lijkbezorging der Emoy-Chineezen: Bijdragen tot de Taal-, Land-en Volkenkunde van Nederlandsch-Indië*, 1892, Deel 41, pp. 1-114.《厦门汉人的丧葬习俗》

5. *Sinologische Seminare und Bibliotheken*, Kgl. Akad. d. Wiss., 1913.《汉学研讨会和图书馆》

附录三　高延在厦门收集的木雕神像编目 [①]

序号	神像名称	馆藏地	原馆藏编号	高延编号	现馆藏编号	备注
一、宇宙神、自然神						
1	天公	里昂	11-65	111	7001-3454	
2	金童	里昂	11-651	112	7001-3458	
3	玉女	里昂	11-652	113	7001-3459	
4	玄天上帝	里昂	11-727	188	7001-3390	立像
5	玄天上帝	里昂	11-728	189	7001-3442	坐像
	玄天上帝	莱顿			962-20	坐像
6	赵公明（玄坛元帅）	里昂	11-729	190	7001-3393	
7	康元帅	里昂	11-73	191	7001-3392	
8	天官	里昂	11-602	27	7001-1782	
	天官	莱顿			962-6	
9	地官	里昂	11-603	28	7001-1772	
	地官	莱顿			962-7	
10	水官	里昂	11-604	29	7001-1771	
	水官	莱顿			962-8	
11	海龙王	里昂	11-618		7001-3381	
12	风伯	里昂	11-619		7001-3391	
13	雨师	里昂	11-620		7001-2034	
14	云师	里昂	11-621		7001-3410	
15	雷公 / 雷神	里昂	11-622		7001-4077	

① 高延在厦门所收集的木雕神像，荷兰莱顿民族学博物馆现有 76 件，而法国里昂的汇流博物馆计有 251 件。为了全面了解所有神像的名称，并且对比荷兰莱顿和法国里昂两地神像的异同，笔者特制作了高延在厦门收集的木雕神像编目。在制表的时候，笔者参考了学者茨维·韦伯格大斯基的论著、荷兰国立世界文化博物馆（NMVW）数据库以及里昂自然历史博物馆出版的高延藏品彩图册《中国神像》（*Dieux de Chine: Le Panthéon Populaire du Fujian de J. J. M. de Groot*）。原馆藏编号指的是文物在吉美博物馆时的馆藏编号，现馆藏编号指的是归属于里昂自然历史博物馆的馆藏编号，现在的汇流博物馆并没有更改这批文物在自然历史博物馆时的编号。

序号	神像名称	馆藏地	原馆藏编号	高延编号	现馆藏编号	备注
	水仙尊王					
16	禹帝	里昂	11-664	125	7001-2032	
17	项羽	里昂	11-665	126	7001-1785	
18	鲁班	里昂	11-666	127	7001-2033	造船神
19	伍员/伍子胥	里昂	11-667	128	7001-2031	
20	屈原	里昂	11-668	129	7001-1784	
	二、文化英雄、守护神和瘟神、健康神、药王、驱鬼大将、占卜之神					
21	范仙祖	里昂	11-736	199	7001-2036	
22	范仙祖手下	里昂	11-737	200	7001-1773	
23	范仙祖手下	里昂	11-738	201	7001-1872	
24	钟馗	里昂	11-789	215	7001-3457	
25	神农	里昂	11-800	245	7001-3407	
26	神农	里昂	11-801	244	7001-3379	
27	华佗尊师	里昂	11-739	202	7001-2035	
28	痘公/痘神	里昂	11-741	208	7001-1781	
29	痘婆	里昂	11-742	209	7001-1783	
30	鲁班	里昂	11-649	4	7001-1774	行业神
	三十六天将/元帅					
31	李哪吒/中坛李太子	里昂	11-679	140	7001-3433	
32	李哪吒	里昂	11-680		7001-3415	骑虎
33	高元帅	里昂	11-681		7001-3421	
34	殷元帅	里昂	11-682		7001-3422	
35	马明王	里昂	11-683		7001-3413	
36	闻仲/闻太师	里昂	11-684		7001-3427	
37	谢天君/谢元帅	里昂	11-685		7001-3428	
38	温琼	里昂	11-686		7001-3423	
39	赵公明/赵元帅	里昂	11-687		7001-3416	
40	田吕元帅	里昂	11-688		7001-3418	
41	辛兴苟元帅	里昂	11-689		7001-3419	
42	邓忠/邓天君	里昂	11-690		7001-3449	

序号	神像名称	馆藏地	原馆藏编号	高延编号	现馆藏编号	备注
43	刘天君 / 刘圣者	里昂	11-691		7001-3420	
44	移山大将	里昂	11-692		7001-3417	
45	塞海大将 / 倒海大将	里昂	11-693		7001-3414	
46	康元帅	里昂	11-694		7001-3426	
47	张圣者	里昂	11-695		7001-3425	
48	杨戬	里昂	11-696		7001-3451	
49	马伽罗	里昂	11-697		7001-3424	
50	虎伽罗	里昂	11-698		7001-4074	
51	治鬼大将	里昂	11-699		7001-3398	
52	吞精大将	里昂	11-700		7001-1871	
53	玉敕金章使者	里昂	11-701		7001-1870	
54	直符使者	里昂	11-702		7001-1874	
55	黄元帅 / 黄仙官	里昂	11-703		7001-1882	
56	吴元帅	里昂	11-704		7001-1869	
57	岳元帅 / 岳飞 / 岳武穆王	里昂	11-705		7001-1880	
58	连圣者	里昂	11-706		7001-1875	
59	任元帅	里昂	11-707		7001-1873	
60	江仙官	里昂	11-708		7001-1864	
61	康舍人	里昂	11-709		7001-1883	骑白象
62	萧圣者	里昂	11-710		7001-1885	
63	江龙官	里昂	11-711		7001-1866	
64	李仙姑	里昂	11-712		7001-3385	
65	何仙姑	里昂	11-713		7001-3384	
66	勤仙姑	里昂	11-714		7001-1881	疑为秦仙姑
67	纪仙姑	里昂	11-715		7001-1865	
	三、历史英雄成神					
68	关帝 / 关羽	里昂	11-587	12	7001-3383	
69	关平	里昂	11-588	13	7001-3387	
70	周仓	里昂	11-589	14	7001-3386	
71	关帝扈从（兵）	里昂	11-600	25	7001-3384	

序号	神像名称	馆藏地	原馆藏编号	高延编号	现馆藏编号	备注
72	关帝扈从（勇）	里昂	11-601	26	7001-3411	
73	赵云	里昂	11-743	210	7001-3440	
74	张巡／武安尊王	里昂	11-785	211	7001-3399	
75	许远／文安尊王	里昂	11-786	212	7001-3460	
76	南霁云	里昂	11-787	213	7001-3456	
77	雷万春	里昂	11-788	214	7001-3455	
四、文昌						
78	文昌帝君	里昂	11-590	15	7001-3450	
	文昌帝君	莱顿			962-1	
79	关羽／关夫子	里昂	11-591	16	7001-3438	
	关羽／关夫子	莱顿			962-2	
80	吕洞宾	里昂	11-592	17	7001-3453	
	吕洞宾	莱顿			962-3	
81	魁星	里昂	11-593	18	7001-3435	
	魁星	莱顿			962-4	
82	朱衣	里昂	11-594	19	7001-3429	
	朱衣	莱顿			962-5	
83	朱熹	里昂	11-653	114	7001-3452	有两个书童
84	书童	里昂	11-654	115	7001-3430	
85	书童	里昂	11-655	116	7001-3431	
五、从地方到区域性再到全国的神明						
86	妈祖婆／天妃	里昂	11-584	5	7001-3437	
87	千里眼	里昂	11-585	6	7001-3432	
88	顺风耳	里昂	11-586	7	7001-3434	
89	临水夫人	里昂	11-740	203	7001-2113	
90	郭圣王／广泽尊王	里昂	11-732	194	7001-2110	
91	圣王公娘	里昂	11-733	195	7001-2109	
	圣王公娘	莱顿			962-9	
92	黄太尉	里昂	11-734	196	7001-1779	郭圣王随从
93	陈将军	里昂	11-735	197	7001-1780	郭圣王随从

序号	神像名称	馆藏地	原馆藏编号	高延编号	现馆藏编号	备注
94	清水祖师	里昂	9-446	198	7001-3441	
95	土地公	里昂	16-073		7001-1868	坐像
96	土地公	里昂	11-731	192	7001-3396	立像
97	送子观音	里昂	9-450	9	7001-1862	
98	善财	里昂	9-451	10	7001-1709	
99	龙女	里昂	9-452	11	7001-1710	
100	观音	里昂	9-441	63	7001-1756	坐像，虎溪禅寺
101	善财	里昂	9-442	64	7001-1847	虎溪禅寺
102	龙女	里昂	9-443	65	7001-1776	虎溪禅寺
103	保生大帝	里昂	16-134		7001-3380	
104	妈祖婆	里昂				遗失。妈祖生前与保生大帝有婚约，两神在厦门也一起供奉
105	文随从	里昂	11-582	139	7001-3439	
106	武随从	里昂	11-678		7001-1867	
107	观音	里昂	16-049		7001-4005	坐像，土地公、灶君公在观音两旁
108	土地公	里昂		1	7001-2107	坐像
109	灶君公	里昂	11-583	2	7001-2112	
六、冥府神（城隍庙、东岳庙的神明）						
1. 厦门城隍庙						
110	城隍爷	里昂	11-607	31	7001-4007	
	城隍爷	莱顿			962-10	
111	城隍副身	里昂	11-608	32	7001-1876	
	城隍副身	莱顿			962-11	
112	速报司	里昂	11-609	33	7001-1751	
	捉头相公	莱顿			962-12	
113	速报司	里昂	11-610	34	7001-1722	
	捉头相公	莱顿			962-13	
114	文判官	里昂	11-611	35	7001-1848	
	文判官	莱顿			962-14	
115	武判官	里昂	11-612	36	7001-1788	

序号	神像名称	馆藏地	原馆藏编号	高延编号	现馆藏编号	备注
	武判官	莱顿			962-15	
116	矮仔鬼/阴差/黑无常	里昂	11-613	37	7001-1705	
	矮仔鬼/阴差/黑无常	莱顿			962-16	
117	牌头爷/白无常	里昂	11-614	38	7001-3408	
	白头爹	莱顿			962-17	
118	马使爷	里昂	11-615	39	7001-1745	
	马使爷	莱顿			962-19	
119	马使爷	里昂	11-616	40	7001-1746	
	马使爷	莱顿			962-18	
城隍庙十二司						
120	挂录司	里昂	11-631	93	7001-2114	
121	图籍司	里昂	11-632	94	7001-1770	
122	速报司	里昂	11-633	95	7001-4080	
123	威镇司	里昂	11-634	96	7001-1790	
124	瘅恶司	里昂	11-635	97	7001-2115	
125	顺富司	里昂	11-636	98	7001-4006	
126	介寿司	里昂	11-637	99	7001-4075	
127	威略司	里昂	11-638	100	7001-1846	
128	子孙司	里昂	11-639	101	7001-4073	
129	福德司	里昂	11-640	102	7001-1850	
130	记录司	里昂	11-641	103	7001-4079	
131	数寿司	里昂	11-642	104	7001-4079	
132	班头爷1	里昂	11-643	105	7001-1789	
133	班头爷2	里昂	11-644	106	7001-1787	遗失
134	差爷1	里昂	11-645	107	7001-2117	
135	差爷2	里昂	11-648	108	7001-1766	
136	差爷3	里昂	11-646	110	7001-2116	
137	差爷4	里昂	11-647	109	7001-2118	
2. 东岳庙的神明和冥府十王						
138	东岳大帝	里昂	11-656	117	7001-1747	
	东岳大帝	莱顿			962-28	

续表

序号	神像名称	馆藏地	原馆藏编号	高延编号	现馆藏编号	备注
139	文判官	里昂	11-657	118	7001-1775	
	文判官	莱顿			962-29	
140	武判官	里昂	11-658	119	7001-1703	
	武判官	莱顿			962-30	
141	速报司	里昂	11-716	177	7001-1629	
142	马将军/马面/马爷	里昂	11-659	120	7001-2106	
	马将军	莱顿			962-32	
143	牛将军/牛头/牛爷	里昂	11-660	121	7001-1757	
	牛将军	莱顿			962-31	
144	夫人妈	里昂	11-661	122	7001-1712	
	夫人妈	莱顿			962-33	
145	夫人妈副使	里昂	11-662	123	7001-1697	
	夫人妈副使	莱顿			962-34	
146	夫人妈副使	里昂	11-663	124	7001-1699	
	夫人妈副使	莱顿			962-35	
147	藏王	里昂	11-725	186	7001-1702	
148	藏王	里昂	11-726	187	7001-1701	
149	注生娘娘	里昂	11-595	20	7001-1879	
150	注生娘娘副使	里昂	11-596	21	7001-1777	
151	注生娘娘副使	里昂	11-597	22	7001-1778	
152	祖母/婆祖	里昂	11-598	23	7001-1698	
153	祖母/婆祖	里昂	11-599	24	7001-1726	
154	地藏王	里昂	11-717	178	7001-4078	
155	秦广王	里昂	11-791	235	7001-1877	冥府十王
156	楚江王	里昂	11-795	239	7001-1852	冥府十王
157	宋帝王	里昂	11-792	236	7001-1858	冥府十王
158	五官王	里昂	11-793	237	7001-1768	冥府十王
159	阎罗王	里昂	11-790	234	7001-1716	冥府十王
160	卞城王	里昂	11-799	243	7001-1714	冥府十王
161	泰山王	里昂	11-798	242	7001-1715	冥府十王
162	平等王	里昂	11-797	241	7001-1851	冥府十王

序号	神像名称	馆藏地	原馆藏编号	高延编号	现馆藏编号	备注
163	都市王	里昂	11-794	238	7001-1713	冥府十王
164	转轮王	里昂	11-796	240	7001-1717	冥府十王
165	都统司枷锁将军	里昂	11-720	181	7001-1878	
166	都统司捉缚将军	里昂	11-723	184	7001-1721	
167	都统司	里昂	11-718	179	7001-1763	
168	都统司四行班头	里昂	11-719	180	7001-1849	
169	都统司四行老二	里昂	11-724	185	7001-1863	
170	都统司四行老三	里昂	11-721	182	7001-1696	
171	都统司四行老四	里昂	11-722	183	7001-1719	
七、印度神 / 佛教祖师						
172	摩利支	里昂	9-444		7001-1767	
	摩利支	莱顿			962-21	
173	增长天王	里昂			7001-3462	四大天王
174	持国天王	里昂			7001-1719	四大天王
175	多闻天王	里昂			7001-4076	四大天王
176	广目天王	里昂			7001-4049	四大天王
177	伽蓝爷 / 伽蓝神	里昂	9-453	246	7001-1711	
178	伽蓝使者（文）	里昂	9-454	247	7001-3409	
179	伽蓝使者（武）	里昂	9-455	248	7001-4082	
180	蓝斋佛	里昂	9-456	249	7001-3436	
181	目连尊者	里昂	9-445	193	7001-3388	
八、仿制自厦门南普陀寺的神像						
182	释迦牟尼佛	里昂	9-391	41	7001-1690	
	释迦牟尼佛	莱顿			962-37	
183	药师佛	里昂	9-390	42	7001-174	
	药师佛	莱顿			962-38	
184	阿弥陀佛	里昂	9-392	43	7001-1750	
	阿弥陀佛	莱顿			962-39	
185	普贤菩萨	里昂	9-394	207	7001-4002	
	普贤菩萨	莱顿			1092-30	
186	文殊菩萨	里昂	9-393	206	7001-2108	

续表

序号	神像名称	馆藏地	原馆藏编号	高延编号	现馆藏编号	备注
	文殊菩萨	莱顿			1092–29	
187	韦陀	里昂	9–457	204	7001–1857	
	韦陀	莱顿			962–42	
188	韦护	里昂	9–458	205	7001–1856	
	韦护	莱顿			962–43	
南普陀寺的罗汉						
189	阿难陀	里昂	9–400		7001–1760	
	阿难陀	莱顿			962–44	
190	耶舍 / 耶轮陀	里昂	9–409		7001–1740	
	耶舍	莱顿			962–45	
191	目连尊者	里昂	9–401		7001–1734	
	目连尊者	莱顿			962–46	
192	拘连 / 阿若憍陈如	里昂	9–410		7001–1737	
	拘连	莱顿			962–47	
193	提多迦	里昂	9–402		7001–1730	
	提多迦	莱顿			962–48	
194	迦毗摩罗	里昂	9–411		7001–3394	
	迦毗摩罗	莱顿			962–49	
195	罗睺罗多	里昂	9–403		7001–1759	
	罗睺罗多	莱顿			962–50	
196	师子尊者	里昂	9–412		7001–1739	
	师子尊者	莱顿			962–51	
197	达摩大师	里昂	9–404		7001–1731	
	菩提达摩	莱顿			962–52	
198	梁武帝	里昂	9–413		7001–1741	
	梁武帝	莱顿			962–53	
199	竺坛猷	里昂	9–405		7001–1728	
	竺坛猷	莱顿			962–54	
200	释宝志	里昂	9–414		7001–2111	
	释宝志	莱顿			962–55	
201	契此 / 布袋和尚	里昂	9–406		7001–1735	

序号	神像名称	馆藏地	原馆藏编号	高延编号	现馆藏编号	备注
	布袋和尚	莱顿			962–56	
202	僧伽大师	里昂	9–415		7001–1732	
	僧伽大师	莱顿			962–57	
203	普化和尚	里昂	9–407		7001–1736	
	普化和尚	莱顿			962–58	
204	开心尊者	里昂	9–416		7001–1727	
	开心尊者	莱顿			962–59	
205	长眉祖师	里昂	9–408		7001–1729	
	长眉祖师	莱顿			962–60	
206	洗耳尊者	里昂	9–395		7001–1733	
	洗耳尊者	莱顿			962–61	
九、仿制自厦门虎溪岩寺的神像						
207	释迦佛	里昂	9–389		7001–1769	
208	摩诃迦叶	里昂	9–395	58	7001–2890	
	摩诃迦叶	莱顿			962–41	
209	阿难陀	里昂	9–397	59	7001–2891	
	阿难陀	莱顿			962–40	
210	韦陀	里昂	9–396	60	7001–1762	
	韦陀	莱顿			962–22	
211	韦护	里昂	9–398	61	7001–2899	
	韦护	莱顿			962–23	
212	阿弥陀佛	里昂	9–399	62	7001–2889	
	阿弥陀佛	莱顿			1092–32	
213	长寿尊者	里昂	9–422		7001–3382	
214	目连尊者	里昂	9–436		7001–1724	
215	罗多尊者	里昂	9–426		7001–1754	
216	云成尊者	里昂	9–428		7001–1689	
217	弥勒尊者	里昂	9–434		7001–1753	
218	飞铉尊者	里昂	9–424		7001–1853	
219	师子尊者	里昂	9–429		7001–1725	
220	道明尊者	里昂	9–430		7001–1700	

序号	神像名称	馆藏地	原馆藏编号	高延编号	现馆藏编号	备注
221	降龙尊者	里昂	9–427		7001–1752	
222	志公尊者	里昂	9–423		7001–1693	
223	梁武尊者	里昂	9–425		7001–1755	
224	道悟尊者	里昂	9–433		7001–1723	
225	难提尊者	里昂	9–439		7001–1855	
226	达摩大师	里昂	9–435		7001–1708	
227	开心尊者	里昂	9–437		7001–1720	
228	长眉	里昂	9–438		7001–1706	
229	普化尊者	里昂	9–432		7001–1860	
230	伏虎尊者	里昂	9–431		7001–1854	
四大金刚						
231	北方多闻、毗沙门	里昂	9–418	90	7001–1758	
	北方多闻、毗沙门	莱顿			962–27	博物馆显示这是增长天王
232	西方广目	里昂	9–419	92	7001–1691	
	西方广目	莱顿			962–25	博物馆显示这是持国天王
233	东方持国	里昂	9–420	91	7001–1695	
	东方持国	莱顿			962–26	博物馆显示这是广目天王
234	南方增长	里昂	9–421	89	7001–1694	
	南方增长	莱顿			962–24	博物馆显示这是多闻天王
十、八仙						
八仙（立像）						
235	钟离权	里昂	11–623	49	7001–3401	
236	张果老	里昂	11–624	50	7001–3404	
237	曹国舅	里昂	11–625	51	7001–3402	
238	李铁拐	里昂	11–626	52	7001–3397	
239	吕洞宾	里昂	11–627	53	7001–3403	
240	蓝采和	里昂	11–628	54	7001–3405	
241	韩湘子	里昂	11–629	55	7001–3406	
242	何仙姑	里昂	11–630	56	7001–3400	
八仙（坐像）						
243	钟离权	里昂	11–669	130	7001–1764	

续表

序号	神像名称	馆藏地	原馆藏编号	高延编号	现馆藏编号	备注
244	张果老	里昂	11-670	131	7001-1861	
245	曹国舅	里昂	11-671	132	7001-1704	
246	李铁拐	里昂	11-672	133	7001-1761	
247	吕洞宾	里昂	11-673	134	7001-1748	
248	蓝采和	里昂	11-674	135	7001-1765	
249	韩湘子	里昂	11-675	136	7001-1707	
250	何仙姑	里昂	11-676	137	7001-1859	
其他神明						
251	罗睺罗多	里昂	16-300		7001-3389	
252	老子	莱顿			1092-18	
253	文财神	莱顿			1092-19	
254	送财童子	莱顿			1092-20	
255	送财洋童子	莱顿			1092-21	
256	柳星爷	莱顿			1092-22	
257	武财神	莱顿			1092-23	
258	送财童子	莱顿			1092-24	
259	送财童子	莱顿			1092-25	
260	张道陵	莱顿			1092-26	
261	张道陵	莱顿			1092-27	
262	火神	莱顿			1092-28	
263	财神	莱顿			1092-33	

后记

　　对荷兰汉学史而言，汉学家高延（J. J. M. de Groot，1854—1921）是一位不可忽略的人物。高延分别在1877—1878年以及1886—1890年两次来华，调查中国的社会、宗教、风俗、仪式实践等，花费大量的时间收集福建民俗文物寄给欧洲的收藏机构，出版了十多种关于中国民间宗教的外文论著。目前已有学者组织学术团队翻译了高延的《中国的宗教系统》，但就笔者所知，海外所藏高延藏品在中文学界还没有人关注。

　　笔者在硕士期间有幸接触到荷兰莱顿民族学博物馆藏的福建民俗文物，在整理藏品时发现，高延藏品的图像资料不清晰而且大量藏品没有解释与说明，因而要全面地了解这些民俗文物的细节较为困难。笔者萌生了编写一本关于高延藏品的书的想法，以期高延藏品能够重现于中国读者面前。笔者原本打算在读博期间前往荷兰的收藏机构收集相关资料，因为疫情等原因，海外访学的计划最终没有付诸实现。经过多次沟通，博物馆同意重新盘点高延藏品并聘请摄影师进行专业拍摄。这些专业拍摄的照片成为《荷兰莱顿民族学博物馆藏福建民俗文物》的主要图像资料。

　　笔者以民俗学的视角对现藏荷兰莱顿民族学博物馆的福建民俗文物进行整理、编目与研究，将695件（套）藏品分为实物、图像、文本三大类，并将实物类藏品按主题分为木雕神像、木偶戏道具、传统乐器、服饰、仪式用具、玩具、生活用具七类。在章节安排上，导论概述高延藏品的收藏过程与流通历史，第一章至第七章介绍实物类藏品，第八章介绍图像类藏品，

第九章介绍文本类藏品。在内容上，每一章都先概述每类藏品的基本情况，然后列出藏品彩图，并运用文物考据的方法给一些藏品写了说明。全书最后有附录三种，分别是高延学术年表、高延著述目录、高延在厦门收集的木雕神像编目。

本书能够顺利面世，离不开各位师友的支持和鼓励。在此，首先要感谢笔者的导师、"海外藏中国民俗文化珍稀文献"丛书主编王霄冰教授，是她从德国带回高延的传记等资料，并亲自参与、促进与荷兰莱顿民族学博物馆的合作事宜，又将本书纳入丛书，才促成了本书的成形和面世。本书能够顺利完成，还要特别感谢荷兰国立世界文化博物馆。荷兰国立世界文化博物馆的 Ingeborg Eggink、方若薇（Willemijn van Noord）对我们出版中文版的高延藏品图录给予了极大的肯定与支持：在疫情时期，将藏品从库房搬出来，修复破损的文物，重新统计现有藏品数量；确定拍摄方案并请摄影师拍摄，最后将图片数据发送给笔者。此外，莱顿大学图书馆中文特藏主管马日新（Marc Gilbert）慷慨允许我们免费使用高延的照片与相关资料，编辑邓微老师对本书图片样式与内容提出了宝贵建议，深圳大学的陈雅新博士提供了荷兰国立世界文化博物馆的联系方式，负笈法国的胡小宇博士为笔者拍摄了汇流博物馆展出的高延藏品，班长胡亚冲找到了里昂自然历史博物馆出版的高延藏品图录，好友李晓兰曾多次陪同笔者在福州、厦门进行田野调查，在此一并表示感谢！

我们编写本书，一方面是希望揭开海外藏中国民俗文物的神秘一角，以此吸引更多同行关注中国民俗文物这一研究领域，另一方面也希望综合运用著作文本、实物、图像等相关的民俗资料，尝试还原海外所藏的一些中国民俗文物的使用语境。遗憾的是，还有一些特别珍贵的图像资料零散地分散在荷兰、法国以及德国的收藏机构，联系版权尤为困难，经多方努力仍未取得联系，我们只能期待日后有机会再一睹它们的芳容。

由于水平和能力所限，本书难免有不足不当之处，恳请读者海涵并批评指正。

王玉冰

2023 年 5 月 10 日